페이스북
# 심리학

**FACEHOOKED**
by Dr. Suzana E. Flores

페이스북은 우리 삶과 우정, 사랑을 어떻게 지배하고 있는가

# 페이스북 심리학

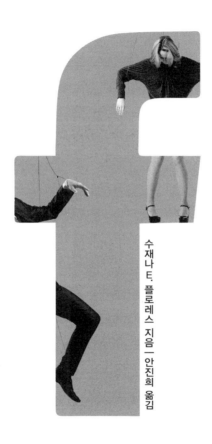

수재나 T. 플로레스 지음 ─ 안진희 옮김

책세상

내가 정말로 자기들 이야기를

책으로 쓸 건지 궁금해하던

모든 페친들에게

(미안, 정말로 써버렸어)

| 차례 |

추천의 말

사회 혁신이 기술 혁신을 따라잡지 못할 때(거의 항상 그렇지만), 흥미로우면서도 한편으론 무서운 결과가 초래될 수 있다. 소셜미디어는 우리가 한 번도 상상해보지 못한 방식으로 우리 모두에게 영향을 미치고 있다. 우리의 인간관계, 자기 인식과 타자 인식, 가치와 신념 모든 것이 페이스북과 소셜미디어에서의 경험에 직접적으로 영향받고 있다. 앞으로도 우리는 즉각적이고 파괴적이고 파편적인 소셜미디어 기술이 가져올 모든 결과에 지속적으로 영향받을 것이다. 물론 소셜미디어 혁명의 긍정적인 영향을 과소평가해서는 안 된다. 우리는 놀라운 속도로 혁신을 이룰 수 있고 교육하고 의사소통하는 능력은 거의 기적에 가까울 정도로 비약적으로 발전했다. 이제 우리는 인터넷 중심의 사회 변화를 폭넓게 이해하고 이를 자연스러운 것으로 받아들이고 있다. 하지만 아직 우리의 개인적 변화—타인들 그리고 자기 자신과 맺는 관계의 급격한 변화—는 충분히 이해하지 못하고 있다. 적어도 지금까지는.

나는 중독 전문 정신과 의사이고 대형 중독치료센터들에서 오래 일했기 때문에 중독 행동이 개인의 삶과 사회생활에 어떠한 영향을 미칠 수 있는지 잘 알고 있다. 많은 사람들이 알코올 의존, 마약 중독, 음식 중독, 운동 중독, 도박 중독, 게임 중독 등과 자기 파괴 행동들에 의해 무너지는 것을 목격했다. 어떻게 유전과 환경이 상호작용하여 중독을 양산하고 지속시키며 당사자와 주변 사람들을 파괴하는지 직접 목격했다. 가슴 아픈 사례들이 너무 많았다. 가장 안타까운 점은 이러한 상태를 치료할 수 있음에도 불구하고 사회적 낙인이 두렵고 적절한 치료법에 접근하기 힘들기 때문에 많은 이들이 도움을 제대로 못 받고 있다는 점이다.

최근 우리는 중독 행동의 새로운 흐름을 만나고 있다. 바로 소셜미디어의 강박적 이용과 관련된 중독 행동이다. 의심의 여지가 없다. 우리 모두는 소셜미디어에 중독되어 있다. 온라인에서 하는 행동은 다른 중독들에 비해 덜 파괴적일지도 모른다. 하지만 누구나 소셜미디어에 쉽게 접근하고 이용할 수 있기 때문에 온라인 행동은 끊기가 힘들다. 게다가 최근 급부상하고 있는 사물인터넷 분야는 소셜미디어가 우리의 인식, 정신 건강, 인간관계에 미치는 영향을 극대화할 것이다.

기술 발달은 분명 인간 개개인의 성장에 긍정적인 영향을 많이 미칠 수 있다. 하지만 적절히 점검하고 안내하지 않는다면 이러한 혁신들이 오히려 인간의 외로움과 절망을 가속화시키고 정서적 친밀감과 유대감을 파괴할 수도 있다. 가령 건강한 인간의 삶 속에서 사생활 보호가 얼마나 중요한지에 대해 생각해보자. 사생활 보호가 보장해주는 안전성이 없다면 인간은 성장할 수 없다. 하지만 사람들은 온라인 사생활 보호를 당연하게 생각하고 위험성을 쉽게 간과한다. '현실의' 인간관계를 회피하면서 사회성이 약화되는 것도 심각한 문제 중 하나다.

《페이스북 심리학》에서 심리학자인 수재나 E. 플로레스 박사는 이러한 전 세계의 가상 연결이 우리의 자기 인식, 기대, 욕구, 인간관계의 모든 측면에 미칠 수 있는 영향들을 깊이 탐색한다. 이러한 영향들에 대한 임상 연구가 아직 초기 단계에 있기 때문에, 플로레스 박사는 개인 사례들과 강렬하고 인상적인 이야기들을 인용해 페이스북과 소셜미디어가 우리의 심리 건강과 사회적 건강에 미치는 막대한 영향을 이해할 수 있도록 통찰을 제공한다. 또한 그동안 이 주제에 대해 나온 많은 이야기들과는 다르게, 플로레스 박사는 건강한 소셜미디어 사용이 가져올 수 있는 '긍정적인' 영향들에 대해서도 탐색한다. 플로레스 박사는 "페이스북이 문제가 아니다"라는 입장을 견지하며 소셜미디어를 부적절하게 사용하여 고통에 시달리게 만드는 원인과 이를 피할 수 있는 방법에 대해 구체적 사례들을 중심으로 탐색한다.

플로레스 박사의 글은 쉽고 편하게 읽을 수 있고, 그녀가 환자들과 나눈 경험담은 대단히 흥미롭고 눈을 뗄 수 없게 만든다. 임상 경험이 많은 중독 전문 정신과 의사인 나조차도 이 책을 읽으며 이렇게 중얼거리곤 했다. "우와. 이런 식으론 한 번도 생각해보지 못했는데." 플로레스 박사는 소외에 대한 두려움, '친구 끊기'의 규칙과 영향, 사이버 폭력의 위험, 페이스북 인정에 대한 욕구 같은 미묘한 현상 등 페이스북과 관련된 많은 주제를 매우 훌륭하게 다루고 있다.

소셜미디어에 영향받는 전 연령대의 삶을 유심히 들여다보는 것만으로도 이 책은 주목할 만한 가치가 있다. 하지만《페이스북 심리학》은 단순히 소셜미디어가 우리의 행복에 미치는 영향을 설명하는 데에 그치지 않는다. 플로레스 박사는 구체적 대안까지 제시하여 우리가 소셜미디어에 의해 정서적으로, 사회적으로 잠식당하지 않으면서도 그 막대한 잠재력의 혜택을 누릴 수 있게 도와준다. 페이스북 사용자들은 플로레스 박사의 제안들을 참고해 '이용당하지 않고 이용할 수' 있을 것이다. 우리 모두는 기술적으로, 사회적으로 진화하기 위해 계속 분투할 것이고 미래 세대는 플로레스 박사의 연구를 선구적인 업적으로 평가할 것이다.

《페이스북 심리학》은 소셜미디어에 영향받고 있는 사람 모두가 반드시 읽어야 할 책이다. 바로 우리 모두가 말이다.

의학박사 오마 만즈왈라(《중독Craving》의 저자)

들어가는 말

어떻게 페이스북이 사람을 응급실에 보내버릴 수 있을까? 페이스
북에서 무언가를 보고서 공황상태에 빠진 한 내담자를 정신의학과
병실에 입원시키게 되었을 때 나는 무척 놀랐다. 하지만 얼마 지나
지 않아 상담실에서 페이스북의 영향에 대해 호소하는 사람들이 점
점 늘고 있다는 사실을 깨달았다.

어떤 내담자는 친구들이 그녀의 최근 사진을 보고 나서 몸무게가
늘어난 것 같다고 댓글을 달자 두 번이나 연속으로 상담을 빠졌다.
또 다른 내담자는 여자친구가 페이스북에서 다른 남자 '페친들'에게
도발적이고 집적거리는 댓글을 다는 것 때문에 속을 끓이고 있었다.
동료들에게 이런 내담자들이 늘어나고 있느냐고 물었을 때 많은 동
료들이 그렇다고 대답했다.

많은 사람들이 소셜네트워크가 없으면 친구를 사귈 공간이 없는
거나 마찬가지라고 느낀다. 이제 페이스북에서 사람들과 어울리는
일은 수동적 형태의 오락 이상이 되었다. 많은 사람들에게 페이스북
은 자신을 표현하고 삶의 거의 모든 순간을 기록하는 하나의 방식이
다. 사람들은 자신의 페이스북 프로필을 상당히 진지하게 생각한다.
너무 진지한 나머지 새롭고 낯선 존재론적 위기를 경험하고 있다.
"만약 어떤 일을 했는데 그것을 페이스북에 올리지 않는다면 정말로

그 일을 한 게 맞는 걸까?" 우리는 세계 각지에 있는 친구들 및 가족들과 소통하고, 직업상의 기회를 발견하고, 자신의 모든 성취와 인간관계를 디지털 장부에 기록할 수 있다. 하지만 페이스북 이용자들은 페이스북이 많은 면에서 인간관계를 개선하기보다 오히려 인간관계에 해를 끼칠 수 있다는 사실을 간과하고 있다.

우리가 소셜네트워크 소통에 부여하는 의미는 상당히 변화하고 있다. 페이스북 포스팅은 사람들로 하여금 컴퓨터 화면에서 보는 것(이나 본다고 생각하는 것)에 즉각적으로 반응하게 부추긴다(강렬한 감정에 빠질 때가 많다). 사람들은 다른 사람이 올린 페이스북 포스팅에 대해 추측을 하고 그러한 포스팅의 '진짜' 의미에 자신의 감정을 투사한다. 사람들은 점점 편집증에 빠지고 있다. "나에 대한 말인가?" "지금 우리 애를 모욕하고 있는 건가?" "그가 방금 클럽에 체크인했어. 질투심을 불러일으키려고 저러는 건가?" "저 노래로 내게 무슨 말을 하려 하는 건 아닐까?" 어떨 때는 진짜로 그렇고 어떨 때는 완전히 헛다리를 짚기도 하지만, 어느 경우든 사람들은 더 이상 직접 대화하지 않는다. 포스팅의 의미를 묻고 확인하는 대신 자신의 뉴스피드에서 발견한 토막 정보에 근거하여 혼자서 추측한다. 부정적인 댓글을 달거나 수동-공격적인* 포스팅을 올리거나 느닷없이 거리를 두는 식으로 충동적으로 반응하기도 한다. 별다른 이유 없이

---

★ 수동-공격성이란 적대감을 직접적으로 표현하지 못할 때 수동적인 태도로 상대에게 적대감이나 공격적인 감정을 표현하는 것. 고집을 부리거나 뻐딱한 태도를 취하거나 지시에 꾸물거리는 등의 형태로 나타난다.

그럴 때가 많다. 페이스북은 우리가 생각하는 것보다 훨씬 더, 사람들의 감정적 반응에 영향을 미치고 많은 사람들의 삶을 망가뜨리고 있다. 단 하나의 포스팅만으로도 말이다.

게다가 페이스북은 '좋아요'의 개수, '가족 및 결혼/연애 상태', 정성스레 편집한 사진들("새 옷을 입고 새 여자친구를 새 차에 태운 내 모습이 얼마나 행복해 보이는지 잘 봐")에 의해 우리의 가치가 정해지게 만들었다. 대부분의 사람들은 멋진 순간들만을 포스팅하고 진짜 경험은 걸러낸다. 참된 자기 삶을 공유하지 않는 것이다. 우리는 이 신중하게 창조된 대체 세계를 통해 사람을 사귀고 소통하기 시작했고 이는 우리의 실제 감정에 영향을 미치고 있다.

사람들은 왜 페이스북 때문에 고통받으면서도 탈퇴해버리지 않는 것일까? 이유는 간단하다. 사람들은 페이스북에 중독되어 있다. 우리는 우리가 공유하는 것과 공유하는 방식을 통해 자아를 형성하고 있다. 페이스북 친구들의 '좋아요' '댓글' '공유하기'를 통해서 우리는 무엇이 수용되는지, 무엇을 해야 하는지, 어떤 사람이 되어야 하는지에 대해 새로운 메시지를 습득한다. 이러한 대중의 인정은 사람을 도취시키고, 이는 하루에도 몇 번씩 뉴스피드와 상태 업데이트를 확인하고 또 확인하는, 중독에 가까운 행동으로 이어질 수 있다. 페이스북은 시간 잡아먹는 데 있어 으뜸이다. 하지만 많은 사람들은 페이스북에 접속하지 않은 채로 48시간을 보내보기 전까지는 자신이 얼마나 페이스북에 중독되어 있는지 깨닫지 못한다.

우리의 온라인 페르소나는 오프라인 페르소나보다 우위를 차지하기 시작했을까? 나는 나 혼자만 소셜미디어의 장기 영향에 대해 걱정하고 있는 것은 아닌지 궁금했다. 페이스북 경험에 대해 사람들과 이야기를 나누고 싶었지만 나와 똑같이 생각하고 느끼는 사람들만 만나고 싶지는 않았다. 그래서 아이디어를 하나 생각해냈다. 나는 "소셜미디어에 대해 제게 이야기해주세요"라고 커다란 표지판에 적은 다음 시카고 시내에 있는 내 상담실 건물 밖에서 들고 서 있으면서 사람들이 접근해오기를 끈기 있게 기다렸다.

시카고의 매서운 추위 속에 커다란 표지판을 들고 혼잡한 인도 한복판에 서 있으니 지나가는 사람들마다 '미쳤나봐' 하는 눈총을 보냈지만 상관없었다. 나는 임무를 수행하는 중이었다. 사람들이 하나둘 저마다 사연을 가지고 다가오기 시작했다. 나는 동의를 구하고서 디지털 녹음기에 그들의 이야기를 녹음했다. 어떤 때는 한 무리의 사람들이 모여 페이스북이 자신의 자존감, 업무 생산성, 인간관계와 우정, 자신과 다른 사람을 인식하는 방식에 미친 영향을 토론하기도 했다. 나는 사람들에게 나와 따로 만나서 페이스북 이용이 그들에게 미친 영향에 대해 더 개인적이고 내밀한 이야기를 들려달라고 부탁했다.

나는 페이스북 이용자들에게도 내 질문들을 공개하고서 세계 각지의 사람들에게 자신의 이야기를 들려달라고 요청했다. 십대, 엄마, 의사, 교사, 학생, 심리학자, 아동심리학자, 인터넷과 소셜네트워크 전문가들을 인터뷰했다. 모두들 페이스북 때문에 어떻게 평소와 다르게 행동하게 되었는지, 그리고 온라인 인간관계가 어떻게 자신의 삶에 커다란 영향을 미쳤는지에 대해 누군가에게 이야기하고 싶어 안달이었다. 어떤 사람들은 부적절한 집적거리기, 질투, 관심 끌기 행동 때문에 연애 스트레스를 받고 있었다. 어떤 사람들은 수동-공격적 포스팅, '친구 끊기', 의사소통 과정에서 생긴 오해 때문에 우정을 잃었다. 어떤 사람들은 페이스북에 압도당한 듯해서 잠시 쉬려 해봤지만 뉴스피드를 확인하는 것에 중독되어서 페이스북을 끊을 수가 없었다고 말했다.

나는 페이스북이 개인적으로, 세계적으로 우리에게 미치고 있는 영향을 독자들이 이해하도록 돕기 위해 이 책을 썼다. 소셜미디어 연구들을 (데이터를 잔뜩 이용하여) 이론적으로 설명하는 대신, 페이스북 인간관계 때문에 고심하는 사람들의 실제 사례들을 제시하고 페이스북 등장 이후 생긴 많은 성격 변화와 사회 변화를 이해할 수 있는 방법을 알려줄 것이다.

그다음으로는 사례 연구와 조사를 통해 페이스북에서 발생하는 일반적인 문제들을 다룰 것이다. 나는 페이스북에서 개인적인 문제들을 겪은 십대들과 성인들의 이야기를 수집했다. 참여한 사람들의 사생활을 보호하기 위해 이름을 바꾸고 세부 사항을 약간 손질했지만 모든 사례들은 페이스북 이용자들이 직접 경험한 것들이다. 우리는 이 사례들을 통해 사람들이 온라인에서 다르게 소통하는 이유, 그러한 소통이 부정적인 감정을 불러일으키는 방식, 균형 감각을 찾기 위한 방안들에 대해 배울 수 있다. 나는 자아정체감과 사생활 개념에 페이스북이 미치는 영향과, 관계를 맺고 타인의 인정을 구하는

새로운 방식에 대해 이야기할 것이다. 또한 연애 관계, 십대가 소셜
미디어를 이용하는 방식과 소셜미디어에 영향을 받는 방식, 페이스
북 중독 현상에 대해 논의할 것이다. 마지막으로, 페이스북을 이용해
사람들을 부당하게 괴롭히는 다섯 가지 유형의 감정 조종자들에 대
해 알아볼 것이다.

지난 3년 동안 인터뷰를 하면서 사람들에게 던졌던 질문들은 더
많은 질문들을 낳았다. 왜 어떤 사람들은 페이스북 때문에 가족, 친
구, 연애, 일, 공부를 방치하는가? 왜 우리는 앞에 있는 사람에게는
말하지 않을 사생활을 공개 광장에서 거리낌 없이 공유하는가? 우
리가 페이스북에 글과 사진을 올리는 것은 자기 견해를 표명하기 위
해서인가, 아니면 다른 사람들에게 좋은 인상을 주기 위해서인가?
상태 업데이트는 우리의 행동을 지배하고 있는가? 페이스북은 우리
의 감정, 관계, 삶에 정확히 얼마나 많은 영향을 미치고 있는가?

왜 우리는 이토록 페이스북에 중독되어 있는가?

**f**

# 1

# 디지털 시대의
# 관계

우리가 페이스북 세계에 근거하여 삶, 사랑, 우정에 대해 새롭게 생각한다면, 혹은 온라인 의사소통이 현실의 인간관계에 영향을 미친다면 어떤 일이 벌어질까? 페이스북을 통해 만들어진 자아가 현실의 자아와 일치하지 않을 때, 더 심각하게는 두 자아가 서로 모순된다면 어떤 일이 벌어질까?

## 동트기 직전

어느 날 한밤중, 내담자인 샘이 심한 공황상태에 빠져 내게 전화를 걸었다. 샘은 이유를 말하지 못하면서 자신이 완전히 통제 불능 상태에 빠졌으며 지금 당장 나를 만나야겠다는 말만 반복했다. 임상심리학자로서 나는 심각한 상태에 빠진 사람들을 많이 봐왔고 이 남성이 깊은 비탄에 잠겨 있다는 사실을 즉시 알아차렸다. 내 도움을 받아 약간 진정되고 나자, 샘은 약혼녀인 리사가 파혼을 선언했다고 말했다. 그 자체로도 충격적인 이야기였지만, 나는 리사가 약혼을 깨버린 방식에 더 큰 충격을 받았다.

그날 저녁 샘은 페이스북에 들어갔다가 리사가 자신의 '가족 및 결혼/연애 상태'를 "약혼"에서 "연애 중"으로 바꾸었음을 발견했다. 더욱 놀랍게도, "~와 연애 중"이라는 표시 옆에 더 이상 샘의 사진이 없었다. 대신 샘과 가장 친한 친구의 사진이 있었다. 샘은 즉시 리사에게 전화를 걸었고 리사가 샘의 가장 친한 친구와 지난 3개월 동안 사귀었으며 두 사람 모두 이제 그에게 알려야 할 때가 됐다고——그들의 페이스북 상태를 바꾸는 방법으로——결정했다는 사실을 알아냈다. 나는 극심한 상처를 받은 샘이 자해를 하지 않을까 걱정됐다. 자살까지 생각할 만큼 고통이 심해지자 샘은 입원이 더 안전할지 모른다는 내 의견에 동의했다. 나는 그를 응급실로 보냈고 자살 방지 관찰을 해달라고 요청했다. 샘은 4일 동안 병원에 있었다.

또 다른 내담자인 메건은 자신의 가족에게 비극적인 일이 일어났다고 내게 전화했다. 메건의 남편인 존은 자신의 페이스북 뉴스피드를 살펴보다가 사촌들 중 한 명이 올린 사진을 발견했다. 존의 부모님의 차가 처참하게 부서진 사진이었다. 차 앞부분이 함몰되어 있었고 창문들은 박살나 있었다. 사진 위에는 이런 설명이 붙어 있었다. "맙소사. 이모와 이모부가 자동차 사고로 세상을 떴어!" 존은 자신의 부모님이 자동차 사고로 돌아가셨다는 사실을 페이스북을 통해서 알게 된 것이다. 거의 실성해버린 존은 텍사스에 사는 가족에게 전화를 걸었고 사촌의 페이스북 포스팅은 사실이었다. 그의 부모님은 집 근처에서 자동차 사고로 목숨을 잃었다. 존은 엄청난 충격에 빠진 나머지 정신병원에 입원해 치료를 받아야 했다.

이보다 몇 개월 전에 나는 레이와 상담을 했다. 레이는 총상을 입은 후 우울증과 심한 고통에 시달리고 있었다. 레이는 자신의 양아버지와 싸운 후 총에 맞았다. 레이의 양아버지는 레이가 페이스북에 빠져 있어서 항상 휴대폰 요금이 많이 나온다고 화를 냈다. 그날 밤, 레이의 양아버지는 레이가 두 시간 동안 뉴스피드를 훑어보고 있다면서 당장 페이스북을 닫으라고 소리를 질렀다. 말다툼은 몸싸움으로 번졌고 레이의 양아버지는 총을 꺼내 레이의 발을 쐈다. 레이는 다시는 정상적으로 걷지 못하게 되었을 뿐만 아니라 어머니와 다른 가족들에게 외면당했다. 가장이 감옥에 가자 가족들은 레이를 원망

했다.

물론, 이 사례들은 페이스북의 폐해 가운데 극단적인 사례들이다. 샘과 존에게 페이스북은 거의 무기로 사용된 거나 마찬가지다. 사랑하고 신뢰하는 사람들이 페이스북을 이용하여 그들에게 크나큰 고통을 안겼다. 자신들의 포스팅이 다른 사람에게 어떠한 영향을 미칠지 제대로 생각해보지도 않고.

하지만 이 사례들은 사람들이 소셜미디어네트워크에서 자신을 표현하는 방식을 페이스북이 어떻게 변화시키고 있는지를 보여주기도 한다. 요즘 심리치료사들은 페이스북과 관련된 문제들을 털어놓는 내담자들의 하소연을 매일같이 듣는다. 누군가 쓴 수동–공격적 댓글, 뚜렷하지 않은 대인 경계선, 스토킹, 소셜미디어 중독 등 페이스북은 심리치료 상담에서 새로운 차원을 열어젖혔다.

상대에게 즉시 접근할 수 있게 되었기 때문에, 아니면 상대와 얼굴을 대면하지 않아도 되기 때문에 우리는 자신의 페이스북 포스팅이 현실에서만큼 다른 사람들에게 크게 영향을 미치지 않을 것이라고 믿는지도 모른다. 하지만 페이스북에는 자신이 누군지 잊어버리게 하고, 온라인에서 자신을 드러내는 법을 바꾸게 하고, 때로 상식과 판단력을 완전히 잃게 만드는 무언가가 있다.

페이스북에서 자기정체성, 자기 표현, 사회적 상호작용과 관련하여 관찰되는 가장 중요한 변화들은 다음과 같다. 자기 이미지를 편집하거나 강화하는 데 쓰는 시간의 증가, 공개적 표현의 욕구 증가와 사생활 보호 욕구 쇠퇴, 프로필을 통해 연기하는 데 몰두하기, 현실의 상호작용은 무시하고 페이스북 아바타를 통해 다른 사람들과 관계 맺기 등이다.

## 가상인가 현실인가

페이스북으로 인한 문제 중 핵심은 무엇이 현실이고 무엇이 가상인지 분별하지 못해 혼란을 느끼는 것이다. 실제로 확인할 수 없다면 포스팅에서 언급한 사건이 실제로 일어난 일인지, 어떤 사람의 프로필이 정말로 그 사람의 진짜 모습을 반영하고 있는지 확신할 수 없다. 이를 존재론 차원에서 생각해보자면, 페이스북에서 자신을 표현하는 일이 자신의 참된 본성을 더 많이 내보이게 해주는지 스스로 물어볼 수 있다. 이렇게 생각해보자. 어떤 페이스북 사용자가 날마다 잘 다듬은 셀카(자기 자신을 찍은 사진. 일반적으로 자기 스마트폰으로 찍는다)를 올린다면, 우리는 그 사람의 온라인 행동이 불안정함이나, 페이스북 친구들에게 특정한 방식으로 보이고 싶은 강박적 욕구를 보여준다고 생각한다. 이와 달리 만약 어떤 사람이 태평스러워 보이거나 심지어 '엉성해' 보이기까지 하는 자기 사진을 올린다면 우리는 그가 천성적으로 더 태평한 스타일이라고 짐작한다. 어느 쪽이든, 페이스북에서의 자기 표현은 우리가 세상에 우리 자신을 내보이는 방식에 근본적 변화가 일어났음을 보여준다.

## 보여주기 위한 일상

페이스북은 우리에게 더 자주, 더 오래 '그곳에' 있으라고 부추긴다. 우리는 새로운 사회적 페르소나를 경험하고 있다. 우리는 이전에 없던 방식으로 다른 사람들이 우리를 봐주고 우리의 이야기를 들어주고 우리를 팔로우하기를 원한다. 익명성과 사생활 보호에 대한 본능적 욕구를 잃어가고 있고 다른 사람들과 떼 지어 연결되는 쪽을 더 선호한다.

디지털 교류 덕분에, 집단 토의는 완전히 새로운 의미를 띠게 되었다. 1980년대에 그룹 이메일이 생겼고 뒤이어 '뉴스그룹'이 발명됐다. 뉴스그룹은 다양한 주제를 다루며 오늘날 웹 게시판의 토대가 되었다. 누구나 어떠한 주제에 대해서도 디지털 방식으로 끼어들 수 있었다. 하지만 진정한 쌍방향 디지털 표현은 2000년대에 소셜미디어가 발달하면서 비로소 시작되었다.

웹은 우리에게 새로운 세계를 열어주었고 소셜미디어가 나타나자 우리는 '집단 토의'를 완전히 새롭게 이해하게 되었다.

이후 다른 면에서도 바뀌기 시작했다. 점차 사람들은 소셜미디어에서 관계를 만들고 관리하는 일에 관심이 커지기 시작했다. 자신을 스마트폰에 속박시킴으로써 자발적으로 독립성을 포기하고 앞에 앉아 있는 사람에게 몰두하지 않게 되기도 했다. 오늘날 우리는 언제, 어디서나 누구에게라도 접근할 수 있고, 항상 모든 신호에 즉시 응답해야 한다는 의무감에 시달린다.

소셜미디어가 존재하기 전에는 어떠한 유형의 메시지에든 즉각 응답해야 한다고 생각하지 않았다. 사람들에게 회답하는 일은 나중 일이었다. 이제는 하나의 문화로서, 우리들은 문자메시지 주고받기, 화상채팅, 인스턴트 메시지* 주고받기를 존중해야 한다고 생각한다. 지금 하는 일을 멈추고 당장 스마트폰을 집어들어 푸시 알림에 응답하라! 당신은 누군가와 함께 저녁식사를 하다가도 페이스북 댓글에 답글을 달지도 모른다. 육신은 그 사람 옆에 있을지 모르지만, 정신은 페이스북 세계에 온통 빠져 있는 것이다.

페이스북은 구조적으로 많은 사람들이 현실 세계의 교류를 피하게 만들었다. 어떤 이들은 텔레비전이 처음 세상에 등장했을 때도 이와 동일한 사고방식이 나타났다고 주장한다. 하지만 텔레비전과 소셜미디어의 차이는 텔레비전은 시청하고 있는 프로그램에 대해 옆 사람들과 대화를 나눌 수 있다는 점이다. 텔레비전 방송은 개인 메시지를 보내지 않지만 페이스북 교류는 더 개별적인 관심을 요구한다. 사람들이 직접 당신의 타임라인에 메시지를 남기기 때문에 당신은 가상현실의 친구들, 혹은 팬들에게 응답해야 한다는 의무감을 더 많이 느낀다.

의사소통에서 나타나는 이처럼 중대한 사회적·문화적 변화는 페이스북이 우리의 자아, 인간관계, 사회적 행동을 변화시키고 있다는 의견에 무게를 더해준다.

---

★ 실시간 온라인 소통 서비스로 카카오톡이나 라인, 페이스북 메시지 등이 여기 포함된다.

## 소셜미디어의 탄생

페이스북의 영향을 좀 더 자세히 이해하기 위해 과거로 돌아가 태동 과정을 살펴보자. 기술은 새로운 소통 형식과 자기 표현 형식을 많이 만들어냈다. 예전의 의사소통은 서로 얼굴을 맞대고 나누는 대화로 제한되어 있었지만 오늘날의 의사소통은 빛의 속도로 이루어진다. 어떤 주제에 대해서라도 1초 안에 한마디 거들 수 있다. 또한 우리의 세상과 여기 살고 있는 사람들에 대한 정보에 거의 무제한적으로 접근할 수 있다.

우리가 살고 있는 디지털 시대는 이전에 알았던 어떤 것과도 다르다. 우리들 대부분은 초고속 정보통신망에 접속하면 즉시 넋이 나가버린다. 인터넷은 우리에게 새로운 세계를 열어주었다. 어떤 사람들은 연결성의 힘을 예측한 반면, 어떤 사람들은 인터넷이 사람들이 관계 맺는 방식을 훼손할 것이라고 우려했다. 1995년에 《뉴스위크》는 〈인터넷? 쳇! 과장된 경보: 왜 사이버공간은 현재에도 미래에도 너바나가 될 수 없는가?The Internet? Bah! Hype Alert: Why Cyberspace Isn't, and Will Never Be, Nirvana〉라는 글을 머리기사로 실었다. 이때쯤 블로그 서비스가 시작됐다. 구글은 이보다 몇 년 후에 탄생했다.

이어 정보와 네트워킹 시스템이 폭증했다. 2001년에는 위키피디아가 만들어졌고 애플은 아이팟을 판매하기 시작했다. 초기의 소셜 네트워킹 웹사이트 중 하나인 프렌드스터가 미국 대중에게 공개되었고 3개월 만에 300만 명의 이용자를 끌어모았다. 2003년, 마이스페이스가 뒤를 이었고 가상현실 서비스인 세컨드라이프가 출시되었

소셜미디어 역사 속의 사건들

1994　1995　1996　1997　1998　1999　2000　2001　2002　2003　2004

1,500개 이상의 뉴스버
가 온라인에 존재하고
사람들이 인터넷을 '정
보 고속도로Information
Highway'라고 부름

웹에 100만 개의
사이트가 존재

AOL 인스턴트 메신저
를 통해 사용자들이 온
라인으로 채팅 시작

블로그 시작

《뉴스위크》가〈인터
넷? 쳇! 과장된 정보:
왜 사이버 공간은 천제
에도 미래에도 네버나
가 될 수 없는가?〉를 머
리기사로 실음

구글 탄생

위키피디아 탄생

애플의 아이팟
판매 시작

소셜네트워킹 사이트
인 프렌드스터가 미국
에서 오픈하고 3개월
만에 300만 명의 이용
자를 확보

웹에 30억 개 이상의
페이지가 존재

애플의 아이튠즈
소개

링크드인이 전문가들
을 위한 비즈니스 지향
적인 소셜네트워킹 사
이트로 출범

마이스페이스 오픈

하버드 학생들을 연
결하기 위한 하나의
방법으로 페이스북
이 탄생

다. 이때까지 웹상에 30억 개가 넘는 웹페이지가 생겼고 애플은 아이튠즈를 내놓았다. 2004년에 페이스북이 탄생했고 그로부터 5년 후, 페이스북은 전 세계적으로 가장 많이 사용되는 소셜네트워크 서비스로 자리매김했다(현재도 그러하다).

이 소셜미디어 거인은 거침없이 세를 확장하여 이제 전 세대를 아우르고 있다. 페이스북은 처음에는 대학에서 추파를 던지거나 의사소통하는 데 사용됐으나 이제 전 세계 수십억 명의 사람들을 연결하는 통로로 진화했다. 요즘, 아이들과 성인들은 자신들의 셀카와 페이스북 업데이트를 통해 새로운 방식으로 자신을 표현하는 반면, 십대들은 다른 소셜네트워크로 이주하고 있다. 오늘날의 밀레니얼 세대*는 소셜미디어 세계의 주인이고 온라인 비즈니스의 주요 시장이다.

모든 대기업은 살아남을 기회만 있다면 페이스북이 존재하는 편이 더 낫다고 생각한다. 기업들은 페이스북을 받아들였을 뿐만 아니라 페이스북에 의존하여 온갖 고객 정보를 알아낸다. 대기업들은 우리 시대의 '빅브러더'가 되었다. 이들은 우리의 모든 움직임을 관찰하고 기록하며, 우리는 노출증 환자가 되어 알아서 감시받는다.

개인정보 설정에 있어서 편안함을 느끼는 수준은 사람마다 다 다르다. 어떤 사람들은 가족들과 친한 친구들에게만 페이스북 페이지를 공개한다. 하지만 사실 페이스북 이용자의 대다수는 누가 자신

---

* 미국에서 1982~2000년 사이에 태어난 세대로, 디지털 기기에 익숙해서 '디지털 원주민'으로 불리기도 한다.

의 개인정보나 인간관계에 대한 정보에 접근하든 말든 별로 신경 쓰지 않는다. 집단 문화 차원에서, 우리는 가장 내밀한 생각과 감정을 공개하고 공유하는 데 동의함으로써 자발적으로 외부의 해석과 평가의 대상이 되었다. 인정하고 싶든 인정하고 싶지 않든 페이스북은 이제 우리 존재의 중요한 일부가 되었다.

인간은 본성상 변화——긍정적인 변화라 할지라도——에 저항하는 경향이 있다. 새로운 의사소통 형식을 소개받을 때마다 어떤 이들은 변화를 거리낌 없이 받아들이는 반면 어떤 사람들은 인간관계에 미칠 영향을 감안하여 우려를 표한다. 두 관점 모두 소셜미디어가 우리에게 엄청난 영향을 미치고 있음을 인정하는 셈이다. 결국 우리는 이 새로운 표현 형식에 적응했고 거의 제2의 천성으로 받아들였다.

얼굴을 맞대고 하는 논의, 일반 전화, 신문, 우편 서비스는 스마트폰, 문자 주고받기, 사진 공유, 인스턴트 메시지 주고받기, 게임, 화상 채팅으로 대체되었다. 또한 집단 안에서 서로 뉴스를 공유하는 일은 페이스북 업데이트, 트위터에 글 올리기, 인스타그램 사진, 핀터레스트 사진 등으로 대체되었다. 디지털 시대는 우리가 서로를 대면하는 방식을 급속히 바꾸어놓았다.

## 중독 현상

《사이언스 다이렉트*Science Direct*》의 2012년도 연구에 따르면 유령

진동phantom vibration(휴대폰이 진동하지 않아도 진동하는 것처럼 생각하는 현상)은 휴대전화가 생겨난 이후 처음으로 나타났다. 이 '증후군'은 우리의 삶 속으로 디지털이 침입했다는 신호이다. 오늘날 유령진동증후군은 매우 흔하기 때문에 많은 연구자들이 이를 연구하고 있다. 연구들은 유령진동증후군(진동심기증hypovibochondria이나 전화벨불안증ring—xiety이라고도 한다)이 스마트폰을 소유한 사람들에게 거의 보편적인 경험이라는 사실을 보여준다. 기술 발달이 우리의 정신에 미치는 영향을 연구하는 래리 로젠 박사는 "불과 몇 년 전과 완전히 다른 무언가가 두뇌 안에서 자극되고 있습니다"라고 말한다.

페이스북 그리고 다른 소셜미디어들의 댓글은 푸시 알림을 작동시켜 아이가 사탕을 향해 손을 뻗는 것과 똑같은 속도로 휴대전화를 향해 손을 뻗도록 만들고 있다. 이러한 강박적 행동은 집착으로 이어지고 불안과 관련된 다른 증상들로 이어진다. 끊임없이 자신의 휴대폰을 집어드는 사람들은 마치 강박증 환자처럼 보인다. 문이 잠겨있나 두 번 세 번 확인하거나 틈날 때마다 여러 차례 손을 씻는 사람들과 크게 다르지 않다. 페이스북 뉴스피드를 확인하고 다시 확인하는 일은 일종의 중독 행동이 되었고 이에 맞서는 유일한 방법은 페이스북과 스마트폰을 잠시 멀리하는 것뿐이다. 로젠 박사와 마찬가지로 나 또한 기술 발달에 대찬성이지만, 페이스북 사용자들은 페이스북에 접속해서 너무 많은 시간을 보내는 것을 그만두어야 한다. 소셜미디어와 관련하여 사람들의 선택지는 사랑하거나 증오하거나 둘 중 하나다. 심지어 증오할 때조차도 오랫동안 한쪽에 제쳐두는 것처럼 보이지는 않는다.

페이스북의 원동력은 물리적으로 함께 있지 않고서도 서로 메시지를 교환할 수 있다는 것이다. 페이스북은 무한한 표현과 연결의 기회를 제공한다. 어느 면에서, 소셜미디어의 힘은 경외심을 불러일으킨다. 페이스북은 서로를 연결해줄 뿐만 아니라, 이전에 없던 방식으로 정보를 주고받을 수 있게 해준다. 갑자기 우리들은 서로를 시시콜콜 알고 싶어하고 자기 삶을 더 많이 공유하고 싶어하게 되었다. 이러한 연결과 정보 공유 덕분에 권한이 커진 듯한 느낌이 들기도 하지만 한편으로는 우리의 정체성과 인간관계, 세상을 인식하는 방식 또한 바뀌고 있다. 페이스북에 무언가를 올리는 일은 자신의 생각과 세상 사이에 다리를 놓는 것 이상의 일이 되었다. 페이스북이 현실을 대체하게 된 것이다.

## 현실감각을 잃어가는 사람들

요즘에는 많은 사람들이 시간을 쪼개어 페이스북과 현실세계 사이를 왔다 갔다 하고, 이 두 현실은 서서히 합쳐지고 있다. 우리는 페이스북에 뭔가를 올리면 친구들에게 이야기하고 싶어하고, 현실에서 뭔가 재미있는 일이 생기면 페이스북에 올리고 싶은 욕구를 느낀다. 이는 아무 해가 없는 것처럼 보이지만 우리가 한 현실을 다른 현실과 대체하기 시작하면 문제가 생긴다. 페이스북은 우리의 행동 양식을 변화시켰다. 뉴스피드를 확인하고 싶고 자기 사진을 끊임없이 올리고 싶은 충동을 느끼는 데에서 더 나아가, 우리는 페이스북에서 더 도발적으로 행동하는 경향이 있다. 어떤 사람들은 현실이었다면 결코 시도하지 않았을 방식으로 자신을 표현하면서 난생처음으로 색다른 짜릿함을 느낀다. 어떤 사람들은 페이스북에서 자신의 진면목이 가장 잘 표현된다고 느끼기도 한다. 새로운 자아 혹은 새로운 정체성을 창조하고, 이 새로운 자아를 통해 새로운 차원의 사회적 이해를 시도한다.

눈 깜짝할 새에 세계 곳곳의 다양한 사람들과 소통할 수 있는 능력은 우리가 주고받는 메시지에 대한 사회적 해석을 바꾸고 있다. 페이스북에서 강박적으로 다른 사람들과 교류하는 일은 사람들이 교류하는 방식을 둘러싼 뿌리 깊고 직관적인 이해를 바꾸고 있다. 디지털 의사소통은 현실의 특정한 경험들을 피하게 해준다. 가령 온라인 의사소통 덕분에 이제 우리는 현실에서 누군가와 씨름하거나 누군가에게 추파를 던지거나 애인과 이별할 때 느끼는 불편이나 불안을 피할 수 있다.

우리가 페이스북 세계에 근거하여 삶, 사랑, 우정에 대해 새롭게 생각한다면, 혹은 온라인 의사소통이 현실의 인간관계에 영향을 미친다면 어떠한 일이 벌어질까? 페이스북을 통해 만들어진 자아가 우리가 현실에서 내보이는 자아와 일치하지 않을 때, 더 심각하게는 이 두 자아가 서로 모순된다면 어떠한 일이 벌어질까? 이런 경우 우리는 심리학 용어로 이른바 '인지부조화cognitive dissonance'를 경험하게 된다. 인지부조화란 서로 모순되는 두 가지 방식으로 세상을 인식할 때 느끼는 불안을 가리킨다. 인식과 신념 사이의 이러한 불일치로 인해 정서적 불균형 상태에 빠지고 정체성 혼란, 인간관계 갈등, 판단 기준 변화 등을 경험하고 극단적인 경우에는 신경쇠약에 걸린다. 이때에는 혼란을 없애거나 줄이기 위해 인식 과정에서 무언가가 근본적으로 변화해야 한다. 자신이 디지털 인간관계에 어떤 의미를 두고 있는지 알아내야 하고 그런 다음 예전의 아날로그 자아와 새로운 디지털 상호작용 사이에서 균형점을 찾아야 한다.

페이스북의 심리적 영향에 관련해서는 아직 연구가 충분치 않다. 게다가 연구 속도가 소셜미디어의 변화 속도를 따라잡을 수 없을 것이다. 그러므로 페이스북이 우리에게 미치는 영향은 유동적이다. 페이스북이 진화할 때 이러한 변화에 대한 우리의 반응 또한 함께 진화한다. 하지만 한 가지만은 확실하다. 소셜미디어는 우리 생활의 일부이고, 전 세계에 10억 명 이상의 적극적 이용자를 확보하고 있는 페이스북은 우리 생활에서 빠뜨릴 수 없는 존재가 되었다. 특히 젊은 세대에게 더 그러하다. 이제 페이스북은 우리의 정체성, 우정, 연애, 가정생활에 필수적이다.

우리는 소셜미디어가 우리에게 심리적으로 어떠한 영향을 미칠 수 있는지 인식해야 한다. 이러한 인식을 통해 의식적인 결정을 내린다면 온라인 현실과 오프라인 현실 사이에서 균형을 더 잘 잡을 수 있을 것이다. 페이스북이 사람들의 사회적 삶에 일부 긍정적인 영향들을 미친 것은 분명하다. 하지만 임상심리학자로서 나는 페이스북에서 폭력적이고 유해한 행동들이 사람들에게 악영향을 미치는 사례들을 많이 접했다.

　우리는 페이스북이 사람들이 관계를 맺는 방식에 미치는 영향을 탐색하기 전에, 페이스북이 우리의 자아정체감에 미치는 영향부터 살펴봐야 한다. 현실 세계에서 우리는 다양한 사람들을 대상으로 다양한 역할을 수행한다. 페이스북에서 많은 사람들은 '자아'를 창조하고 과장하고 편집하는 능력을 발휘하여 새로운 역할을 떠맡고 있다. 다음 장에서는 페이스북이 어떻게 연기 무대를 만들어주는지, 또 이런 환경에서 어떻게 많은 사람들이 아바타의 특징들을 선택하여 자기 자신을 새로이 만들어내는지 살펴볼 것이다.

**f**

# 2

# 내 프로필 사진이
# 진짜 나인가

당신이 가장 좋아하는 당신 모습은 무엇인가? 현재 당신은 어떠한 사람인가? 미래 계획은 무엇인가? 당신, 진짜 당신을 만드는 것은 무엇인가? 온 힘을 다하여 어떠한 상황에서도 이 질문을 놓치지 말자.

## 페이스북과 정체성 혼란

우리는 페이스북 그리고 다른 소셜미디어들을 통해 온라인과 현실에서 자신을 표현하는 방법이 변화되고 있는 세상에 살고 있다. 심리치료사들은 날마다 페이스북과 관련된 문제들을 털어놓는 사람들을 만난다. 누군가 쓴 수동-공격적 댓글, 뚜렷하지 않은 대인 경계선, 스토킹, 소셜미디어 중독 등 페이스북은 심리치료 상담에 새로운 차원을 더했다.

## 자기 표현인가 자기 편집인가

어떤 사람들은 별다른 생각 없이 온라인에 글을 올리기도 하지만 대다수의 사람들은 그렇지 않다. 사실, 많은 사람들이 꽤 긴 시간을 들여 어떻게 자기 자신을 표현하거나 나타낼지 고민한다. 페이스북에 글을 쓰다가 잠시 멈추고 곰곰이 생각한 후 삭제키를 누른 다음 원래의 생각을 편집하곤 하는가? 이 새롭고 시시각각 변하는 소셜미디어 세계에서, 어떤 것은 올려도 괜찮고 어떤 것은 올리면 실례가 될 수 있는지 알기란 그다지 쉽지 않다.

처음 페이스북에 가입했을 때 나는 "저 감기 걸렸어요"라는 어색한 글을 올렸는데, 솔직히 말해 어떤 글을 올려야 하는지 잘 몰랐기 때문이었다. 페이스북은 완전히 새로운 세상이었다. 조금 시간이 지나서야 친구들의 포스팅을 참고하여 페이스북 에티켓에 대해 감을 잡았다. 처음에는 나의 생각, 감정, 행위를 그렇게 공개한다는 발상이 맘에 들지 않았다. 하지만 시간이 흐르면서 차츰 사생활 공개에 대한 불편한 마음이 사라지는 것을 느꼈다. 그 어느 때보다도 나 자신을 터놓고 표현하고 싶어졌다. 왜였을까? 페이스북에서는 누군가 항상 나를 지켜보고 있다. 사회심리학자라면 누구나 동의하겠지만, 누군가 지켜보고 있으면 행동이 달라질 수밖에 없다. 관객이 있으면 '연기를 하게' 되기 쉽다. 스스로 만든 무대 위에 서 있는 거랄까?

갑자기 우리들은 세상을 향해 전시되어 있는 것처럼 보이는데, 이로써 모든 것이 조금씩 바뀌고 있다. 페이스북 이용자라면 누구나 한 번쯤 이런 상황을 접해봤을 것이다. 페이스북 친구들 중 한 명이 포스팅을 했는데 그가 무슨 생각으로 그렇게 충격적인 글이나 사진을 올리기로 했는지 의아한 상황 말이다. 왜 우리는 특정한 페이스북 포스팅이나 셀카에 충격을 받는 것일까? 아마 우리가 뉴스피드에서 보는 내용들이 페친들을 온전히 보여주지 않기 때문일 것이다. 현실에서 친구를 아는 것과 달리 말이다. 페이스북이 등장하기 전에는 이렇게까지 자기 이미지에 집중하지 않았던 듯한데, 지금은 왜 이런 걸까? 왜 우리는 갑자기 자기 사진을 더 많이 올리느라 혈안이 되었는가? 왜 우리는 더 대담하거나, 더 '노골적이거나', 완전히 괴짜 같은 방식으로 우리 자신을 표현하고 있는가?

페이스북 포스팅은 단순히 자신의 하루를 보여주고 업데이트하는 것일 수 있다. 많은 사람들에게 이는 지극히 정상적이고 즐거운 일이다. 하지만 한편으로, 어떤 사람들은 자신의 좋은 면만을 올리고 나쁜 면은 숨겨야 한다는 압박감을 점점 더 느끼고 있다.

**밥, 41**
뉴욕 시티, 뉴욕 주

나는 잘생겼다. 그래서 프로필 사진을 계속 업데이트한다. 사진에 다른 사람들이 있으면 내 얼굴만 나오도록 지운다. 프로필에서 나는 '제트족'으로 정체성을 잡았다. 마이애미, 로스앤젤레스, 런던 등 세계 각지로 바쁘게 날아다니면서 이름만 들어도 아는 정치인들, 유명 인사들과 어울린다. 고가품 애호가로서 '슈퍼모델' 리그에서 한자리를 차지한다. 페북 사진첩의 많은 사진들은 오직 나만 나온 것들이다. 그 외에는 회사에서 내게 지정해준 주차 공간을 보여주는 표지판이나 "나는 사람들이 내 잘생긴 얼굴을 즐길 수 있도록 사무실 안을 자주 돌아다닌다"라고 적힌 BluntCard.com의 카드 같은 것들을 올린다. 내가 제일 좋아하는 인용구는 "나는 다른 사람들을 더 재미있는 사람으로 만들기 위해 술을 마신다"*이다.

 좋아요　　　 댓글 달기　　　 공유하기

---

★ 어니스트 헤밍웨이가 한 말. 우울증과 과대망상증이 있었음.

밥의 프로필 내용은 대부분 사람들에게서 긍정적인 피드백을 얻기 위해 올려진 것들이다. 우리 모두는 이런 사람을 한 번쯤 본 적이 있다. 그렇지 않은가? 밥의 사진들은 항상 자신을 실제보다 돋보이게 만들고, 그 사진 속 주인공은 잔뜩 폼을 잡고 있다. 밥이 타임라인에 올린 글과 동영상에는 자신이 참석하는 화려한 사교 모임에 대한 새로운 이야기들이 항상 포함되어 있다. 밥에게 프로필은 친구들로부터 인정을 받는 하나의 채널로 보인다. 밥의 프로필에서 눈에 띄는 점은 자신이 사람들에게 깊은 인상을 주기 위해 애쓴다는 점을 강조한다는 점이다. 이러한 욕구는 일상의 의사소통에서도 뚜렷이 보이지만 페이스북은 밥이 훨씬 더 많은 관심을 얻을 수 있는 또 하나의 수단이다.

현실에서도 다른 사람들에게 되도록 좋은 인상을 주고 싶은 상황들은 많다. 첫 데이트, 취업 면접, 결혼 상대자의 부모를 처음 만날 때 등. 하지만 많은 사람들은 페이스북 포스팅을 통해 다른 사람들에게 (현실과는 차원이 다른 수준까지) 깊은 인상을 주려 애쓴다. 매일 페이스북에서 우리는 페친들이 피트니스클럽에 가고, 자원봉사를 하고, 나이 든 부모를 돌보고, 피트니스클럽에 또 가고, 요즘 뜨고 있는 최신 명소에 들르고, 아이들을 재우기 전에 책을 읽어주고, 그런 다음 마지막으로 한 번 더 피트니스클럽으로 향하는 하루에 대해 올리는 것을 본다.

나 역시 페이스북 포스팅 마법에 걸렸더랬다. 자기 자신을 전시하고 자신이 하는 거의 모든 일에서 친구들의 지지를 받는 일은 강한 중독성이 있다. 이는 페이스북에 포스팅을 하는 행위 뒤에 숨은 주요한 매력인 것 같다. 우리는 전에 없던 방식으로 한 번에 매우 많은 사람들에게 자신을 표현할 수 있을 뿐만 아니라, 무엇을 공유할지 그리고 어떻게 공유할지를 결정할 수 있다. 살이 찐 게 걸리는가? 문제없다. 5년 전에 찍은 사진을 올려라. 그게 먹히지 않더라도 우리에겐 포토샵이 있다. 페이스북에서는 죄다 편집 가능하다. 우리는 마음껏 자기 삶을 재창조할 수 있다. 이러한 새로운 가능성——우리의 정체성을 재창조할 수 있는 힘——은 정말 기이하다.

나는 얼마 전 마라톤을 하고 나서 영광의 광휘(내 생각에)에 휩싸여 결승선을 통과하는 사진들을 흡족한 마음으로 페이스북에 올렸다. 하지만 내가 결승선까지 갈 수 있었던 것은 마라톤 과정에서 경험한 현실적이고 덜 멋있는 순간들 덕분이 아닌가? 마라톤에 대해 무엇을 올릴지 고민하고 편집하면서 나는 내가 과정보다 최종 결과에 더 초점을 맞추고 있는 것을 발견했다. 보통 잘 하지 않던 일이었다. 이때 문득 깨달았다. 온라인에서 나 자신을 편집하는 행위가 인생의 특정한 면들을 인식하는 방식을 바꾸어놓았다는 사실을. 특정한 사진들을 통해서만 나 자신을 표현하기로 선택했다면 특정한 렌즈를 통해서만 나 자신을 '보기로' 선택한 것이라 할 수 있다.

타임라인의 포스팅을 손보고 있는 자신을 발견한 순간, 나는 페이스북이 힘, 자산, 성취는 윤색하거나 과장하면서 불안은 숨기고 싶어하는 인간의 뿌리 깊은 욕망을 이용하고 있는 것이 아닌가 생각했다. 페이스북에 무언가를 올린 후 불안을 느껴 이를 지워야 하지 않을까 고민해본 적이 있는가? 이 불안감은 어디에서 오는 것일까?

소셜미디어가 사람들에게 미치는 정서적 영향이라는 측면에서 보자면, 이 질문은 최근 심리학자들을 가장 골치 아프게 하는 질문이다. 왜 우리는 온라인에서는 오프라인과 달리 자연스럽게 우리 자신을 표현하지 못하는가? 왜 온라인에서는 재치 있거나, 지적이거나, 재기발랄하게 보여야 한다는 압박감을 더 많이 느끼는가? 우리는 자기 수용감을 잃기 시작하고 있는 것인가? 그렇다면 무엇이 이러한 자기 의심을 촉발시키고 있는가?

우리가 페이스북에서 자신을 바꾸는 이유는 인생이 눈앞에 전시될 때 더 나은 형태로 자기를 표현하고 싶은 욕구를 느끼기 때문이다. 대중의 매와 같은 눈 아래에 놓일 때마다, 우리는 자신을 편집하고픈 욕구를 느끼고 무의식적 자기표현을 의심한다.

작가들은 글을 쓰는 동안 자신을 편집하고 싶은 욕구를 버려야만 놀라운 작품을 써낼 수 있다. 누군가 자신의 작품을 읽을 거라는 사실이 주는 무거운 부담 없이 오로지 글만을 위하여 글을 쓸 수 있을 때 자신이 만든 창작물에 깜짝 놀라게 된다. 하지만 '자기 편집자'가 등장하는 순간 자신의 비전을 순수하게 표현하지 못하게 된다. 같은 원리가 페이스북과 소셜미디어에도 적용된다. 우리는 다른 사람들에게 어떻게 보일까 두려워하기에 자신이 진짜로 어떤 사람인지를 쉽게 잊어버릴 수 있다. 자기 의심이 들기 시작하면 자기 편집자가 슬슬 움직이기 시작하고 결국 자신을 매우 다르게 표현하고 만다.

인생은 충분히 힘들다. 굳이 애써 자신을 의심할 필요는 없다. 하지만 많은 사람들이 포스팅을 하기도 전에 자신의 포스팅을 의심한다. 우리는 모두 함께 이 온라인 모래 놀이통 안에 모여서 가상의 세계를 쌓아올리고 자신을 꾸미고 현실에서보다 더 나아 보이기 위한 방법들을 궁리하면서 시간을 보내고 있다.

## 새로운 페르소나를 통한 연결

페이스북은 아이 수준의 상상력이 어른 세계로 옮겨진 것에 불과하다. 순수하게 재미 자체를 추구하는 공간인 것이다. 하지만 최악의 경우, 페이스북은 진정한 자기 자신과 매우 다른 정체성을 구축하고, 남들을 속이고 감정적으로 조종하고, 잘못된 관계를 시작하고, 결혼 생활을 파탄내고, 다른 사람들을 스토킹하고 괴롭히는 데 이용될 수도 있다(감정 조종에 대해서는 나중에 더 자세히 이야기할 것이다). 물론, 어떤 사람들은 현실에서도 거짓 정체성을 구축할 수 있다. 하지만 페이스북은 겉치레를 조장하고 자신의 진짜 인격을 부정하면서 가상의 자아를 증폭시키게 만든다.

소셜미디어를 통한 자기 표현과 공개 교류에는 많은 이점들이 있지만, 소셜미디어가 '자아 개념'이나 자아정체감에 영향을 미치는 방식에는 분명히 문제가 있다. 현실에서 우리는 다른 사람들과의 상호작용을 통해 자아 개념을 형성한다. 사회적 상호작용을 통해, 그리고 세상에 대한 이해를 다른 사람들이 주는 메시지와 비교함으로써, 우리가 어떠한 사람인지 우리가 무엇을 믿는지 알게 된다. 이렇게 생각해보자. 만약 자신에 대한 메시지들이 즉각 전송되고, 어떠한 제한도 없고, 끊임없이 뒤바뀐다면 어떻게 될까? 그후에는? 결국 우리는 혼란과 불안을 느끼고, 극단적인 경우에는 어떤 메시지가 진짜이고 어떤 메시지가 가짜인지 알 수 없게 될 것이다.

이것이야말로 현실과 환각을 구별할 수 없는 병이다. 달리 무엇이 조현병이겠는가? 날마다 우리는 페이스북에서 동시다발적으로 다수의 공급자에게서 받는 복합적 메시지들에 노출된다. 점점 더 많은 사람들이 페이스북에서의 교류 때문에 불안과 우울을 경험한다고 말하는 것도 무리가 아니다. 우리가 받는 메시지들이 주는 충격은 때로 너무 커서 곧이곧대로 받아들이기 어렵다. 한 여성은 expe-rienceproject.com에 올린 다음 글에서 페이스북 이용자들의 사진을 스토킹하는 일에 대해 설명한다.

맞아요. 전 그렇게 했고 썩 기분이 좋지는 않아요. 죄책감, 부러움, 질투, 나 자신의 삶에 대한 불만을 느끼게 되니까요. 심심해서 그냥 페이스북을 여기저기 둘러보다가 어떤 사람들의 프로필을 자세히 볼 때가 있습니다. 저는 사람들에 대해 호기심이 많고 특히 제가 모르는 사람들에 대해 더 그렇거든요. 이 사람들은 저보다 더 좋은 직업, 더 멋진 집, 더 나은 이것저것을 가지고 있는 것처럼 보입니다. 그러면 갑자기 저는 처참한 기분이 들면서 동시에 죄책감을 느낍니다. 한번은 울음을 터뜨렸던 적도 있습니다. 제 남편이 결코 이 여성의 남편처럼 훌륭해질 수 없을 거라고 느꼈기 때문이죠. 정말 바보 같은 짓인 게, 이 사람들을 한 번도 '만난' 적이 없다는 거예요. 먼 곳에 사는 사람들이었어요. 그때 이후로, 모르는 사람의 페이스북 프로필 훔쳐보는 짓은 완전히 그만뒀어요. 이제는 제 페친들이 올린 포스팅으로 이루어진 뉴스피드만 봅니다. 이것만으로도 충분히 재미있어요.

온라인에서 자신이 어떠한 사람인지 과장하지 않는 사람들이라 할지라도 어떤 식으로든 자기 자신을 편집한다. 점점 더 자신을 편집하여 자기가 '생각하는' 이상적인 모습으로 만들수록, 점점 더 자신의 진짜 페르소나를 잃어버리게 된다. 고등학교 때 어떤 기분이 들었는지 기억하는가? 대단한 패거리의 일원이 아니었던 사람들은 성인기의 일부를 십대 시절을 잊으려 애쓰면서 보낸다. 일반적으로 십대들은 또래들의 의견에 기초하여 자기가치감을 결정한다. 페이스북에서의 지지와 인정 역시 이와 크게 다르지 않다. 많은 사람들이 '좋아요'를 받을 만한 사진, 동영상, 링크, 댓글을 올리려 애쓰고, 심지어 어떤 사람들은 그러한 인정을 받기 위해 페이스북에서의 자기 이미지를 다듬느라 진을 다 뺀다. 페이스북 페르소나를 편집하는 일은 낮은 자존감, 우울증은 물론이고, 자신이 어떻게 행동하고 어떻게 사고하고 어떤 사람이 되어야 하는지를 다른 사람들의 생각에 의존하여 결정하려 하는 심리를 초래할 수 있다.

분명 현실에서도 페르소나를 창조할 수 있지만, 페이스북이 현실과 다른 점은 우리가 항상 '연결on' 상태라는 점이다. 현실에서는 청

바지와 편안한 티셔츠로 갈아입고 남들에게 어떻게 보일지 신경 안 쓰고 집 안 여기저기를 어슬렁거릴 수 있다. 하지만 페이스북에서는 항상 신경을 써야 한다. 페이스북에 로그인을 하지 않을 때조차도 다른 사람들이 볼 수 있는 프로필이 항시 대기 중이다. 온라인 무대

**헬레나, 33**
사바나, 조지아 주

내 제일 친한 친구는 우리가 함께 찍은 사진들을 죄다 페이스북에 올린다. 나는 사진 찍는 것 자체를 꺼리지는 않는다. 문제는 내 사진들 전부를 페이스북에 공개하고 싶지는 않다는 것이다. 어떤 사진은 잘 나오지만 어떤 사진은 그다지 잘 나오지 않는다. 별로 잘 나오지 않은 사진에 내 이름이 태그될 때마다 불안해진다. "끔찍해 보이면 어떡하지?" 내게 통제권이 없는 느낌이다. 나는 친구에게 허락 없이는 내 사진을 한 장도 올리지 말아달라고 부탁했고 친구도 그러겠다고 했다. 내가 바보같이 굴고 있다고 생각했겠지만 말이다. 친구에게 이런 부탁을 한 것 자체로 바보가 된 기분이지만 어쩔 수 없다. 잘 안 나온 사진들을 볼 때, 나는 사람들이 내가 정말 그렇게 생겼다고 생각하지 않기를 원한다. 그것이 정말로 나라고 생각하지 않았으면 한다. 그것이 '진짜' 나라고 할지라도.

 좋아요          댓글 달기           공유하기

위의 연기는 우리가 '막을 내렸다'고 생각하는 때조차 죽 계속된다.


## 삶을 통제하고 싶은 욕망

어느 날 아침 지하철을 타고 사무실에 출근하던 길에 나는 주변에
있는 거의 모든 사람이 서로 시선을 피하고 있다는 사실을 알아차렸
다. 시카고에서는 그다지 특이한 일이 아니었지만, 내 관심을 끈 것
은 따로 있었다. 바로 사람들의 눈이 집중하고 있는 곳이었다. 몇 명
만 제외하고 하나같이 스마트폰을 들여다보면서 엄지로 스크롤을
내리며 다양한 소셜미디어 사이트의 뉴스피드를 보고 있었다. 물론
페이스북도 포함해서. 약간 역설적으로 보였다. 사람들은 다른 사람
들과 이어져 있었지만 정작 자기 주변의 사람과는 단절되어 있었다.

우리를 다른 사람들과 이어주는 것은 무엇일까? 전혀 모르는 사람
에게 다가가서 대화를 시작하게 만드는 힘은 정확히 무엇일까? 아
마 우리가 말하는 방식이나 웃는 방식일 것이다. 우리는 몇 초 만에
사람들에 대한 첫인상을 결정하는 경향이 있다. 특히 사람들의 얼굴
특징에 기초하여 첫인상을 결정한다.

외모에 근거하여 사람을 평가하는 것은 인간의 본성이다. 우리는
매일 다양한 상황에서 그렇게 한다. 페이스북에서도 그다지 다르지
않다. 단 한 가지만 제외하고 말이다. 페이스북에서 처음에 우리는
사람들이 보여주기로 '취사선택한' 이미지들에 기초하여 누구와 교
류할지 결정한다. 우리는 자신의 특정 면모들을 세상에 보여줄지 말

지 선택할 수 있을 때 일종의 통제감을 느낀다. 하지만 나쁘게 인식될까봐 끊임없이 걱정하는 판인데 진정 통제권을 가지고 있다고 말할 수 있을까? 우리는 1980년대 헤어스타일이나 1990년대 그런지 패션으로 치장한 학창 시절의 빛나는 사진을 올려야 할지, 최근 찍은 셀카를 올려야 할지 초조해한다. 자신이 실제로는 유치한 SF 영화를 좋아한다는 사실을 알려야 할지 아니면 지적인 다큐멘터리를 더 좋아하는 척해야 할지 전전긍긍한다. 애완견의 버릇없는 행동을 올려야 할지, 아니면 애완견이 크리스마스트리 밑에 인형처럼 앉아 있는 사진을 올려야 할지 고민한다. 어떤 게 더 진짜인가? 이 중 무엇이 누군가를 페이스북 세상으로 낚기에 충분한가?

발달학적으로, 대부분의 사람들은 인생 경험을 쌓으면서 다른 사람들이 어떻게 생각하는지를 너무 신경 쓰지 말아야 한다고 배운다. 하지만 페이스북 때문에 우리는 실재하는 자기 자신보다 포스팅이 더 중요해 보이는 단계로 되돌아갔다. 실제로 어떤 사람이 되어야 하는지 또는 되고 싶은지에 집중하는 대신 자신의 페이스북 아바타를 만들고 꾸미는 일에 초점을 맞춘다.

통제에 대한 사람들의 오해는 자기 자신의 이미지를 다시 만들려는 욕구를 통해 표현된다. 자신에 대한 상대방의 반응을 예측할 수 있다면 자신의 이미지에 대한 통제권을 가지게 된다고 생각하는 것이다. 현실에서 이러한 유형의 통제권을 얻기란 불가능하지는 않다 하더라도 매우 어렵다. 따라서 많은 사람들은 허울만 있는 가상세계를 통해 이러한 통제감을 얻으려 애쓴다. 이곳에서는 자기 자신이나 다른 사람들에 대해 진실을 직시할 필요가 없다. 이러한 측면 때문에 페이스북이 '중독성을 띨 수 있는' 것이다. 많은 사람들은 자신이 '페친'의 삶에서 특정한 부분만 보고 있다는 사실을 알고 있지만 전혀 개의치 않는다. '좋아요'를 갈망하면서 프로필에 달린 별로 우호적이지 않은 댓글은 삭제하는 것이다.

## 페이스북 아바타: 새로운 리얼리티쇼의 주인공

자신의 페이스북 아바타를 통해 소통하고 관계를 맺는 것은 현실의 소통보다 어떤 면에서 더 낫다. 클릭 한 번만 하면 간단히 상대방의 부정적인 반응을 지울 수 있다. 마치 존재하지 않았던 것처럼. 아니면 특정한 방식으로 느끼게 해주는 인생의 사진들만을 골라 포스팅할 수 있다. 자신에 대한 특정 사실들을 검열하거나 지우기로 선택하는 순간(온라인에서든 오프라인에서든), 우리 자신의 일부를 보지 않기로 의식적으로 선택하는 것이라 할 수 있다.

프로필 네 개 중 한 개에는 가짜 개인정보가 들어 있다. 간단한 편집만으로도 누구나 성공적인 전문가, 세계 여행가, 모든 것을 아는 구루, 수준 높은 애호가, 몸짱 미소년, 섹시한 슈퍼모델이 될 수 있다. 그 사람을 현실에서 실제로 만나는 행운이 찾아오지 않는 한 우리는 쉽게 속아 넘어가 프로필의 내용을 믿을 수밖에 없다. 가짜 정체성을 만드는 일에 푹 빠진다면 어떤 일이 벌어질까? 친구들, 장래의 상사, 애인들이 우리의 가면을 주로 참조하게 된다면?

페이스북은 새로운 인식 층을 제공하여 우리를 실제 현실에서 멀어지게 만든다. 만약 현실에서, 머리를 완벽하게 세팅하고 멋진 옷과 아름다운 보석을 걸친, 옆자리의 아름다운 여성을 보고 자신의 외모를 의식하게 된다면, 나는 자신을 실재하는 대상과 비교하는 것이

**가브리엘, 27**
**오마하, 네브래스카 주**

나는 여동생 테리사가 페이스북 활동을 점점 더 활발히 하고 있음을 눈치챘다. 특히 남편과 아이들과 함께 찍은 사진을 많이 올리기 시작했다. 처음에는 테리사의 포스팅에서 특별한 점을 발견하지 못했지만 테레사가 계속해서 똑같은 종류의 사진들을 올리자 궁금증이 일었다. 뒤이어 테리사는 남편에게 바치는 다양한 연애시를 올리기 시작했다. 자기가 얼마나 '굉장한' 남편을 가졌는지 자랑하면서 결혼식 사진들을 잔뜩 올리고 남편을 태그했다. 어느 날 나는 테리사에게 그녀와 남편이 행복하게 지내서 얼마나 기쁜지 모르겠다고 말했다. 그러자 테리사는 갑자기 울음을 터뜨리더니 최근에 남편이 갈라서자고 했다고 고백했다. 바람을 피우고 있었던 것이다. 테리사가 페이스북에 행복한 가족사진들을 끊임없이 올렸던 이유는 결혼 생활의 파국을 외면하기 위해서였다.

 좋아요       댓글 달기      ➡ 공유하기

다. 반면, 페이스북에서 다른 사람의 프로필 사진을 보고 나의 외모를 의식하게 된다면, 나는 실제의 나와 누군가의 온라인 재현을 비교하는 것이다. 이는 진짜 일대일 비교가 아니다(장담하건대 나도 그녀만큼 멋진 프로필 사진을 만들 수 있다). 하지만 이런 비교가 정서에 미치는 영향은 모두 진짜다. 자존감이 타격을 입는다.

최근 연구에 따르면 많은 사람들이 페이스북에서 결혼, 휴가, 여타 행복한 이벤트들 사진을 보고 난 후 질투와 분노를 느끼고, 전체 이용자들의 약 3분의 1은 페이스북 사이트를 둘러본 후 자기 자신에 대해 불만을 느낀다고 한다. 페이스북 내용을 기준으로 자신의 삶과 다른 사람들의 삶을 비교하는 사람들은 자신의 삶이 한심할 정도로 지루하고 그저 그렇다고 생각한다. 자존감이 점점 낮아지고 이러한 자존감 저하가 지속되면 결국 자멸적인 행동양식을 보이게 된다. 가령, 어떤 사람이 더 이상 자신을 돌보지 않으면 부정적이고 패배적인 사고의 비탈을 따라 굴러 떨어지고 말 것이다. 우선 자신의 삶이 그다지 재미있지 않다고 생각한다. 이어, 자신이 얼마나 성공했는지 페친들과 비교하기 시작한다. 그리고 인간관계 안에서 자신이 얼마나 행복한지 의문을 품기 시작한다. 부정적인 생각은 부정적인 감정으로 이어지고, 부정적인 감정은 나쁜 결정으로 이어지고, 나쁜 결정은 더 깊은 불만으로 이어진다. 페이스북 안의 상호 연결성은 미묘하지만 매우 영향이 크다. 페이스북에서 우리 모두는 연결되어 있고 서로에게 막대한 영향을 미친다.

사회적 비교는 전혀 새로운 일이 아니다. 우리는 항상 "남에게 뒤지지 않으려" 애쓰고, 페이스북은 단지 그렇게 하는 한 가지 방법을 제공할 뿐이다. 다만 페이스북이 우리에게 제공하지 않는 것은 타인의 삶의 온전한 그림이다. 페이스북이 왜 그래야 하는가? 어떤 사람들은 자신의 실패와 곤란한 상황을 기꺼이 내보이려 하지만, 대부분의 사람들은 페이스북을 진열장으로 사용하여 성공의 증거와 전리품을 전시한 후 다른 사람들이 들여다보고 인정하게 한다.

페이스북에는, 송년회 파티에서 술을 마시고 춤을 추는 사진은 올라오지만 다음 날 숙취에 시달리는 사진은 뒤따라 올라오지 않는다. 프로필 사진에서 지미추 신상 구두를 신고 있는 친구는 실제로는 백화점에서 한번 신어본 것일 뿐이다. 클럽에서 섹시한 여성들에게 둘러싸여 포즈를 취하고 사진을 찍은 녀석은 여자친구가 질투하길 바랄 뿐이다.

사람들이 자신의 봉사 활동이나 자기가 가르치는 영재 학생, 자신의 휴가에 대해 올리는 글과 사진에 근거하여 그 사람의 삶을 넘겨짚어서는 안 된다. 생각해보자. 페친들의 포스팅 중 그들의 불안감, 질투심이 강한 성격, 통제가 잘 안 되는 문제들, 망한 데이트 같은 것을 올린 게 얼마나 되는가? 사람들의 페이스북 포스팅에 근거하여 그들이 최상의 삶을 살고 있다고 믿는다면 위험하다. 왜냐하면 조만간 당신은 자신의 삶을 그들의 삶과 비교하기 시작할 테고, 그렇게 되면 가짜 현실에 장단을 맞추게 될 것이기 때문이다.

## 우리가 가야 할 길

페이스북 프로필이 반드시 현실로 실현되어야 하는 것은 아니다. 하지만 많은 사람들이 그들의 프로필이 묘사하는 바에 따라 자신의 실제 삶을 만들어가고 있다. 어떤 사람들은 삶을 사는 대신 단지 '연기'를 하고 있기도 하다. 페이스북에서 우리는 다른 사람들에게서 열렬한 반응을 이끌어낼 수 있는 방식으로 행동한다. 완벽한 연기다. 하지만 현실에서 완벽한 사람은 아무도 없다. 당신이 페이스북에서 존재하는 방식으로 현실 세계에 참여한다면 어떻게 될까? 록밴드 안에 있는 자신을 보여주는 대신 실제로 록밴드에 들어가면 어떨까? '완벽한' 이미지를 내놓는 일에 집중하느라 너무 많은 시간을 쓰는 대신 실제 현실——진짜 삶의 오르막과 내리막——에 집중하는 것은 어떤가. 우스꽝스럽게 나온 사진을 올리고 친구들이 웃을 때 따라서 웃어보라. 뭔가 난처한 실수를 했다면 페이스북에 올려보라! 실수를 친구들과 공유하고, 함께 웃고, 다른 사람들이 어떻게 생각할지에 대한 걱정일랑 던져버리자.

우리 모두는 "자기 자신에게 진실해야 한다"는 말을 듣는다. 하지만 이것은 정확히 무슨 뜻인가? 진실하게 진짜 자신으로 현재에 존재해야 한다는 것이다. 페이스북 세계에서 이는 놀라운 도전이다. 페이스북은 당신이 무엇을 말하고 싶은지, 그것을 어떻게 말할지, 어떤 모습으로 보일지, 세상에 어떻게 보이고 싶은지에 대해 필터를 제공한다. 편집 과정에 기획이 포함되기 때문에 최종 프로필에는 주의 깊게 편집한 자기 자신이 남는다. 자기 편집을 더 많이 할수록 결국 자신의 실제 모습을 덜 가치 있게 여기고, 최악의 경우 자기 내면의 목소리 대신 다른 사람들의 의견을 더 중시하게 된다.

당신이 가장 좋아하는 당신 모습은 무엇인가? 솔직하게 적어보라. 어떠한 방식으로든 자신을 표현하려 한다면 자기 본연의 모습과 현재 생활상을 있는 그대로 보여주어야 하지 않겠는가? 당신이 5년 전에 무엇을 했는지, 어떻게 생겼었는지 누가 상관하겠는가? 현재 당신은 어떠한 사람인가? 미래 계획은 무엇인가? 솔직히 이야기해보자. 허황되거나 비이성적으로 들리더라도 말이다. 당신, 진짜 당신을

**다니엘, 35**
**멜버른, 오스트레일리아**

나는 기타를 치고 있는 사진을 올리고서 "밴드 연습 중"이라고 설명을 붙였다. 하지만 곧 한 친구가 내가 밴드에 속해 있지 않으며 단지 기타를 들고 포즈를 잡고 있는 것뿐이라고 댓글을 달아서 산통을 깼다. 나는 즉시 댓글을 지웠다. 몇 달 후, 예전 여자친구에게 좋은 인상을 주려고 똑같은 사진을 타임라인에 다시 올려 요즘 사진인 것처럼 보이게 했다. 그러고선 똑같은 설명을 달았다. "밴드 연습 중." 그러자마자 사정을 아는 친구들이 몰려와 또다시 나를 웃음거리로 만들었다.

 좋아요      댓글 달기      공유하기

만드는 것은 정확히 무엇인가? 온 힘을 다하여 어떠한 상황에서도 이 질문을 놓치지 말자.

잠깐 시간을 들여 당신의 현재 프로필을 살펴보라. 진지하게, 이 책을 잠시 내려놓고 페이스북에 접속하여 당신의 프로필을 클릭해보라. 당신 자신, 그리고 친구들에게 물어보라. 그 프로필이 실제 당신이 어떠한 사람인지를 진정으로 보여주고 있는지. 진정한 친구라면 솔직하게 평가해주고 당신의 진짜 모습을 인정해줄 것이다. 스스로 짊어진 멍에에서 벗어나 진정한 나 자신을 환대해보자.

**f**

# 3

# 내 타임라인에 올렸다면
# 사적인 것 맞지?

나의 생각, 감정, 활동이 다른 사람들에게 어떻
게 보일지 걱정하지 않게 되면 홀로 온전히 삶
을 즐길 수 있다.

## 사생활과 페이스북

우리는 자신에 대해 이야기하기를 좋아한다. 실제로《타임》에 따르면, 하버드 대학교 '사회적 인지 및 감정 신경과학 연구소'는 인간이 자신에 대해 이야기할 때 음식을 먹거나 섹스를 할 때와 똑같은 두뇌 부위가 활성화된다는 사실을 밝혀냈다. 대화를 나누다가 상대방의 어떤 말에 자신의 특정한 경험이 떠올랐던 경우가 있을 것이다. 상대방의 말이 당신의 감정을 건드려서 무언가 반응하고 싶어지지 않았는가? 참을성 있게(아니면 참을성 없게) 상대가 이야기를 마치길 기다려 당신의 그 경험을 공유한 적이 있지 않은가?

우리는 항상 청중을 찾는다. 다른 사람들의 상황, 심지어 우리 자신의 행동까지도 다른 사람과의 대화를 통해 이해하는 경향이 있기 때문이다. 이는 사람들이 심리 상담을 받는 주요한 이유다. "내 이야기를 들어주세요. 그리고 당신이 어떻게 생각하는지 말해주세요." 만약 누군가 우리의 의견에 동의하면 자신이 '올바른' 결정을 내렸다고 생각하며 만족한다. 반면 사람들이 다른 의견을 내놓으면 거북함을 느낀다.

우리가 자신에 대해 이야기하기를 즐기는 또 다른 이유는 친구들을 재미있는 이야기 안으로 끌어들이고 싶기 때문이다. 뭔가 재미있는 것을 발견하면 우리는 친구들도 그것을 재미있어할 거라고 생각한다. 어떤 것을 친구들과 공유할 때마다 유대감과 이해받는 느낌이 생긴다. 다른 차원에서 보자면, 우리의 활동은 누군가와 공유하기 전에는 '진짜'처럼 느껴지지 않고 공유에는 청중이 필요하다. 노출 욕구는 아무도 없는 숲의 난제와 매우 비슷하다. 만약 당신이 들을 사람이 아무도 없는 숲에서 재잘거린다면 당신의 메시지는 의미가 있는 것인가?

자신의 여러 측면들을 드러내고자 하는 이러한 욕구는 놀라운 일이 아니다. 칵테일파티에만 가봐도 알 수 있다. 파티장 어디에서든 자신의 삶, 가족, 직업, 보유한 연락처 개수, 참석했던 파티, 지난 금요일 밤에 얼마나 신나게 놀았는지에 대해 앞다투어 수다를 떠는 사람들을 볼 수 있다. 사람들은 자신의 이야기를 공유할 기회가 주어지면 잔뜩 들뜬다. 페이스북에서 다른 사람과 어울리는 것도 이러한 욕구를 충족시키는 하나의 방편이다.

우리는 사람들이 페이스북에 최근의 경험을 빠짐없이 올리는 것을 본다. 우리는 페친들의 헤어스타일, 키우는 고양이의 건강 상태, 으리으리한 주차장, 섹시한 새 여자친구, 끔찍한 소개팅, 아이의 학교 연극 데뷔 등에 대해 읽는다. 때로는 특정한 주제에 대한 매우 개인적인 생각을 적어놓은 글을 읽기도 한다. 자기 일기장에나 적는 편이 더 적당할 것 같은 생각들 말이다. "우리 가족들은 다 미쳤어요.""왜 나는 좋은 남자를 찾을 수 없는 걸까요?""이웃집 사람은 심각하게 상담 치료를 받아야 할 것 같아요.""그가 결혼반지를 끼고 있지 않았어요…… 무슨 의미인지 알 것 같아요." 이러한 사적 정보를 공개하면 자신의 정서에 심각한 영향을 미칠 수 있는데도 많은 사람들이 별로 개의치 않고 계속 공개한다.

비유하자면, 키보드는 우리의 생각과 대중을 연결하는 통로가 된 한편, 컴퓨터 화면은 정서적 피해를 막아주는 안전장치가 되었다. 안전하다는 인식과 무제한적인 접근 가능성은 아주 사적인 생각과 감정까지 공공연하게 알리도록 우리를 부추긴다. 이전에 없던 방식으로 자신을 표현할 능력이 생겼기 때문에 일종의 권능을 가진 느낌을 받을지도 모르지만, 필터 없이 자신의 생각을 공유하면 지나치게 노출됐다는 느낌이 들 수도 있다. 우리의 자기표현으로 우리가(혹은 다른 사람들이) 곤경에 처한다면 건강한 의사소통의 한계선을 넘고 말지도 모른다. 스스로에게 이렇게 물어보자. "나의 정서적 표현은 다른 사람을 기분 좋게 하고 싶은 욕구에서 나온 것인가? 아니면 다른 사람을 깎아내려 나 자신을 기분 좋게 하고 싶은 욕구에서 비롯된 것인가? 이 과정에서 혹시 나 자신을 상처 입히고 있지는 않은가?" 한번 생각해보자. 페이스북에서 노골적으로 감정을 표현함으로써 문제를 완화하기보다는 문제를 조장한다면? 그러면 어떤 일이 벌어질까?

어떤 사람들은 광범위한 것들을 소셜미디어에서 기꺼이 공유하려 하지만 또 어떤 사람들은 이런 일을 완전히 회피한다. 어떤 사람들은 자신의 최신 뉴스로 간략하게 상태 업데이트를 하는 반면 어떤 사람들은 시시콜콜 모든 것을 다 보여준다. 이들이 어떠한 생각을

**마우라, 36**
시카고, 일리노이 주

나는 남편 찰스가 점점 더 멀어지고 있음을 느꼈다. 찰스는 페이스북에서 많은 시간을 보내기 시작했다. 내가 뭘 하느냐고, 누구랑 이야기하느냐고 물을 때마다 그는 잽싸게 노트북을 닫아버렸다. 그의 삶에 들어가려 시도할 때마다 거부당했다. 나는 이미 알고 있던 사실을 인정하려 하지 않고 회피했다. 사실 찰스는 페이스북에서 자주 교류하던 여자와 바람을 피우고 있었다. 나는 한 여자가 찰스의 포스팅에 추파를 던지는 댓글을 달고 있다는 걸 눈치챘다. 이 여자의 페이스북 타임라인에서 나는 찰스에 대한 감정을 넌지시 내비치는 글들을 봤다. 나는 내가 느끼는 감정을 내 타임라인에 올리기 시작했다. 마음속 깊은 곳에서는 그러면 안 된다는 걸 알고 있었다. 특히 찰스와 나는 함께 아는 친구들이 많았다. 하지만 나도 어쩔 수가 없었다. 그 여자가 비밀을 공개하려 한다면 나도 그렇게 할 수 있다! 어쨌든 내게도 감정이란 게 있으니까.

 좋아요           댓글 달기           공유하기

하든, 어떠한 감정을 경험하든, 어떠한 상황에 처해 있든, 페이스북 친구들은 전부 알게 된다. 어떤 사람의 프로필에서 정보가 어느 정도 공개되어 있는지에 상관없이, 모든 포스팅은 반드시 누군가 검토

하고 평가한다. 왠지 모르지만 어떤 사람들은 다른 사람들이 자신의 포스팅을 읽어주기만 한다면 어떤 평가를 내리든 크게 개의치 않는 반면, 어떤 사람들은 자신에 대한 평가를 모조리 다 읽고 싶어한다.

일종의 스토킹 같은 이러한 행위가 우리의 새로운 취미가 되어가고 있는지도 모른다. 지금까지는 리얼리티쇼가 다른 사람들의 삶을 엿볼 수 있는 기회를 많이 제공해왔다. 얼마나 많은 사람들이 리얼리티쇼에 중독되어 있는가? 나 또한 몇 가지 쇼 중에서 나만의 '고정' 쇼가 반드시 필요했다. 자기 자신을 표현하고 싶은 욕구와 다른 사람이 자신을 표현하는 것을 관찰하고 싶은 욕구 중 무엇이 더 강할까? 페이스북은 이 두 욕구를 동시에 충족시켜준다. 또한 요즘의 신기술 장난감들(태블릿PC, 노트북, 스마트폰)은 게임을 더 확장함으로써 우리가 배우인 동시에 관객이 될 수 있는, 극장과 비슷한 세계에 빠르고 쉽없이 접속하게 만든다.

## 제발 호응 좀 해줄래요

예술가는 더욱더 많은 대중이 자신의 작품을 해석해주기를 갈망한다. 정치인은 최대한 많은 사람들에게 자신의 메시지를 퍼뜨리고 싶어한다. 사업가는 전국 곳곳의 단체들과 네트워크를 형성한다. 방대한 청중을 가지는 것이 중요한 이유는 무엇일까? 단지 자기 자신의 목소리를 듣기 위해서 자기표현을 하는 사람들은 그리 많지 않다. 다른 사람들이 어떻게 생각하는지 그토록 궁금해하도록 만드는 욕구는 무엇일까? 우리 모두는 누군가의 반응을 원하지 않는가? 자신이 한계를 초월하면 다른 사람이 정말 깜짝 놀랄지 어떨지 다들 알고 싶어하지 않는가?

내 생각에 소셜미디어 사이트에서 나타나는 엄청난 자기 노출은 단지 사회적 연결이라는 기본 욕구를 만족시키기 위해서만은 아닌 것 같다. 그보다는 누군가(혹은 많은 누군가가) 자신에게 응답할 것이라는 희망에서 더 폭넓은 사람들에게 자신의 생각과 신념을 알리는지도 모른다. 결국, 트위터의 가장 큰 매력은 특정한 사람에게 쪽지를 보내거나 자기 트위터 글에서 @을 이용하여 특정한 사람에게 공개적으로 소리치는 것이 아닌가. 당신은 사람들 사이에 묻어서 내게 응답할까? 내가 영향력이 크다면 내게 일대일로 접촉하고 싶어하지 않을까? 나는 당신의 삶에 얼마나 영향력을 미치고 있을까? 답례로 당신은 얼마나 많은 것을 나와 공유할까?

기술이 발달할수록 우리는 모든 것이 좀 더 많아지는 환경에 점점 익숙해진다. 좀 더 빠른 속도, 좀 더 많은 정보, 심지어 다른 사람의 사생활에 좀 더 깊이 접근하기……. 우리는 모든 것에 쉽게 접근하기를 좋아하기 때문에 속도와 즉각적 만족이라는 측면에서는 확실히 많은 것을 얻었다. 하지만 잃은 것 또한 많지 않은가? 우리는 자신을 표현할 방법을 신중하게 검토하는 대신 자신의 생각이 다른 사람들에게 인정받기를 충동적으로 원하게 되었다. 다른 사람들의 사생활을 존중하는 대신 더 많은 노출을 기대하게 되었다. 이러한 의사소통 혁명으로 이전보다 더 자주 공개 광장에서 소통하고 자기 삶의 사적인 측면은 덜 지키게 되었다.

소셜미디어를 더 많이 이용하고 다른 사람들의 포스팅에 더 친숙해질수록, 자신의 감정, 욕구, 욕망을 탐색하는 경향이 더 많아진다. 자신에 대해 알게 되는 것은 자기표현을 통해서다. 그러므로 자신에 대해 더 많이 공개할수록 자신을 더 많이 알게 된다. 이로써 자기 성격의 어두운 면들, 즉 보통 때는 숨겨놓고 싶어했던 면들을 알게 된다고 해도 말이다.

페이스북에 사생활을 공개하는 것은 다소 위험할지 모르지만 동시에 우리를 매우 감질나게 한다. 다른 사람들의 댓글과 '좋아요'를 받을 것이라는 기대는 때때로 댓글 자체만큼이나 신이 난다. 다른 사람들이 우리에 대해 어떻게 생각하는지 알고 싶어 안달이 난다. 달리 어떤 방법으로 우리 자신에 대해 알 수 있겠는가? 철학자 이마누엘 칸트는 자기 인식은 외부 존재들에게서 직접적인 영향을 받는다고 했다. 우리는 오로지 다른 사람들과 교류함으로써만 우리 자신을 알게 된다. 그래서 다른 사람들의 반응에 그렇게 목을 매는 것이다.


## 그렇게까지 공개할 필요가 있을까

더 많은 포스팅을 할수록 우리는 자신의 의사결정, 살아가는 방식, 신념에 대한 평가에 더 많이 직면하게 된다. 이런 것을 견딜 수 있거나, 심지어 원하기까지 하는 사람이 얼마나 될까? 어떤 사람들은 다른 사람들의 관심을 즐기는 것처럼 보인다. 실제로, 일부러 논란을 일으키려는 듯 지나친 논평과 발언을 포스팅함으로써 격렬한 반응을 유도하는 사람들이 있다. 반면, 평가받는 것을 좋아하지 않고 자신에 대한 진실을 들을 준비가 되어 있지 않은 사람들도 많다. 어떤 면에서 이는 몹시 위선적인 것처럼 보인다. 자신은 거리낌 없이 견해를 내놓으면서 왜 친구들은 의견을 숨기길 기대하는가? 서로 공개적으로 소통하는 것이 소셜미디어의 핵심 아닌가? 소셜미디어의 소통을 통해 우리는 다양한 사고방식을 접하는 것 아닌가?

갈수록 사람들은 사생활을 잃는 것이, 자기 노출로 얻게 된다고 믿는 것――생각이 비슷한 사람들과의 밀접한 동맹 관계――에 비해 별로 중요한 문제가 아니라고 생각하는 것 같다. 자신을 이해해주는 사람들과 자기 이야기를 공유하는 것을 더 좋아한다. 심리학적으로 볼 때, 사람들은 자기 의견에 동의하는 사람들과 관계를 맺고 싶은 강한 욕구를 느낀다. 우리는 자신의 정치적 견해와 비슷한 성향의 웹사이트만을 방문하는 경향이 있고, 관점과 취향이 비슷한 사람들과 평소 시간을 보낸다. 또한 자신의 관점에 도전하는 사람, 집단, 뉴스 출처는 피하는 경향이 있다.

페이스북 친구들이 나의 상태 업데이트에 즐거워하고 사회와 정치에 대한 내 견해를 인정하며 내 사고방식을 '좋아하고' 지지한다는 사실을 알면 안심이 된다. 다른 사람들에게 이해받는다고 느낄 때, 우리는 인정받고 승인받고 심지어 흠모받는다는 느낌까지 받는다. 하지만 이러한 흠모는 감정 비용이 든다.

프로필 공개 이외에도, 페이스북은 다른 사람들이 우리의 포스팅에 더 많이 접근할 수 있도록 몇 가지 변화를 도입했다. 어떤 추적 앱을 이용하면 거의 모든 주제를 검색할 수 있어서, 페친들 이외의 이용자들 중에서도 애인을 쉽게 찾을 수 있다. 또한 페이스북은 사진 태그 기능에 얼굴 인식 기능을 추가하여 사람들의 프로필 사진을 기초로 그가 누구인지 알아내고 더 쉽게 태그할 수 있게 만들었다. 2013년 8월에는 '게시물 퍼가기Embed Post' 기능을 도입했는데 언론사와 뉴스 사이트들이 페이스북에 있는 글, 사진, 동영상을 자신의 웹사이트 기사에 퍼갈 수 있게 허용하는 기능이다.

똑바로 보자. 소셜미디어에서 사생활은 반드시 지켜야 하는 무언가였던 적이 한 번도 없다. 실제로 〈'컨슈머 리포트'의 인터넷 개인정보와 안전 연구Consumer Reports Internet Privacy and Security Survey〉에 따르면 1,300만 명에 가까운 페이스북 이용자들이 자신의 개인정보 설정을 한 번도 건드리지 않았다고 한다. 또한 10억 명의 활동적인 월간 이용자들 중 28퍼센트가 자신의 페이스북 게시물 전부를 '전체 공개'로 설정해서 페친들뿐 아니라 더 많은 사람들과 공유하고 있다고 이 연구는 밝혔다. 이용자들이 그런 사실을 자각하고 있든 아니든 말이다.

페이스북과 다른 소셜미디어가 등장하기 전에 사람들은 대부분의 경험을 사적으로 간직했고 친구들이나 가족들과 공유할 것을 취사선택했다. 우리는 별개의 두 가지 행위 유형이 있는 세상에서 살았었다. 사적인 행위와 공개적인 행위. 사생활의 의미는 더 단순했다. 자신의 침실에서 하는 행동은 자신만의 일이었다. 집 바깥에서 하는

**폴라, 55**
뉴욕시티, 뉴욕 주

나는 인생 파트너를 찾고 있었고 페이스북을 이용해 남자를 만나보기로 마음먹었다. 그리고 정말로 마음에 드는 사람을 만났다. 나는 우리들 사이의 야릇한 분위기를 즐겼고 이 남자에게 푹 빠졌다. 나는 로맨스를 꿈꾸며 깊이 마음을 빼앗겼다. 그런데 그가 재정적 어려움에 빠져 있다고 말하며 내게 복잡한 이야기들을 하기 시작했다. 처음에 그는 이탈리아에 살고 있다고 말했다가 그다음엔 남아메리카에서 엔지니어로 일하고 있는데 사업이 실패했다고 말했다. 얼마 지나지 않아 그는 돈을 빌려달라고 부탁하기 시작했다. 그가 계속해서 부탁하자 화가 났다. 나는 신용 사기라는 느낌을 받았지만 동조하는 체하면서 계속 관계를 유지하다가 확실해지면 보복하기로 결심했다. 그가 네덜란드에 있는 주소로 현금 3만 달러를 보내달라고 부탁했을 때 그동안 속고 있었다는 사실을 확신했다. 그를 차단하기 전에 나는 이 남자의 다른 페친들에게 경고 메시지를 보냈는데, 많은 여자들이 비슷한 일을 겪었다고 말했다. 연애하기 위해 수작을 걸다가 돈을 빌려달라고 했다는 것이다. 나는 내 프로필을 공개했을 때 이미 신용 사기 피해자 후보가 되었다는 사실을 깨달았다. 왠지 몰라도 나는 페이스북에 올리는 내용들이 내게 불리하게 이용될 리 없다고, 안전하다고 생각했다.

 좋아요     댓글 달기     공유하기

일은 다른 이들이 볼 수 있었다. 이 복잡한 새 웹은 어떠한 방식으로 우리의 사생활을 침해하고 있는가?

사생활 보호에 대해 뚜렷한 윤리를 가지고 있지 않으면, 어떤 사람에 대한 '진실'을 알 때 더 통제권을 쥔다는 느낌을 받는다(많은 면에서 이는 옳지 않다). 어떤 사람들은 사건을 액면 그대로 받아들이지 못하고 모든 경우마다 증거를 필요로 한다. 누군가 어떤 일에 대해 의견을 말하면 즉시 '구글링'으로 사실 여부를 확인하고 싶어하는 사람들이 있다. 심지어 상대 바로 앞에서 말이다. 사회적 예의 따위란 없어진 지 오래다. 휴대폰으로 위키피디아, 구글, 페이스북에 바로 접근할 수 있게 되자 상대의 눈앞에서 사실 확인을 하는 일이 사회적으로 용인되었다. 다소 얼간이처럼 보인다 하더라도 말이다.

사생활의 의미가 더 단순했을 때는 형편이 더 나았을까? 나는 그랬다고 생각한다. 우리는 단지 흥미로운 사람들과 함께 있기 위해 대화를 즐겼다. 그리고 페이스북에 올린 글과 사진이 아니라 직접 우리에게 해준 이야기를 통해 그 사람에 대해 알았다. 퍼블릭 도메인에서 어떤 사람에 대해 정보를 얻을 경우(그 사람의 입을 통해 직접 듣는 것에 비해) 소셜미디어에서 보고 읽는 것이 사실이라고 믿기 쉽다.

소셜미디어 시대에 완전히 사적인 영역으로 남겨두어야 하는 것은 무엇일까? 우리는 한때 매우 신성하게 여겼던 것을 포기하고 있지는 않은가? 아니면 그다지 사적이지 않은 의사소통 방식의 한가운데서 더 수준 높은 사생활 관리를 하려 애쓰고 있는가? 누가 우리의 정보를 보고 있는가? 기업과 소매업자들이 개인정보를 모니터하고 있는지 신경 써야 할까?

지금까지는 세 가지 주요 개인정보가 '유출'된 것 같다. 우리가 보는 것, 페친들이 보는 것, 페이스북이 보는 것, 세 가지. 자신이 공개하는 것을 통제하고 싶어하는 사람들에게는 마지막 정보가 가장 위험하다. 페이스북의 개인정보 설정 방침이 계속 바뀌는 이유 중 하나는 마케터와 광고업자들 모두가 소비자에게 접근하고 싶어하기 때문이다. 인구 통계, 연령대, 자녀의 수, 사는 곳, 검색하는 주제들, 좋아하는 색깔, 그리고 가장 중요하게는 쇼핑하는 장소 등에 말이다.

페이스북에서의 사생활 공개는 양날의 검이다. 우리는 더 많이 공개할수록 더 많이 보호하고 싶어한다. 하지만 소셜미디어 사이트에서 더 많은 시간을 보낼수록 자신에 대해 더 많은 것을 공개하는 일에 익숙해진다. 모두 이 사실을 잘 알고 있지만 개인정보를 공개하지 않기로 마음을 바꾸는 사람은 거의 없고 페이스북에서 탈퇴하는 사람은 더더욱 없다. 만약 누가 그렇게 하면 우리는 그를 예단한다. 생각해보라. 당신이 규칙적으로 교류했던 누군가 갑자기 페이스북에서 완전히 탈퇴해버린다면 어떤 느낌일 것 같은가? 사회적 압력은 우리에게 계속 페이스북을 이용하게 만든다. 그럼에도 불구하고 많은 사람들은 온라인 정체성과 자신이 얼마나 긴밀히 결부되고 있는지 깨닫지(혹은 신경 쓰지) 못한다.

불만을 공개하는 것이 언제부터 용인되었을까? 이것이 우리에게 어떤 이득이 있는가? 당신은 다른 사람들이 당신의 포스팅에 어떻게 반응하기 기대하는가? 페이스북에서 우리는 자기 노출을 환영할

**디에고, 28**
멕시코시티, 멕시코

나는 사촌 토니와 함께 사업을 시작했다. 경제 불황이 심했고 우리 둘 다 실직한 상태였다. 우리는 어린 시절부터 붙어 다녔고, 서로를 신뢰했고, 거의 친형제나 마찬가지였기 때문에 우리 두 사람이 서로 힘을 합쳐 판로를 개척해보면 좋을 것 같았다. 토니는 영업을, 나는 회계를 담당했다. 만사가 순조로웠다. 내가 계좌에 뭔가 이상이 있다는 사실을 알아차리기 전까지는 말이다. 돈이 얼마 모자랐다. 아니 꽤 많은 돈이 모자랐다. 나는 토니에게 이에 대해 말했지만 그는 이유를 설명하지 못했다. 나는 토니를 믿고 싶었지만 그러기가 쉽지 않았다. 그때쯤 토니가 새로 산 양복과 자동차에 대한 글을 페이스북에 올렸다. 나는 그가 회사에서 돈을 횡령하고 있다고 확신했다. 그러고선 뻔뻔스럽게 페이스북에서 그걸 자랑하고 있다니! 나는 더 이상 참지 못하고 토니의 타임라인에 글을 올렸다. "내게서 훔쳐 간 돈으로 그렇게 멋진 차를 사서 정말 좋겠네." 그후 친척들 모두가 우리 상황에 끼어들었다. 나중에야 나는 토니가 회사 돈을 횡령하지 않았다는 사실을 알게 됐다. 하지만 페이스북 포스팅이 이미 우리 집안을 두 동강 내버린 후였다. 나는 그런 포스팅을 올린 걸 후회한다. 친척들이 관여하지 않았으면 더 좋았을 텐데.

 좋아요　　 댓글 달기　　 공유하기

뿐만 아니라 이를 더욱더 기대하게 되었다. 어떤 사람들은 타임라인에 업데이트를 잘 하지 않는 사람들이나 자신의 포스팅에 한 번도 댓글을 달지 않는 사람들에게 투덜거린다. 하지만 가장 큰 실례는 페이스북 우정의 선을 넘는 것이 아닌가? 오프라인 우정과 마찬가지로 일반적으로 페이스북 우정 에티켓에 대해서도 합의된 바가 있다. 내가 신뢰감을 갖고 정보를 공개할 수 있는 사람은 내 페이스북 친구로 남을 것이다. 만약 어떤 사람이 내 허락 없이 내 사진을 태그하거나 올린다면 나는 그를 친구 끊기 하거나 차단할 것이다. 그가 내 '사생활'을 존중하는 한 우리는 소셜미디어 관계를 유지할 수 있다. 하지만 소셜미디어 사이트의 공개적 특징을 고려해봤을 때, 사생활 보호에 대한 이러한 합의를 이끌어내는 것은 상당히 힘들다고 할 수 있다.

## 통제불가능성

만약 페이스북을 비롯한 소셜미디어에 우리 자신에 대한 방대한 정보를 자진해서 올릴 경우 얼마나 많은 정보를 보호할 수 있을까? 개인정보 설정을 가장 높은 수준으로 올린다고 해도 우리가 올리는 모든 정보가 안전할 것이라고 기대해선 안 된다. 안전성에 대한 이러한 잘못된 인식은 사람들이 페이스북에서 취하는 행동에 영향을 미칠 수 있다. 페친들에게 공개하고 싶지 않은 일로는 어떤 것이 있을까? 곰곰이 생각해보라. 소셜미디어에 공개 범위 설정이 없다면 어떻게 될 것 같은가? 만약 그렇게 된다면 자발적으로 공개하는 수준과 정도를 바꿀까? 그럴 것이라고 장담한다. 당신이 페이스북에 올린 우습지만 매우 부적절한 포스팅을 당신 어머니가 보고서 자기

**세라, 31**
콜럼버스, 오하이오 주

나는 내 페이스북 타임라인에 딸아이 에밀리의 사진을 많이 올렸다. 그리고 직계가족들과 나만 그 사진들을 볼 수 있도록 공개 범위 설정을 바꿨다. 또 가족들에게 에밀리의 사진을 누구에게도 공유하지 말아달라고 부탁했다. 나는 내 사생활과 내 딸의 사생활이 존중받기를 원했다. 어느 날 시어머니가 내게 친구분들이 에밀리가 정말 예쁘다고 칭찬했다고 말씀하셨다. 나는 시어머니가 에밀리의 사진을 공유한 것에 무척 화가 났다. 하지만 시어머니는 내가 부당하게 굴고 있다고 느꼈다. 시어머니는 사진이 공유되는 게 싫으면 애초에 페이스북에 올리지 않았어야 하는 것 아니냐고 했다. 시어머니는 페이스북이 모든 사람이 삶을 죄다 공유하는 공간이라고 생각하고 있고 거기에는 에밀리의 사진도 포함됐다. 에밀리의 할머니로서 시어머니도 사진을 공유할 권리가 있었고 나는 더 이상 시어머니를 막을 수 없었다.

 좋아요      댓글 달기     ➡ 공유하기

딸이 어디서부터 잘못됐는지 의문을 품는다고 상상해보라. 이는 항상 염두에 두어야 하는 것이다. 외부의 렌즈는 언제나 우리의 사생활을 클로즈업할 준비가 되어 있기 때문이다.

## 빅브러더

우리가 온라인을 통제할 수 없는 데는 다른 요소들 또한 많이 작용한다. 더 세계적인 차원에서 보자면, 우리는 우리의 '사적인' 정보가 더 이상 그다지 사적이지 않다는 사실을 발견하고 있다. 미국 국가안전보장국NSA의 요원이자 미국 중앙정보국CIA의 요원이었던 에드워드 스노든은 미국 정부와 영국 정부의 1급 비밀 정보들을 유출해 뜨거운 논쟁을 불러일으켰다. 어떤 사람들은 그를 내부 고발자이자 영웅으로 여긴 반면 다른 사람들은 그를 배신자로 낙인찍었다. 그와 유사한 인물인, 위키리크스의 창립자이자 편집장인 줄리언 어산지는 소셜미디어에 대해 이렇게 말했다. "페이스북, 구글, 야후는 CIA가 특수하게 고안한 접속기를 통해 이용자 데이터에 접근하도록 허용하고 있다. 페이스북은 지금껏 발명된 것들 중 가장 끔찍한 스파이 기계다." 이 두 사람은 외부 정보원이 얼마나 쉽게 우리의 개인 정보에 접근할 수 있는지 알리고 전 세계적으로 경각심을 불러일으켰다.

당신의 페이스북 프로필은 아이들 사진, 배우자의 가족들에 대한 생각들, 정부를 타도하려는 계획 등 인생의 많은 증거들로 가득 차 있을지도 모른다. 당신의 페이스북은 파트너가 살펴보고, 전 애인이 스토킹을 하고, 마케터와 미래의 대학과 고용주가 철저히 탐색할 수 있다. 페이스북의 새로운 검색 도구는 심지어 전혀 모르는 사람도 당신의 움직임을 추적할 수 있게 허용한다. 당신이 나온 사진에 태그가 달리면 사람들은 위치 체크인 기능 때문에 당신이 어디에 있는지 알게 된다. 포스팅되는 순간 불가침은 없다. 포스팅을 통제하고 있다는 우리의 느낌은 착각에 불과하다. 당신이 페이스북, 인스타그램, 트위터에 뭔가를 올렸다가 잠시 후 바로 지웠는데 그걸 보지 않았으면 하는 사람들에게 이미 전달되고 말았던 경우를 떠올려보라. 아마 그후 당신은 공개 범위 설정을 변경하려 했을 것이다. 길고 긴 단계를 거쳐 오직 페친들만이 당신의 포스팅을 볼 수 있게 설정을 바꿨을 것이다. 그러고선 몇 개월 후 페이스북이 자체 공개 범위를 '또다시' 바꾸기로 결정했다는 사실을 알게 됐을 것이다.

많은 면에서, 페이스북 자체가 우리 사생활을 통제한다. 이러한 자기 통제감의 부족은 익숙지 않은 불안감으로 이어질 때가 많다. 페이스북 측은 다른 사람들이 얼마나 많은 것을 볼 수 있게 할지 결정하는 것은 개별 이용자라고 주장하고 이는 어느 정도까지 맞는 말이다. 하지만 당신은 특정한 사진에 접근할 대상은 변경할 수 있지만 페친들이 그 사진을 공유하고 당신 뒤에서 수군거리는 사태는 막을 수 없다. 특정 포스팅을 볼 수 있는 사람들을 제한할 수 있지만 그들 중 어떤 사람이 모바일 기기로 당신의 페이스북 타임라인을 사진 찍어 공유하는 것을 막을 수는 없다. 더구나 페이스북의 새로운 검색

기능으로 인해 어떤 사람이 무엇을 보는 것을 완전히 막을 수 있는 방법은 더 이상 없다. 이제 당신이 올리는 모든 것을 훨씬 더 쉽게 찾을 수 있다. 현실적으로, 당신이 할 수 있는 최선은 올리는 사진을 제한하고, 공개하는 것들을 편집하고, 공개적인 소셜미디어 사이트에 정말로 얼마나 많은 것을 공유하고 싶은지 결정하는 것이다.

개인정보 보호 기능이 부족하므로 우리 모두 페이스북을 탈퇴해야 한다고 제안하려는 것이 아니다. 내가 하고 싶은 말은, 우리가 소셜미디어에서 사적이라고 믿고 있는 것을 자세히 살펴보고 우리 생각보다 사생활을 통제할 권한이 더 적다는 사실을 깨달을 필요가 있다는 것이다.


## 다운데이팅: 온라인 데이트

'지금껏 나온 앱 중 가장 사악한 앱'이라고 불리는, 2013년 1월에 출시된 다운데이팅Down Dating은(이전에는 '친구들과 섹스하기Bang with friends'로 알려져 있었다) 페친들이 당신과 섹스할 의향이 있는지 알아보기 위해 이용할 수 있는 페이스북 앱이다. 이 앱은 페이스북 이용자에게 그들의 친구 목록에서 누가 '섹스'에 개방적인지 알려준다. 일단 한 이용자가 내린 선택에 다른 사람이 응답하면 사이트는 승인 메시지를 보내고 나머지 결정은 처음의 발송자에게 맡긴다. 이 앱에 가입하는 페이스북 이용자들이 내숭이 없다는 사실과는 별개로, 이 앱은 한 이용자가 다른 이용자의 관심사, 활동, 취향을 쉽게 추적하게 허용한다. 한편으로는, 서로 관심이 있는 사람들을 엮어주는 훌륭한 방식이 될 수도 있기는 하다. 어쨌든, 연애 대상을 더 쉽게 찾을 수 있게 도와주는 앱을 이용하는 것이 뭐가 나쁘겠는가? 이 앱, 그리고 사생활 관리에 있어서 타협을 하게 만드는 중매 앱들이 가진 장단점은 우리가 무엇을 더 중요하게 여기는지에 따라 달라진다. '섹스냐, 사생활이냐.'

페이스북은 다운데이팅의 공개 범위 설정 문제에 대해 죄다 눈감아주었다. 만약 당신이 파트너를 두고 바람을 피운다면, 당신의 페이스북 사용 기록은 다른 이용자들에게 추적될 수 있다. 누구나 자신의 페친들 중 누가 이 앱을 사용하고 있는지, 그들이 무엇을 하고 있는지 추적할 수 있다. 페이스북의 기본 공개 범위 설정에서는 무엇을 포스팅할지 누가 사진에서 당신을 태그할 수 있는지를 원하는 대로 바꿀 수 있다. 하지만 다운데이팅에는 개개인의 공개 범위 설정이 적용되지 않는다. 이 앱은 성적인 만남을 원하는 사람들이나 누군가에게 선택될 기회를 찾는 사람들에게 확실히 매력적이지만, 충격적인 사실은 일부 이용자들이 '섹스'를 할 기회를 얻기 위해 자신의 페이스북 이용 기록을 거의 전부 기꺼이 노출한다는 점이다. 특정한 앱을 이용하기 위해 사람들은 어느 정도까지 기꺼이 양보하려 할까? 다운데이팅은 이를 잘 보여준다. 동기만 명확하다면 어떤 사람들은 너무나 기꺼이 자신의 온라인 사생활 보호를 포기한다. 이들에게 사회적으로 혹은 성적으로 다른 사람과 관계를 맺을 수 있다는 유혹은 페이스북을 이용하는 다른 어떤 이유들보다 훨씬 더 매력적으로 다가온다.

## 우리는 사적이면서 동시에 사회적일 수 있는가

사적인 것과 사회적인 것이 반드시 서로를 배제한다고 볼 수는 없다. 카페에 있다보면 모든 사람들이 멀티태스킹을 하고 있는 모습을 볼 수 있다. 앞에 앉은 사람들과 이야기를 나누면서 스마트폰으로 다른 사람들과도 이야기를 나눈다. 스마트폰으로 페이스북에 접근할 수 있게 되면서 공개 장소에서 다른 사람들과 의사소통할 때면 늘 신경 써야 하는 새로운 맞수가 생겼다. 기차에서 옆에 앉은 사람을 무시하기도 쉬워졌다. 카페에서 우리는 노트북 뒤에 숨어 있는 사람들을 많이 본다. 이는 공개된 장소에서 취하는 행동이지만 사적인 행동으로 인식될 수 있다. 하지만 페이스북의 경우, 공개 광장에서 대화를 하기 때문에 대화 자체가 직접적인 소통에서 무대 위의 무언가로 변화한다. 이 무대에서 사람들은 적극적 참여자에 그치지 않고 관객 역할까지 담당한다.

문제는 공개적인 것과 사적인 것을 가르는 경계가 희미해진 것이 아니라 공개적으로 공유해도 괜찮다고 용인되는 수준에 대한 인식이 변했다는 점이다. 온라인 의사소통이 무제한, 광속으로 이루어지는 글로벌 사회에 살면서, 우리는 귀하고 특별해야 하는 정보를 제대로 보호하지 않고 있다. 가령 인간관계에서 생기는 사적인 순간들, 가족 비밀, 직장 내규, 신뢰하는 사람과 나눈 비밀 대화 같은 것들 말이다. 많은 사람들이 사생활 보호에 너무 허술하고 무엇을 공개할지를 의식적으로 결정하지 않는다. 우리는 온라인 자아로부터 떨어져 있을 수 있는 능력을 어느 정도 상실해버렸다.

페이스북은 크게 네 가지 면에서 우리의 인식과 행동을 바꿈으로써 사생활에 대한 우리의 생각을 변화시켰다.

1. **통제에 대한 착각** 오로지 자신만이 자기 포스팅을 통제할 수 있다고 믿는 경우 개인정보를 너무 많이 공개할 가능성이 높아진다. 사람들은 다른 사람이 자신의 사진이나 상태 업데이트에 접근할 때 상대가 그걸로 무엇이든(태그하기, 복사하기, 공유하기, 다시 올리기를 포함하여) 할 수 있다는 사실을 잘 잊어버린다. 누군가 우리 정보를 다른 사람들과 공유하고 나서야 비로소 우리는 사생활을 존중해주지 않는 사람들에게 뼈저린 좌절감을 느끼기 시작한다.

2. **분리와 거리** 우리가 프로필들과 페이스북 친구들에게 느끼는 분리감은 사회의 일반 규칙이 페이스북에 적용되지 않을 것이라고 생각하게 만든다. 우리가 올린 포스팅이 현실에서 큰 소리로 말하는 것만큼 커다란 무게를 지니지 않을 것이라고 생각한다. 이러한 분리감은 새로운 행동을 부추기는데, 이는 사람들이 누군가를 직접 대면할 필요가 없을 때 용기가 커지는 데서 비롯된다. 장담컨대, 시간이 조금 지나고 나면 두 공간에서의 무게 모두 상당히 무겁다는 사실을 알게 될 것이다.

**3. 페이스북 '경찰'의 부재** 페이스북에 가입하는 사람은 어떤 포스팅을 올릴 때 자신이 책임질 각오를 해야 한다. 무엇을 공개해야 하는지, 무엇을 공개하지 말아야 하는지 나와 있는 규정집 같은 것은 아무도 건네주지 않는다. 눈에 보이는 실세나 실무자가 없기 때문에 사람들은 현실에서보다 온라인에서 더 자유로움을 느낀다. 하지만 생각 없이 올린 포스팅이 심각한 파장을 일으킬 수 있다는 점을 잊지 말아야 한다. 누군가에 대한 협박을 암시하는 글이라도 올린다면 자기도 모르는 사이 경찰이 당신의 현관문을 두드리고 있을지도 모른다.

**4. 행동에 대한 즉각적 결과의 부족** 서로 얼굴을 마주 보고 의사소통할 때에는 자신이 한 말이나 행동에 대해 상대방이 어떻게 반응하는지 즉시 보고 들을 수 있다. 하지만 온라인에서는 그렇지 않다. 페이스북에서는 포스팅과 반응 사이에 시차가 존재할 때가 많고, 어떤 사람들은 자신이 동의하지 않는 포스팅에 직접 반응하기보다 그냥 무시하는 쪽을 택한다. 이러한 이유로, 페이스북에서의 반응(혹은 반응 부족)은 현실과는 다르게 정서적 영향을 미치는 것 같다.


## 우리가 가야 할 길

미래에 당신을 난처하게 만들지 모르는 포스팅이나 사진 때문에 걱정된다면, 타임라인을 구석구석 훑으면서 그것들을 삭제하라. 다른 사람에게 아직 노출되지 않은 포스팅이나 사진을 보호하는 가장 확실한 방법은 아직까지는 그것을 '삭제'하는 것뿐이다. 재미있는 사진이어도 문제의 소지가 있다면 별도의 컴퓨터 폴더 안에 보관하라. 몇 달마다 한 번씩 비속한 말, 알코올 남용이나 마약 복용, 다른 무분별한 행동들에 대한 언급을 찾아서 삭제하라. 로스쿨 입학사정관이나 미래의 상사가 보지 않았으면 하는 것들 말이다. 마음을 편하고 먹고 나서 오후 시간을 따로 비워놓으라. 시간이 꽤 오래 걸릴 수 있지만 시간을 투자할 가치가 충분하다. 특히 당신이 일자리를 찾고 있거나 대학에 지원한 상태거나, 혹은 상사가 당신이 지난주에 무엇을 했는지 모르기 바란다면 더 그럴 것이다.

공개 범위 설정을 최고 단계로 강화해놓았다 하더라도 당신이 올리는 모든 포스팅이 계속 사적으로 남아 있을 것이라고 생각한다면 오산이다. 페이스북 페이지에서 '설정'으로 들어가 '공개 범위'로 들어가라. 그런 다음 '나를 검색할 수 있는 사람은?'을 클릭해보라. 페이스북의 초기 설정은 검색 엔진들이 당신의 타임라인에 연결할 수 있도록 맞추어져 있다. 당신의 모든 행보를 온라인에 생중계하고 싶지 않다면 초기 설정을 바꾸는 것이 가장 좋다. 또한 페친들 하위그룹을 세세히 관리함으로써 누가 당신의 사진, '좋아요' 누름, 상태 업데이트를 볼 수 있는지 어느 정도 결정할 수 있다. 페이스북에서 친구들을 카테고리화하는 일은 시간이 오래 걸리지만 일단 하고 나면 '약간'의 통제권이 더 생길 것이다. 공개 범위 설정을 강화하는 법을 잘 모르겠다면 페이스북 친구들과 상의하고 도움을 구해보길 바란다.

페이스북에 올려도 '안전한' 것은 무엇일까? 사생활 노출에 대해 느끼는 편안함의 수준은 사람들마다 각기 다르다. 무엇을 공개해도 좋은지를 판별할 수 있는 명확하고 절대적인 지침은 존재하지 않는다. 다만 내가 직접 경험에서 얻은 제1법칙은 이것이다. 만약 당신이 포스팅에서 어떤 정보를 공개할 때 그 정보를 동네 마트에서 확성기에 대고 말해도 괜찮을 것 같다고 느껴진다면 계속해도 좋다. 만약 특정한 사람이 볼까 두려워서 조금이라도 주저된다면 한 번 더 생각해보길 바란다.

만약 친구들이 당신의 포스팅이 도가 지나친 경향이 있다거나 다른 사람들을 화나거나 불쾌하게 만들 수 있다고 조언한다면, 지나치게 사적인 정보를 공개하는 데서 얻는 이득이 무엇인지 스스로에게 물어보라. 회사 상사가 당신이 주말에 무엇을 했는지 꼭 알아야 할 필요가 있는가? 베이비시터가 새 수영복을 입은 당신의 모습을 꼭 봐야만 하는가? '친구이자 적'인 사람이 자신에 대해 당신이 어떻게 생각하는지 공개 광장에서 꼭 들어야만 할까? 스스로에게 물어보자. 왜 당신은 자신의 모든 움직임을 공개적으로 드러내는가? 자신을 표현할 수 있는 다양한 방법들을 시간을 들여 충분히 생각해보라. 공개하지 않는다면 삶의 순간들이 더 소중하고 더 가치 있지 않을지 곰곰이 생각해보라.

스스로 페이스북에 시시콜콜 삶을 공개하면서 다른 사람들이 자신의 상태 업데이트나 사진을 공유한다고 불평할 수는 없다. 다른 사람들이 우리의 포스팅에 끼어들지 않기를 기대할 수도 없다. 하지만 적어도 일정 부분 삶을 노출하지 않고서는 다른 사람들과 깊이 연결될 수 없는 것도 사실이다. 어디쯤에 선을 긋기로 선택하든(언젠가는 선을 그어야 한다) 우리가 하는 모든 일을 공개할 필요는 없다는 사실을 늘 염두에 두자. 모든 것을 올리지 않는다면 최소한 한 가지 장점은 확보할 수 있다. 자신의 생각, 감정, 활동이 다른 사람들에게 어떻게 보일지 걱정하지 않게 되면 홀로 그것들을 더 온전히 즐길 수 있다.

**f**

# 4

# 당신에게는
# 몇 명의 친구가 있는가

친구들은 힘든 일을 겪을 때 의지할 수 있고 위로받을 수 있는 사람들이다. 친구들은 설사 상처가 될지라도 건설적인 비판을 해준다. 친구들은 당신을 사랑해준다. 당신이 가진 결점에도 불구하고가 아니라 그 결점 때문에 당신을 사랑한다.

## 소셜미디어 시대의 소통

'친구 맺기friending'는 마이스페이스, 프렌드스터, 페이스북 같은 소셜네트워크 서비스가 존재하기 전에는 없었던 말이다. 마치 매일의 사회적 교류가 충분히 복잡하지 않다는 듯이, 페이스북은 상당한 안정감을 선사했던 사회관계를 재정립해야만 하는 공간을 새로이 창조했다.

소셜미디어가 생기기 이전에, 대부분의 사람들은 공통 관심사를 공유하거나, 친구의 소개로 새로운 친구들을 만났다. 관계의 깊이는 우리가 서로 어떤 정보를, 얼마나 자주 공유하는지에 따라 달라졌다. 가벼운 친분이 있는 사람들은 우리에 대해 일부만 알았고, 우리 인생의 매우 사적인 측면들에 접근하는 것은 가장 친한 친구들만이 누리는 특권이었다. 하지만 우정에 대한 이러한 관점은 대부분의 소셜미디어에 존재하는 친구 맺기 개념 때문에 근본적으로 바뀌었다.

가령, 누군가와 친구를 맺는 단순한 행위는 그가 당신의 온라인 삶 속으로 들어오고, 당신의 일상생활을 계속 지켜보고, 당신이 어디에 '체크인' 하고 누구와 이야기 나누는지 알 수 있게 승인해준다. 당신이 시어머니에 대해 불평을 늘어놓든, 손수 만든 요리 사진을 올리든, 온라인 데이트 무용담을 시시콜콜 이야기하든, 친구 맺기는 당신의 친구가 당신의 일상다반사에 쉽게 접근할 수 있게 한다. 당신의 오프라인 친구들이 당신의 근황에 대해 정기적으로 소식을 듣는 것은 일반적인 일이지만, 페이스북에서는 더욱 많은 사람들이 단순한 정기적 보고 이상의 것을 접한다. 게다가, 왠지 우리들은 점점 더 이러한 문화에 익숙해지고 있다. 페이스북 친구 맺기는 정말로 우정에 관한 문제인가? 온라인 교제에서도 물론 우정의 요소가 발견되기는 하지만 친구 맺기는 우정보다는 인정받고 싶은 욕구를 충족시키는 것과 더 관련이 깊다.

많은 사람들은 처음 페이스북에 가입하고 난 후 인생의 매 단계에서 알게 됐던 사람들을 발견하고서 열광적으로 친구 요청 메시지를 주고받는다. 사람들은 환영받고 받아들여지는 느낌을 받을지도 모른다. 하지만 그러다 불안감이 스멀스멀 피어오른다. '너무 많은 사람들하고 친구 맺기를 하고 있나?' '그들 중 내가 (평생 동안) 안 보고 싶은 사람들과 계속 연락하고 있는 사람이 있으면 어떡하지?' '내 페친의 페친인, 정말 싫은 그 사람이 나한테 친구 신청을 하면 어떡하지?' '친구 신청을 거절하면 큰 실례일까?'

당신은 어떻게 친구 맺기를 하고 있는가? 페이스북 친구들의 일반적인 세 그룹에 대해 생각해보자. 첫 번째, 실제로 아는 사람들. 두 번째, 회사 혹은 단체의 친구들. 셋째, 완전히 모르는 사람. 자신이 어떤 사람을 실제로 아는지와 전혀 상관없이 최대한 많은 사람들을 친구 목록에 추가하려 애쓰는 행위는 '과잉 친구 맺기' 혹은 '친구 수집'이라고 알려져 있다. 당신은 과잉 친구 맺기를 하는 사람인가? 친구 수집을 하는 사람은 얼마나 많은 사람들과 친구를 맺는 걸까?

자신이 거의 모르는 사람들에게 '친구'가 되어달라고 요청하는 것은 솔직히 말해 약간 이상하다. 보통 우리는 완전히 모르는 사람을 우리의 현실 세계로 초대하지 않는다. 그렇다면 왜 그렇게 많은 사람들이 자신의 가장 내밀한 생각과 감정을 거의 모르는 사람들과 기꺼이 공유하는 걸까? 컴퓨터 화면을 통해 소통하면 더 안전하다고 느끼는 걸까? 아니면 우정 이상의 무언가를 찾고 있는 걸까? 사람들은 우리가 생각하는 것보다 훨씬 더 외로울지도 모른다.

인간으로서 우리들은 다른 사람과 소통하고 싶은 강한 욕구가 있어서, 페이스북에서 친구들과 팔로우어를 찾게 된다. 최대한 많은 친구들을 추가하는 사람들이 그렇게 하는 이유는 자신이 중요한 존재라고 느끼고 싶기 때문이다. 우리에게는 팔로우어──우리의 인생을 지켜봐주고 지지나 칭찬을 해주는 사람들──가 필요하다. 일단, 많은 사람들과 친구를 맺는 일은 타당할 수 있다.

하지만 페이스북 친구들은 우리의 현실 친구들과 다르다. 페이스북 친구들은 우리의 관객이다. 뭔가 말할 거리가 생기면 이제 우리는 전화기를 집어들거나 친구에게 문자메시지를 보내는 대신 일단 나의 팬들에게 선포한다. 현실 친구에게서 지지를 구하는 것은 전혀 문제가 아니다. 그건 정상이다. 하지만 무턱대고 칭찬이나 해줄 뿐인 사람들에게 의지할 때, 자아와 우정에 대한 우리의 생각은 왜곡된다. 이러한 불균형으로 '현실'에서의 관계와 소통이 영향을 받는다. 페친 목록에 가볍게 아는 사람, 직장 동료, 마트 아저씨, '친구의 친

구의 친구'까지 포함되면 우정의 개념이 다소 가벼워지고 의미를 잃어버리게 될 수도 있다.

친구와 저녁식사를 함께하는 것과 같이 서로 얼굴을 맞대고 소통하는 동안에는 서로에게 공감, 지지, 영감, 동기를 선사하면서 일상

 **맥스, 20**
**디트로이트, 미시간 주**

나는 페이스북에서 여자애랑 노는 걸 좋아하는데, 매일 페친들의 친구 목록에 귀여운 여자애들이 없나 살펴보고 내 친구 목록에 추가한다. 나는 섹시한 영계들만 추가한다. 만약 어떤 여자애가 프로필 사진을 못생긴 사진으로 바꾸면 그애의 댓글을 삭제해서 그 사진이 내 뉴스피드에 뜨지 않게 하고, 정말 최악이다 싶으면 친구 끊기 한다. 내가 깊이가 없다는 건 나도 잘 알고 있지만 나한테도 나름의 논리가 있다. 만약 여자들이 내 친구 목록에서 섹시한 여자들을 많이 본다면, 그애들은 나와 친하게 지내고 싶어할 것이다. 경쟁 비슷한 것이다. 나한테는 천 명이 넘는 페친들이 있고 대부분 섹시한 여자들이다. 나는 그애들을 실제로 알지 못하지만 사람들이 내가 그 여자들을 안다고 생각하길 바란다. 다른 여자애들이 내 페친들 모두가 나를 원한다고 생각하기를 바란다.

 좋아요     댓글 달기     공유하기

**테드, 43**
보스턴, 매사추세츠 주

몇 달 전 나는 직장에서 일하고 있던 친구 모니카에게 전화를 걸어 제발 내 포스팅에 '좋아요'를 눌러달라고 간청했다. 모니카는 어안이 벙벙해진 것 같더니 이내 깔깔깔 웃으며 내게 한심하단 듯이 잔소리를 했다. 하지만 나는 매우 중요한 일이라고 강조하면서 그녀에게 즉시 페이스북에 접속해달라고 부탁했다. 모니카는 그게 왜 그렇게 중요한지 물었다. 나는 내 포스팅에 '좋아요'가 최소한 열 개는 달렸으면 좋겠다. 하지만 그땐 다섯 개밖에 없었다. 모두들 내 포스팅을 좋아했는데 웬일인지 그날은 '좋아요'가 다섯 개밖에 안 달린 것이다.

 좋아요      댓글 달기      공유하기

의 의무와 책임에서 벗어날 수 있다. 온라인에서도 친밀한 우정을 쌓을 수 있긴 하지만, 현실에서 구체적으로 경험해보지 않은 채 페이스북만으로 이러한 수준의 유대감에 대한 개념을 갖기란 쉽지 않다. 분명 페이스북이 더 많은 사람들과 가벼운 접촉을 할 수 있게 한 것은 사실이지만, 온라인상의 가벼운 우정 중 대부분은 친밀하고 개인적인 우정으로 발전하기 힘들다. 친밀한 우정은 매우 복잡하고 노력이 필요한 것이다. 그에 반해서, 페이스북 우정은 대개 태생적으로 가볍고, 정보나 긍정적 반응, 지지를 받기 위해 유지된다.

페이스북에서 우리는 페친들과 현실에서 실제로 교류해야 한다는 사회적 의무 없이 인정과 칭찬의 혜택을 누린다. 페이스북은 우리에게 '천 명의 친구들'을 가진 것을 자랑할 기회를 주지만, 그게 정말 자랑할 만한 일인가? 우리는 페이스북에서 만난 사람들과 친구로 편하게 지내지만, 때때로 선을 긋고 오프라인에서는 그들과 친구로 지내지 않기로 선택하기도 한다. 우리는 거리가 있어야 편안해한다. 오

**야라, 32**
**포틀랜드, 오리건 주**

나와 니나는 둘이 함께 아는 친구를 통해 페친이 되었다. 니나는 내가 매일 올리는 재밌는 포스팅을 즐기는 것 같았고 내 타임라인에 내 포스팅과 유사한 포스팅들을 올렸다. 얼마 후 니나는 내게 페이스북 쪽지를 보내서 자기와 '가끔 맥주나 한잔할' 생각이 없는지 물었다. 나는 니나와 교류하는 게 즐겁긴 했지만 그녀와 '현실의' 우정을 나누고 싶은지에 대해선 확신이 들지 않았다. 고민을 하다 조금 피곤해졌다. 내겐 이미 친구들이 충분했고 또 다른 친구를 위해 쓸 시간이 남아 있지 않았다. 그래서 니나가 보낸 쪽지를 무시하고 그냥 니나와 온라인 농담을 계속 나눴다. 니나가 그 일을 잊어버리기만을 바라면서 말이다.

 좋아요　　　 댓글 달기　　　 공유하기

늘날의 의사소통 기준에 따르면, 심지어 누군가와 전화 통화를 하는 것조차도 지나친 시간 낭비로 여겨진다. 현실의 우정은 온라인 소통에 자리를 양보하기 시작하고 있다. 심지어 친구를 설명하는 방식도 변했다. "우린 페이스북 친구야" 같은 말이 이전에 존재하지 않던 우정 형태에 새로우면서도 일상적인 느낌을 더해준다.

당신은 온라인에서 의사소통을 하면서 더 많은 시간을 보내고 현실 세계에서 친구들을 만나는 계획을 세우는 일에는 시간을 덜 쓰기 시작했을지도 모른다. 친구들과 소통하는 방식 또한 변했을지 모른다. 많은 사람들은 이제 전화 통화하는 데 시간을 덜 쓰고, 온라인에서 재치 있는 댓글, 재미있는 동영상, 간단한 '생일 축하' 메시지를 공유하면서 서로에게서 반응을 이끌어내려 애쓴다.

나는 오프라인 삶으로 끌어내기보다 온라인상에 있을 때 건강하고 더 잘 유지되는 온라인 우정이 있다고 생각한다. 많은 온라인 친구들은 우리에게 재미있고 가벼운 유머, 조언, 인정과 안심을 주기 때문에 온라인 친구로 남는다. 이러한 관계는 우리가 현실 생활에서 얻지 못하는 소재와 대화를 제공해줄 때 특히 중요하다. 이러한 관계가 오프라인 우정으로 진전되지 못하는 이유는 서로 공유하는 자기 노출의 수준이 다르기 때문이다.

누군가와 우정이 깊어질 때 우리는 점차 자신의 생각과 감정을 더 직접적이고 솔직하게 표현하게 된다. 우리는 평가받지 않고서 자신이 어떠한 사람인지 드러낼 수 있다는 생각에 안정감을 느낀다. 또한 자기 사생활의 더욱더 많은 측면들을 밝히면서 친구들 또한 그렇게 하고 싶어할 것이라고 추정한다. 이러한 더 깊은 수준의 자기 노출을 통해 사람들과 연결되고 가족이나 다름없는 친구를 얻게 된다. 신뢰를 쌓기 위해서는 서로 공유하는 일이 필수적이다. 하지만 지나치게 많은 정보를 공유하거나 자신의 너무 많은 부분을 너무 빨리 공유하면 역효과를 낳을 수도 있다. 이러한 '첫 데이트에 섹스하기' 식의 행동이 페이스북에 만연해 있다. 개인 타임라인이 아무나 접근할 수 있는 일기장이 된 것 같은 형국이다. 적절함과 부적절함에 대한 판단이 점점 흐릿해지고 있고 이러한 왜곡 때문에 우리의 인간관계가 몸살을 앓고 있다.

## 페이스북 우정이 현실 우정에 영향을 미칠 때

최근의 한 연구는 다섯 명 중 한 명이 온라인상에서 싸우고 얼마 후 절교했다고 밝혔다. 많은 내담자, 친구, 동료 심리학자들이 페이스북 때문에 친구와 결별해야 했던 자기 경험담을 들려주기 시작했다. 사람들이 다양한 방식으로 친구들과 교류한다는 사실에는 의심의 여지가 없다. 페이스북 교류는 점점 현실의 교류보다 우위를 차지하고 있고, 심지어 어떤 사람들은 친구가 올린 페이스북 포스팅을 해석하고 추측함으로써 문제를 해결하려 한다.

친구 사이에는 신의가 있어야 한다. 친구들은 힘든 일을 겪을 때 의지하고 위로받을 수 있는 사람들이다. 친구들은 설사 상처가 될지라도 건설적인 비판을 해준다. 친구들은 당신을 사랑해준다. 당신

**마리아, 20**
휴스턴, 텍사스 주

어느 날, 친구 어맨다와 말다툼을 하게 되었다. 며칠 후 어맨다가 자신의 페북 타임라인에 친구들과 함께 찍은 사진을 올렸는데, 사진에서 나는 지워져 있었다. 나는 상처받았고 크게 실망했다. 하지만 더 걱정인 점은 어맨다가 공개적으로 내게 상처를 주려고 했다는 점이었다. 나는 어맨다와 실제로 만나서 문제를 해결하기 전까지는 그 애와 '친구 끊기'를 할 수밖에 없겠다고 느꼈다. 하지만 어맨다는 내게 경계선이 필요하다는 사실을 용납하지 못했다. 우리의 우정은 교착 상태에 빠졌고 우리는 그걸 돌파하지 못했다. 우리는 4년 동안 절친한 친구였다. 하지만 우리의 우정은 그 애가 내게 상처를 주려고 의도한 사진을 페이스북에 올렸기 때문에 (몇 초 만에) 무너져버렸다.

 좋아요　　　 댓글 달기　　　 공유하기

이 가진 결점에도 불구하고가 아니라, 그 결점 때문에 당신을 사랑한다. 친구들은 당신의 뒤를 지켜준다. 당신을 위해 싸워주고 당신을 보호해준다. 우리 주위의 모든 상투적인 문구는 다 타당한 이유가 있기 때문에 존재하는 것이다. 이러한 진정한 친구들은 페이스북이 사라진다 해도 사라지지 않을 것이다.

## 갈등 해결

페이스북에서 갈등을 해결하는 방법을 살펴보기 전에 먼저 우리가 실생활에서 친구들과 문제를 해결하는 일반적인 방법부터 살펴보자. 최근 누군가와 말다툼을 벌였던 때를 생각해보라. 아마 당신은 당신의 의견을 증명하고 상대에게 왜 그가 틀렸고 당신이 옳은지 설명하고 싶은 강한 욕구를 느꼈을 것이다. 우리는 상대방의 관점을 주의 깊게 들으려고 애쓰지만 그러기가 쉽지만은 않다. 다음에 어떤 주장을 펼쳐야 할지 생각하느라 정신이 없기 때문이다. 감정이 논리적인 사고를 방해할 수 있고 때때로 의도치 않은 말이 튀어나오기도 한다. 상처 주는 말들이 쌓여가고 그런 말들을 계속 고집하다보면 상처가 곪아터져 급기야 가장 아끼는 사람들이 크게 다치게 된다. 결국, 우정을 유지하기 위해서는 양쪽 모두 문제를 해결하기 위해 노력하고 피해를 복구한 후 서로를 이해하고 타협해야 한다. 이러한 노력은 서로 마주 보고 하거나 아니면 최소한 전화로 이루어져야 한다. 어려운 상황을 해결하기 위해서는 상대방이 어떠한 감정 반응을 보이는지 직접 보거나 들어야 할 때가 많기 때문이다.

이제, 이 모든 일을 페이스북에서 하려고 노력한다고 상상해보라. 포스팅과 거기 달린 댓글들은 다양한 방식으로 해석될 수 있다. 상대방의 목소리 톤을 감지할 수 없기 때문에 포스팅 뒤의 숨은 의도를 정확히 해독하기란 쉽지 않다. 게다가 그러고 있을 시간이 누가 있는가? 사람들은 페이스북이 친구에 대한 불만을 분출하기에 적합한 공간이 아니라는 사실을 잘 알고 있지만, 자신도 모르게 당사자가 되어 수동-공격적인 행동을 보이고 자신이 무슨 짓을 했는지 알아차리지도 못할 때가 많다.


## 잠깐! 그가 나를 '끊었다고?!?'

페이스북 우정에만 있는 또 다른 특징은 우리가 소통하기로 선택한 사람들과 무시하기로 선택한 사람들 사이에 '벽을 쌓을' 수 있다는 점이다. 현실에서는 누군가 당신을 그만 만나고 싶어지면 간단히 사라져버리면 그만이다. 고통스럽지만 우리는 그 고통을 이겨내고 삶을 지속한다. 하지만 페이스북에서의 결별은 특히 더 고통스럽게 보일 때가 많다. 친구 끊기를 당할 것을 미리 예상하지 못했다 하더라도, 친구가 더 이상 당신에 대해 알고 싶어하지 않고 당신이 그에 대해 알지 않기를 원한다는 사실을 금세 알 수 있다. 양쪽이 같은 감정을 느끼는 것이 아니라면 몹시 충격을 받고 거부당했다는 느낌이 든다. 친구 끊기로 인해 상처를 받은 어떤 사람들은 둘이 함께 아는 친구들의 타임라인에 적대적인 댓글을 써서 자신을 끊은 사람이 그걸 볼 수 있게 한다. 어떤 사람들은 도를 넘어서서 사이가 틀어진 이유를 자기 입장에서 설명해서 온라인에 올리기도 한다. 일종의 보복이다.

친구 끊기는 불쾌한 결과들을 가져올 수도 있다. 하지만 악감정 없이 단순히 어떤 사람의 포스팅에 질리게 된 경우는 어떠한가?

많은 사람들이 자신의 페친들이나 페이스북 자체에 싫증을 내고 있다. 300명이 넘는 친구들의 소식을 하나도 놓치지 않고 확인하는 일은 매우 힘이 든다. 사람들은 페이스북이 시간을 엄청 잡아먹는다고 징징대면서도 친구들의 업데이트를 확인해야 한다는 강박을 쉽게 버리지 못한다.

어떤 사람들은 친구 수를 제한해야 한다고 생각한다. 한 사람에게 필요한 친구의 수는 몇 명일까? 하지만 일종의 의무감에서, 그리고 다른 사람들의 감정을 상하게 할까 두려워서 그러지 못한다. 어떤 사람의 포스팅이 당신의 온라인 세계를 침해한다면 대부분의 경우 단순히 친구 끊기를 하거나 그 사람을 당신의 뉴스피드에서 숨기는 것만으로 문제를 해결할 수 있다. 물론 제정신을 유지하기 위해 조금 더 극단적인 조치가 필요한 경우도 있다(페이스북에서의 '유독성 행동'에 대해서는 7장에서 더 자세히 논의할 것이다).

## 친구 끊기의 규칙

당신은 페이스북에서 수다쟁이인가? 때로 호들갑스럽게 온라인 말다툼을 벌이는 편인가, 아니면 다른 사람의 말다툼을 흥미진진하게 지켜보는 편인가? 혹은 전혀 관심을 두지 않는가? 페이스북에서 대부분의 사람들은 '폭발적 자기 표출 시기'를 겪는다. 당신은 너무 많은 것을 공유해야 한다는 압박감을 느끼고 있지 않은가? 페이스북에는 나만 잘났다는 사람이 많다. 그렇지 않은가? 우리는 온라인에 비치는 자기 모습에 너무나 쉽게 끌려다닌다. 머릿속을 스치는 생각을 죄다 공유해야 할 필요는 없다는 사실을 까맣게 잊은 채 말이다.

**숀, 50**
**잭슨빌, 플로리다 주**

대선 기간에 나와 내 친구는 양극단의 정치적 입장을 견지했고 페이스북에서 가볍게 농담을 주고받았다. 처음에는 그럭저럭 재밌었다. 하지만 시간이 조금 지나자 더 이상 재밌지 않았다. 나는 그의 의견에 반박하기 위해 부득이 내 타임라인에 나의 정치적 견해들을 늘어놓을 수밖에 없었다. 심지어 우리가 논쟁을 벌이고 있는 주제에 대해 따로 조사를 하기도 했다. 나는 점점 더 초조함을 느꼈고 내 의견과 반대되는 포스팅을 보면 화가 났다. 나는 그를 존중하지만 더 이상 그의 포스팅을 견딜 수가 없었고, 얼마간 고민한 끝에 그와 친구 끊기를 하기로 결정했다. 어느 날 그가 내게 전화를 걸어서 자신의 정치적 성향 때문에 '친구 끊기'를 한 것이냐고 물었다. 나는 그렇다고 인정하면서 우리가 오프라인 친구로 더 잘 지낼 것 같다고 힘주어 말했다. 그도 동의했다.

 좋아요           댓글 달기           공유하기

# 사람들이 페친을 끊는
# 열 가지 이유

**1. 지나치게 많은 개인정보를 공개하는 부적절한 포스팅** 사적인 환경에 적합한 대화를 공개적으로 하여 안방에서나 나눌 법한 농담을 사람들이 댓글로 나누게 만든다.

**2. 정치적 혹은 종교적 동맹 강요** 당신이 무엇을 믿든 무엇을 지지하든 다른 사람에게 당신 팀에 가입하라고 강요할 수는 없다.

**3. 페이스북 막장 드라마** 페이스북에서 공짜로 치고받기를 실컷 볼 수 있는데 굳이 영화관에 갈 필요가 있을까?

**4. 지나친 자기 비하** 어떤 사람들은 자기 자신이 지긋지긋하게 느껴질 때, 다른 사람들 역시 지긋지긋해하기를 바란다.

**5. 나 혼자 착한 척** 아침 일찍 운동하고, 오후엔 새끼 길고양이에게 밥을 주고, 퇴근 후 네 시간 동안 봉사 활동을 하는 그녀. 남의 자기 과시를 좋아하는 사람은 아무도 없다.

**6. 밥 먹듯 셀카 올리기** 둘 중 하나다. 최근에 싱글이 되었거나 자기가 얼마나 섹시한지 자랑하는 것이거나.

**7. 수다 대마왕** 당신이 삶의 통찰을 늘어놓는 장광설을 읽을 만한 인내심이 우리에겐 없다. "기니까 패스."

> **8. 날마다 인용구 올리기** 지루하다.
>
> **9. 무의미한 업데이트** 당신이 마트에서 뭘 샀는지 아무도 관심 없다.
>
> **10. 비열함** 친구들은 서로를 지지하고 서로에게 신의를 지켜야 한다.

## 끊을 것인가 말 것인가

이 질문은 우리가 현실에서도 마주하는 질문이다. 안타깝게도 페이스북은 이 질문이 우리의 머릿속에 거의 매주 떠오르게 만들 수 있다. 온라인상의 부정적인 교류 때문이 아니더라도, 사람들은 친구가 현실에서 한 행동 때문에 페이스북 친구 끊기를 하기도 한다. 친구가 당신 배우자의 외모를 무시하거나, 당신이 상사에게 제출한 보고서에 대해 동료가 불평하는 소리를 우연히 들었다고 생각해보라. 친구 끊기를 할지 말지에 영향을 미치는 다른 요소들로는, 지리적인 차이, 원래부터 우정을 얼마나 가치 있게 여겼는지 등이 있다. 원래 별로 좋은 사이가 아니었다면 그 사람이 당신을 기분 나쁘게 할 때 쉽게 그의 곁을 떠날 가능성이 높다. 친구 끊기를 하는 구체적 이유와는 상관없이, 우리는 페이스북에서 친구를 포기할 때 현실에서와 똑같은 방식을 이용하지 않는다. 현실에서는 친구들을 만나 솔직하게 이야기해 문제를 해결해야 한다. 하지만 페이스북에서 우리는 아무런 논의 없이 누군가를 숨기거나 친구 끊기 하거나 차단한다. 우리가 누군가를 친구 끊기 할 때 그 결과는 현실에까지 영향을 미칠 수 있다.


## 우리가 가야 할 길

페이스북 친구들은 우리에게 웃음, 즐거움, 일상의 압박에서 벗어난 꿀맛 같은 휴식, 그리고 가장 중요하게는 유대감과 소속감을 제공해준다. 우리가 간절히 원하는 지지와 인정을 줄 수도 있다. 특히 현실에서 이러한 것들이 부족할수록 더 그렇다. 하지만 현실의 우정은 온라인에서 복제될 수 없는 순간들과 경험들을 선사해준다. 가령 친구가 당신이 던진 농담에 웃음을 터뜨리는 순간이나, 친구가 스트레스를 받는 상황에 대해 진지하게 의논할 때 깊은 연민이 느껴지는 순간 말이다.

온라인 교류는 훌륭할 수 있지만 온라인이 주된 교류 수단이 되어서는 안 된다. 최근 연구에 따르면 소셜미디어를 통한 소통이 증가하여 사람들이 친구들과 직접 대면하며 보내는 시간이 점점 더 줄어들고 있다. 현실에서의 소통을 제한해야 할 특별한 이유가 있는 것이 아니라면 사회적 상황에서 친구들과 더 많은 시간을 보내도록 노력해야 한다.

더구나 페이스북에서의 대화는 너무 쉽게 오해되고 잘못 해석된다. 그러한 오해는 현실의 인간관계에 영향을 미칠 수밖에 없다. 현실 친구들과 함께하는 시간과 온라인 친구들과 함께하는 시간 사이에 균형을 잡도록 노력하라. 너무 고통스러워서 우정을 유지할 수 없을 정도가 되었다면 때로는 침묵을 지키는 것도 현명한 방법이다. 불만이나 분노에 차서 이야기하면 주장이 먹히지 않을 가능성이 높다. 말을 삼가야 할 때를 알기 위해서는 지혜가 필요하고, 침묵을 통해 무엇이 전달되는지를 깊이 이해해야 한다.

침묵은 때로 말보다 더 많은 것을 전달한다. 어렸을 때 엄마가 '그만해'라는 뜻으로 지었던 단호한 표정이 백 마디 말보다 더 큰 효과를 발휘했던 걸 생각해보라. 또는 누군가 당신을 무시했을 때 명확히 전해지던 메시지를 떠올려보라. 침묵은 당신이 사소한 말다툼은 초월했다는 표시다. 시간을 가지고서 마음을 가라앉힌 다음 당신의 걱정에 대해 친구와 직접 마주 보고 이야기하라. 미래에 이러한 상황에 처할 경우에 대비해서 스스로 경계를 설정해놓으라. 다음 날 아침까지 대응하지 않겠다 같은 지침을 세워놓으라. 그렇게 하면 소중한 우정을 잃는 대신 오해를 풀 수 있을 것이다. 어리석은 오해 때문에 잃어버렸던 친구들, 온라인에서 너무 빨리 반응하거나 큰 실수를 해서 시간을 되돌리고만 싶었던 순간을 떠올려보라.

다음의 일반적 격언은 페이스북에도 통한다. "당신이 대우받고 싶은 대로 다른 사람들을 대우하라." 여기에 새로운 황금률을 하나 더 추가하라. "현실에서 하지 않을 말이라면 페이스북에서도 하지 마라."

**f**

# 5

## 복잡한 연애 중

아무리 힘들더라도 그 사람을 잊어라. 그리고 앞으로 나아가라. 결별 후에 상대와 온라인에서 엮이지 마라. 때로는, 잠시 페이스북과 이별하는 것이 상실감을 극복하는 데 도움이 될 수도 있다.

## 페이스북에서의 사랑, 로맨스, 유혹

우리는 페이스북을 통해 많은 것을 공유한다. 생각하는 것, 가고 있는 곳, 하고 있는 일, 그리고 연애를 할 때 생겨나는 감상이나 불만을 털어놓고 구체적 사건을 공개하기도 한다.

페이스북에서 관계에 대한 감정을 표현하는 것은 파트너와의 관계를 돈독히 할 수 있는 좋은 방법인지도 모른다. 대부분의 사람들은 자신의 친밀한 관계를 온라인에서 한껏 뽐내는 것 같다. 많은 사람들이 이를 좋아하고 심지어 자부심까지 느끼는 듯하다. 다정한 사진이든 애정을 담은 글이든 간에, 로맨틱한 포스팅으로 행복감을 매우 강하게 드러내곤 한다. 이러한 포스팅은 커플 당사자뿐만 아니라 친구들에게도 기쁨을 준다. 아주 소박한 낙천성을 만날 수 있기 때문이다.

한편으로 어떤 사람들은 페이스북에서의 애정 표현이 불편하고 때로는 참을 수 없을 지경이라고 느낀다. 실제로 페이스북 때문에 불거진 혼란스러운 관계는 요즘 심리치료 분야에서 매우 흔한 주제이다. 가령 옛 애인과 연락한다든지, 여자친구가 올린 섹시한 사진에 강박관념을 가진다든지, 남자친구가 자기 타임라인에서 다른 여자와 댓글을 주고받는 일에 야단스럽게 반응하는 경우들이다. 이러한 모든 일들은 관계에서 중대한 문제가 될 수 있다. 게다가 페이스북 프로필을 위조해 이성을 꾀어보려는 사람들도 점점 늘어나는 추세다. 거의 막장 드라마 급의 사건들이 눈앞에 펼쳐지고 있다.

물론 현실에서도 누군가를 처음 만나면 자신의 성취, 애인, 자녀, 여러 사실들에 대해 쉽게 거짓말을 할 수 있다. 하지만 페이스북은 정말 식은 죽 먹듯 거짓말할 수 있는 플랫폼을 만들어냈다. 페이스북에서는 누구라도 자신의 추한 면은 숨기고 가장 좋은 면만을 내보일 수 있다. 사람들이 착각에 빠져 온라인 연애에 휘말리는데, 사실 무리도 아니다. 생각해보라. 완전히 모르는 사람을 페이스북에서 처음 만났다고 해보자. 그 사람의 프로필이 정말로 그 사람의 진정한 모습을 표현하고 있는지 아닌지 어떻게 알겠는가?

## 캣피시: 차세대 사기꾼

〈TV 쇼, 캣피시Catfish: The TV Show〉는 MTV 채널의 리얼리티쇼 시리즈이며 같은 제목의 다큐멘터리영화에 기초하여 만들어졌는데, 온라인 데이트의 진실과 거짓을 다룬다. 이 방송은 사람들이 페이스북 프로필에서 자기 자신을 어떻게 내보이는지에 초점을 맞춘다. 이 방송에서 '캣피시'는 소셜미디어 사이트에서 가짜 프로필을 만들어서 현실의 자신보다 더 매력적인 누군가인 체하는 사람들을 가리키는 말이다. 캣피시는 가짜 사진과 가짜 이력을 올리고 새로운 정체성을 구축하여 그에 맞추어 살아간다.

이 방송에서 진행자이자 책임 프로듀서인 야니브 슐먼은 영화제작 파트너인 맥스 조지프와 함께 커플들의 첫 만남을 돕는다. 방송에 나오는 모든 커플들은 몇 개월 혹은 몇 년 동안 오직 소셜미디어 사이트를 통해서만 소통한 사람들이다. 방송은 커플 중 한 사람이 살고 있는 곳으로 찾아가고, 구글을 비롯한 검색엔진을 이용하여 불확실한 온라인 프로필을 자세히 조사하고, 그런 다음 나머지 한 사람과 접촉해서 만남을 주선한다. 첫 만남에 이르는 전체 과정이 녹화된다.

〈캣피시〉의 가장 큰 매력은 연애 상대가 가짜 온라인 프로필을 만들었는지 아닌지, 즉 이 사람이 '진짜'인지 아닌지 알아낼 수 있다는 것이다. 이 방송의 두 번째 하이라이트는 진행자들이 왜 어떤 사람이 가짜 프로필을 만들어냈는지 진단하는 것이다. 대개 사람들이 가짜 프로필을 만들어내는 이유는 자신에 대한 불안감을 숨기기 위해서다. 어떤 경우 프로필이 사실임이 밝혀지지만 어떤 경우 온라인 정체성이 완전히 가짜로 드러나기도 한다. 가짜 프로필이 들통 나면 여기에 속아 넘어간 사람은 배신감과 비통함을 느끼고, 첫 만남은 처절한 비극으로 끝난다.

또한 이 방송은 '캣피시'와 그의 먹잇감이 되는 사람들이 느끼는 감정을 여실히 보여준다. 심한 감정 기복도 나타난다. 특히 나는 〈캣피시〉의 한 에피소드에 커다란 흥미를 느꼈다. 애슐리와 마이크의 이야기(시즌 2, 2013년 3월 9일 방영)였다.

7년 넘게 애슐리는 더 날씬하고 더 매력적으로 보이도록 사진을 지나치게 보정하여 마이크에게 보냈다. 마이크 또한 프로필 사진으로는 보기 드물게 몸이 좋고 매력적인 남자였다. 애슐리는 제작진에게 몸무게에 대한 불안감과 공공장소로 외출하는 것에 대한 공포가 있어서 사진을 보정했다고 말했다. 애슐리는 마이크와 마음이 통한다고 느꼈지만 계속 이런저런 핑계를 대며 만남을 미뤘다. 제작진과 접촉할 무렵 애슐리는 마침내 마이크를 (직접) 만나서 진짜 모습을 드러내 보일 준비가 되었다고 느꼈다. 애슐리는 자신의 상황을 제작진에게 다음과 같이 설명했다.

저는 온라인 채팅 방에서 열세 살 때 마이크를 처음 만났고, 그때부터 제 사진들을 포토샵으로 보정하기 시작했어요. 세상에 그렇게 보여야 한다고 생각했기 때문이죠. 제 모습이 역겹거나, 이중 턱이거나, 꽉 끼는 바지 위로 뱃살이 삐져나오거나, 팔다리가 두꺼워 보이면 그걸 보정한 다음 더 편한 마음으로 인터넷에 올렸어요. 세상 사람들이 볼 수 있게요. 그렇게 한 지 7년이나 됐고 이제 와서 아무렇지도 않게 "내 사진들은 전부 사실 뽀샵한 거야"라고 말하기가 쉽지 않아요.

애슐리는 자신을 은둔자로 묘사한다. 사람들이 자기 몸무게를 두고 수군거리는 것이 두려워 웬만해선 바깥에서 시간을 보내지 않는다. 과거의 안 좋은 경험들 때문에 실제 자기 모습과 다르게 보여야 한다고 믿는다. 뿌리 깊은 불안감에 근거한 이러한 믿음 때문에 그녀는 온라인 이미지를 바꾸게 되었다. 만약 자신의 진짜 모습을 드러내면 누구에게도 사랑받지 못할 것이라고 생각한다.

누구나 어느 정도는 진짜 자기 모습과 자신이 다르기를 바란다. 불안감은 자기 수용감과 자신감 발달에 반드시 필요한 정서적 지지를 받지 못할 때 생긴다. 자신이 '충분히 훌륭하다'고 느껴지지 않을 때 우리는 이런 불안감을 숨기려 애쓴다. 좀 더 나아가보면, 많은 사람들은 상대에게 받아들여지고 싶어서 자신을 치장하거나 성취를 과장하고 싶은 욕구를 느끼기도 한다.

마침내 둘은 현실에서 만났고, 마이크는 애슐리를 만나서 매우 행복하고 애슐리가 아름답다고 제작진들에게 말했다. 그는 애슐리와 직접 포옹할 수 있어서 행복해했고 열성을 보였다. 하지만 애슐리는 예전 모습은 온데간데없이 갑자기 차갑고 냉담한 태도를 보였다. 애슐리는 마이크와 눈을 맞추지 않으려 했고 거의 단문으로 대답했다. 마이크는 애슐리의 불편함을 눈치채고서 그녀를 편안하게 해주려 애썼지만 애슐리는 거부반응만 보일 따름이었다. 애슐리는 마이크의 집을 떠나겠다고 요청했다.

진행자들은 마이크에게 온라인에서 애슐리에게 어떤 식으로 자신을 소개했는지 물었다. 마이크는 프로필에 다른 사람 사진을 올렸지만 "애슐리는 똑똑한 여자애라서 금방 알아낼 거라고" 생각했다고 털어놓았다. 그는 애슐리가 자기 사진을 편집한 일은 신경 쓰지 않는다고 덧붙였다. 그는 여전히 애슐리가 아름답다고 생각했다.

얼마 후, 애슐리는 진행자들에게 진짜 마이크를 보자마자 더 이상 둘 사이에 어떠한 화학작용도 느껴지지 않았다고 말했다. 애슐리는 자기 마음이 변한 것은 마이크의 거짓말 때문이라고 하면서도, 자신이 위선적인 태도를 취하고 있다는 사실 또한 인정했다. 그녀는 아직 진지한 관계를 시작할 준비가 되지 않았다고 마이크에게 말했다.

누군가를 온라인에서 만나고 사랑에 빠져 상대를 처음으로 직접 만나는 과정에 어떠한 감정의 소용돌이가 따를지 누구나 짐작할 것이다. 혼란스럽고 실망하는 마음과 느낌에 공감할 수도 있을 것이다. 때때로 사랑에 이르는 길은 가슴이 찢어지는 듯한 고통과 깊은 자기 성찰을 요한다. 하지만 진짜 모습을 숨기지 않으면서 자신의 약점을 똑바로 보고 누군가를 우리의 세계 안으로 받아들일 때 비로소 우리는 경이로움을 맛볼 수 있다.

애슐리와 마이크는 자신의 내면을 성찰할 필요가 있었다. 이는 1회 방송 분량에서 소화할 수 있는 목표가 아니었다. 두 사람 모두 불안의 원천을 탐색하고 이해하는 시간을 가져야 했다. 이 에피소드는 희망적으로 끝났다. 애슐리는 자신이 느끼는 공포를 직시하고, 과거에 입은 상처를 치유하고, 자기 자신을 사랑하는 법을 배우게 되었다. 자신을 있는 그대로 받아들이고 나서야 비로소 자신과 마이크 사이에 있었던 일들을 하나하나 되돌아볼 수 있었다. 그리하여 자신이 정말로 마이크를 좋아한다는 것을, 그와 삶을 함께하기를 원한다는 것을 깨닫게 되었다. 마이크 또한 평가받는 것에 대해 느끼는 두려움을 직시했고 자신의 진짜 자아를 받아들이고 인정하게 되었다.

그들은 서로에 대한 감정이 되살아났다고, 현실에서 다시 만날 계획을 세우고 있다고 발표했다. 하지만 결국 두 사람은 연애 관계를 시작하지 못하고 친구로 남기로 했다.

애슐리와 마이크의 이야기는 어떻게 페이스북 가짜 프로필과 사랑에 빠질 수 있는지 잘 보여주는 사례다. 사람들이 자신의 프로필을 바꾸는 이유와 이것이 두 사람에게 미치는 영향 또한 잘 보여준다. 많은 사람들이 가짜 프로필과 사랑에 빠질 경우 오랫동안 수치심과 당혹감을 느낄 수밖에 없다는 점에 공감했고 이는 이 방송이 큰 인기를 끈 이유 중 하나다. 〈캣피시〉는 거의 누구나 다른 사람의 온라인 프로필에 속을 수 있다는 사실뿐만 아니라, 프로필——사랑을 위해서 많은 사람들이 기꺼이 믿으려 하는 조작된 환상——과 사랑에 빠지는 것이 가능하다는 사실 또한 보여준다.


## 그녀는 단지 '친구'일 뿐이야!

남자든 여자든 누구나 다른 사람들의 프로필을 현재 파트너의 프로필과 비교해볼 수 있다. 현재 그 관계 안에서 얼마나 행복하든 상관없이 말이다. 페이스북은 다른 사람들의 사진을 보고서 묘한 욕망과 희망에 휩싸일 수 있는 세계를 창조했다. 말하자면, 매력적인 사람들이 '당신의 면전에' 있는 것이다. 이러한 유혹 때문에 누군가의 타임라인에 집적거리는 댓글을 올리게 되는지도 모른다. 그러면 우리 파트너들은 질투심에 휩싸여 무슨 일이 벌어지고 있는지 더 깊이 파보고 싶은 충동을 느낄지 모른다. 처음 보는 매력적인 사람을 페친 목록에 추가하면 파트너가 질투할지도 모른다는 사실을 알면서도 많은 사람들이 참지 못하고 그렇게 해버린다. 상대를 더 많이 알고 싶은 호기심이 화근이다.

어떤 사람들은 페이스북 프로필 사진이 매력적인 사람을 찾는 일에 강한 흥미를 보인다. 그 사람이 자신에게(정확히 얘기하면 자신의 페이스북 페르소나에) 어떻게 반응할지 궁금해하고 상대에게 집적거리면서 자신에 대해 만족감을 느낀다. 이러한 유의 페이스북 소통은 자존감을 높일 필요가 있는 사람들에게 즉효약이 될 수 있다. 매력적인 사람들을 찾는 일은 전략상 중요하기도 하다. 이런 사람들은 매력적인 친구들이 자신을 페이스북 세상의 카사노바로 만들어준다고 느낄지도 모른다. 매력적인 친구들과 친구 맺기를 했다는 사실만으로 자신이 매력적인 사람이 되는 양 말이다.

이런 식의 페이스북 소통은 분명 유혹적이지만 대부분 착각에 기초하고 있다. 착각에 따라 행동할 때 우리는 제 발로 진흙탕 속에 뛰어들게 된다. 많은 사람들은 이러한 행동 때문에 자신의 연애가 위험해질 수 있다는 사실을 잘 알면서도. 페이스북 소통이 주는 도취가 너무나 강력해서 거부하지 못하는지도 모른다. 페이스북이 연애 관계에 얼마나 영향을 미칠 수 있을까? 요즘에 이혼 전문 변호사들은 이혼소송에서 페이스북 집적거리기를 증거로 흔히 채택하고 심지어 페이스북에서 새 고객들을 유치해야겠다고 농담하기도 한다. NBC 뉴스는 전체 이혼소송의 20퍼센트에서 페이스북이 언급되고,

**케리, 32**
**샌프란시스코, 캘리포니아 주**

페북에서 한 남자를 만났고 7개월 동안 사귀었다. 나는 그에게 홀딱 빠졌다. 얼마 후 내 생일날이 됐는데 그에게서 아무 연락이 없었다. 전날까지만 해도 하루가 멀다 하고 매일같이 만났는데 이상했다. 생일파티를 하고 있는 동안 어떤 친구가 전화를 걸어 '지금 당장' 내 타임라인을 확인해보는 게 좋겠다고 했다. 이 개자식이 다른 여자와 시시덕거리는 사진을 내 타임라인에 올려놓고 이런 글을 남겼던 것이다. "생일 축하해, 자기야!" 나는 도저히 믿을 수 없었다. 실수이거나, 아니면 장난이 틀림없다는 생각밖에 들지 않았다. 하지만 아니었다. 그는 정말로 다른 여자와 놀아나는 사진을 올려 내 타임라인에서 이별을 고했다. 친구들이 죄다 전화를 걸어 믿을 수 없다고 소리 질렀다. 나는 그 개자식을 혼내주고 싶었지만 참았다. 이런 재수 없는 놈들은 상대에게 상처를 입히고서 상대가 우는 꼴을 보고 싶어한다. 그 자식에게 기쁨을 주고 싶지 않아서 나는 아무 대응도 하지 않았다. 그를 완전히 무시하고서 그 사진을 내 타임라인에 남겨두었다. 재수 없는 놈처럼 보이고 싶어 안달인데 굳이 말릴 필요가 뭐 있겠는가? 나중에 그가 문제의 여자와 결혼했고 그 여자가 대놓고 바람을 피운다는 소식이 들려왔다. 그는 지금 내가 자기에게 돌아오기를 간절히 바란다. 하! 하! 하! 행운을 빈다, 이 얼간아.

 좋아요     댓글 달기     공유하기

소송 당사자들의 80퍼센트가 소셜미디어를 이용해 애인과 소통하고 있다고 보도했다. 사람들은 자신의 파트너가 얼마나 많은 매력적인 이성과 친구 맺기를 했는지 걱정하고 왜 배우자가 옛 애인에게 집적거리는지 궁금해하며 괴로워한다. '페이스북이 얼마나 많은 관계를 망쳐놓았는지 모른다'라는 제목의 페이스북 페이지가 있기도 하다.

**크리스틴, 33**
**콩코드, 뉴햄프셔 주**

나와 맷은 지난 5년 동안 사귀었다 헤어졌다 하면서 만났다. 우리는 대학에 다닐 때 헤어졌지만 최근 화해했고 우리의 관계는 어느 때보다 공고해졌다. 한 가지 문제만 빼놓고. 맷은 자신의 페이스북 가족 및 결혼/연애 상태를 '연애 중'으로 바꾸거나 자기 타임라인에서 나에 대해 언급하거나 하지 않았다. 맷이 모호한 태도를 취하고 있어서 자꾸 의심이 든다. 내 친구들의 남친들은 페이스북에서 자기 애인에 대해 언급한다. 왜 맷은 안 그러는 걸까? 물론 이 문제와 상관없이 우리의 관계는 더할 나위 없이 좋다. 하지만 누군가와 연애 중이라면 기꺼이 친구 모두에게 알려야 하지 않나? 나는 맷이 나를 숨기고 있다고 생각한다. 누군가에게.

 좋아요   댓글 달기   공유하기

이 페이지의 '좋아요'를 누른 사람이 2만 명이 넘는다. 나의 경우 상담실에서 거의 날마다 이런 고민을 듣는다.

다른 사람들이 우리 관계를 어떻게 보는가보다 자신이 관계를 어떻게 인식하느냐가 훨씬 중요하다. 왜 크리스틴은 맷과 함께해 행복하다면서 소셜미디어 상태 업데이트에 신경 쓰는 것일까? 왜냐하면 어떤 사람들에게는 페이스북에 연애 관계를 발표하는 것이 관계 자체로 인한 행복보다 더 중요하기 때문이다. 페이스북에서는 다른 사람들이 우리의 관계에 대해 어떻게 느끼는지 볼 수 있다. 게다가 때로 우리는 자신을 다른 사람들과 비교해보고 싶은 마음을 억누를 수가 없다.

심리학적으로, 우리는 대부분 다른 사람들의 관점과 영향으로부터 자존감을 얻는다. 자신의 가족 및 결혼/연애 상태를 바꾸거나 사랑하는 사람의 사진을 올렸는데, 만약 파트너가 똑같이 하지 않으면 무시당한 느낌을 받을지도 모른다. 어떤 사람들은 관계를 공개하는 것이 커플이 서로를 얼마나 소중하게 여기는지 보여준다고 생각한다. 심지어 현실에서의 애정 표현보다 더 그렇다고 생각하기도 한다. 왜 그런지 모르겠지만, 페이스북의 관계 상태 표시를 통해 공개 선포된 후에야 '정식' 관계가 된다고 생각하는 듯하다.

가족 및 결혼/연애 상태의 표시는 페이스북의 영향력 높은 특징들 중 하나이고 감정적으로 대소동을 일으키는 경향이 있다. 어떤 사람들은 다른 사람의 가족 및 결혼/연애 상태를 강박적으로 들여다보면서 며칠, 몇 주일, 몇 달을 보낸다. 몇몇 사람들은 이 페이스북 기능을 "저주"라고 표현하기도 했다. 어떤 사람이 자신의 상태를 '연애 중'으로 바꾸는 순간, 그 사람과의 가능성에 설레었던 다른 누군가는 낙망한다. 어떤 사람들은 1주일에 한 번꼴로 가족 및 결혼/연애 상태를 바꾼다. 이것은 그들의 애정 생활에 대해 무엇을 말해주는가? 어떤 사람들은 페이스북에 공개한 다음에 자신이 정말로 이런 관계를 유지하고 싶은지 자문하며 고민하기도 한다.

**마이크, 41**
프레스노, 캘리포니아 주

3개월 동안 데이트를 한 후 우리 둘은 서로에게 유일한 존재가 되는 것을 두고 이야기를 나누기 시작했다. 내게 말도 없이 남자친구는 자신의 가족 및 결혼/연애 상태를 '연애 중'으로 바꾸고 나를 태그했다. 난감했다. 우리 관계는 행복했지만 다소 불편함이 느껴졌다. 먼저 의논했으면 좋았을 텐데. 그게 전부다. 이제 나는 그를 소개해야 한다는 압박감을 느낀다. 나는 단지 내가 맺은 관계를 공개하는 것이 조금 불편했을 뿐이다. 하나 더, 나는 우리가 확실히 연인 사이가 되었음을 확인했다면 더 좋았을 것 같다. 내 친구들이 알기 전에 말이다! 결국 나도 가족 및 결혼/연애 상태를 바꿨다. 나는 그에게 이런 일들은 나와 먼저 의논한 후 공개할지 말지 함께 결정하면 좋겠다고 부탁했다.

 좋아요　　 댓글 달기　　 공유하기

## 사랑은 복잡하지 않다, 복잡한 건 사람들

페이스북의 가족 및 결혼/연애 상태의 선택 항목들 중에서 가장 흥미로운 항목은 '복잡한 연애'다. 이 선택 항목을 통해 당신은 친구들에게 당신이 행복하게——혹은 그다지 행복하지 않게——이성과 얽혀 있거나 아니면 또다시 싱글이 되었다는 사실을 바로 알릴 수 있다. 또한 이 선택 항목은 현재의 파트너로부터 관심을 끌 수 있는 빠르고 극적인 방식이다. 좀 더 미묘한 수준에서, "나는 연애 중이지만 바람피우고 싶어"라고 말하는 암호다. 왜 사람들은 이렇게 사적인 비밀을 드러내는 것일까? 페이스북에서는 드라마가 쉽게 만들어지기 때문이다. 만약 가족 및 결혼/연애 상태 기능이 존재하지 않는다면, 자신의 연애 혹은 결별을 쉽게 광고할 수 없을 것이다. 페이스북이 있기 전에, 우리의 연애 드라마는 당사자들 그리고 가장 친한 친구들 사이에서만 펼쳐졌다. 이제 자신의 관계가 "복잡하다"는 주장은 미끼 광고가 되어 걱정하는 친구들의 댓글과 다른 사람들의 수군거림을 불러 모은다.

가족 및 결혼/연애 상태는 관계 자체의 방향에도 직접 영향을 미칠 수 있다. 만약 한 커플이 페이스북에서 헤어졌다가 재결합하면 아무 일도 없었던 것처럼 그냥 지나가지 않는다. 모든 사람들이 문제가 있었다는 사실을 알고 있고 또 무슨 일이 벌어질지 궁금해한다. 이는 주변 사람들로 하여금 이쪽으로 가라, 혹은 저쪽으로 가라는 식의 훈수를 두게 허용하는 것과 같다. 이 재결합 커플은 페이스북 바깥에서 무엇무엇을 사적으로 처리했는지 내놓고 설명해야 할 필요를 느낄지도 모른다. 결별에 대한 질문들이 계속해서 커플을 괴롭히고 이후 더 많은 문제들을 야기할지도 모른다.


## 사생활 지키기

페이스북 이용자들은 연애 카운슬러가 아니고 타임라인은 커플이 겪는 문제들을 실황 중계하는 공간이 아니다. 인간관계로 인한 좌절감을 토로하는 것은 분명 구미가 당기는 일이지만, 타임라인에 쏟아내는 대신 휴대전화를 들어 가장 친한 친구에게 전화를 걸라. 밖으로 나가 산책을 하라. 운동을 하라. 명상을 하라. 페이스북에 들어가지 말고 다른 것을 하라. 페이스북은 공개 광장이지 개인 일기장이 아니다.

자신의 연애 문제를 페친들에게 털어놓으면 순간적으로 긴장이 완화될 수는 있지만 결국에는 더 나쁜 결과를 초래할 개연성이 크다. 페이스북의 도움 없이 파트너와 문제를 해결하면 존중하는 마음과 관계를 단단히 다지고 싶은 바람을 서로에게 보일 수 있다.

사람들은 페이스북에서 극단적인 애정 행위를 벌이기도 한다. 가장 강력한 후보들은 질투, 스토킹, 강박, 복수 네 가지다. 질투의 경우, 전 애인이 새로운 파트너와 찍은 사진을 찾아낸다거나, 누구와 친구 맺기를 했는지를 보고 잘못된 결론을 내릴 수 있다.

대개 우리는 자신이 내린 추측 때문에 고통을 받는다. 누군가 글이나 사진을 올렸을 때 수백 가지 질문들이 떠오를 수 있다. '나에 대한 걸까?' '내게 어떤 말을 하려 하는 걸까?' '나 혹은 다른 누군가를 조롱하는 말인가?' '그녀와 사진을 찍은 저놈은 누구지? 왜 그녀는 저놈 사진을 사방에 올리는 거지?' '그는 내가 질투를 느끼게 하고 싶은 걸까?' 페이스북에 의해 촉발된 질문들은 추측을 낳고, 추측은 고통스러운 감정을 낳는다. 이러한 감정은 잘 하지 않는——가령, 스토킹 같은—— 행동으로 이어질 수 있다.

## 페이스북, 2004년 이후 스토커들을 돕다

스토킹이 요즘처럼 쉬운 때는 없었다. 페이스북이 있기 전, '스토커'로 인정받기 위해서는 다른 사람의 집 앞에서 기다린다든지, 둘이 함께 아는 친구들에게 연락해 정보를 얻어낸다든지, 모임에 '우연히' 나타나 전 애인과 뜻밖에 마주친다든지 하는 매우 부적절한 행동을 해야만 했다. 이제 전 애인을 스토킹하기 위해 할 일은 매우 간단하다. 컴퓨터를 켜고 클릭을 몇 번 한 다음 전 애인의 페이스북 타임라인이나 둘이 함께 아는 친구의 타임라인을 훑어보기만 하면 된다. 전 애인이 어디에 자주 '체크인' 하는지에 주의를 기울이면 패턴을 파악할 수 있고 그가 자주 가는 술집이나 사교 모임에서 쉽게 마주칠 수 있다. 전 애인이 팔로우하는 그룹에 가입하면 그와 온라인에서 소통할 수 있는 기회가 생긴다. 상대가 당신에게 제발 혼자 있게 내버려둬달라고 간청했다 하더라도 말이다. 스토킹은 강박행위로 이어지기 십상이다. 상대의 모든 움직임과 업데이트를 추적하고 해석하고 그 사람의 모든 '친구 맺기'와 새로 올린 사진과 태그를 분석한다. 극단적인 경우에는 진짜 스토킹으로 이어져 피해자가 정말로 위협을 느끼는 상황에 이를 수도 있다(이에 대해서는 나중에 더 자세히 논의할 것이다).

마찬가지로 의심과 질투 때문에 비이성적으로 행동할 수도 있다. 다른 사람에게 상처를 주는 무언가를 페이스북에 올리는 행위는 상실을 극복하려 애쓰는 사람들에게 큰 해를 끼친다.

**에드워드, 44**
엘패소, 텍사스 주

서맨사는 혼자 있을 시간이 필요하다면서 어느 날 갑자기 이별을 선언했다. 그녀는 내가 사사건건 통제하려 든다면서 내가 잠시 동안 나 자신에게 관심을 기울일 필요가 있다고 말했다. 나는 혼자 있을 시간이 필요하다는 생각 자체가 맘에 안 들었고 그녀가 문자에 응답하지 않자 매우 불안했다. 나는 정신이 나갔다. 그녀는 단지 떨어져 있을 시간을 원하는 걸까, 아니면 나와 완전히 끝내려는 걸까? 나는 그녀가 다른 남자와 찍은 사진을 페이스북에 올렸다는 사실을 알고서 뚜껑이 열렸다. 되갚아줘야 했다! 나는 전 여자친구를 불러내 저녁식사를 한 다음 그녀와 포옹한 사진을 내 타임라인에 올렸다. 서맨사는 그 사진을 보고서 나와 완전히 관계를 끊어버렸다. 나중에야 알게 됐는데 서맨사의 사진 속 남자는 서맨사의 사촌 오빠였다.

 좋아요　　 댓글 달기　　➡ 공유하기

서맨사가 에드워드를 '완전히 떠나야' 한다는 사실은 분명해 보인다. 온라인에서든 오프라인에서든, 상대가 어떤 식으로 무례하게 굴고 있는지 설명하려 애쓰는데 상대는 아랑곳하지 않는다면 이제 새로운 장을 열 때이다. 끝을 내야 하는 것이다. 자신이 누군가의 감정적 샌드백이 되도록 방치해서는 결코 성숙한 사랑, 존중, 신뢰를 기대할 수 없다. 모든 방법을 동원해 당신의 인생에서 유독성 인간들을 제거하라. 친구 끊기를 하고, 차단하고, 접근 근지 명령을 받아내라. 아무리 힘들더라도 그 사람을 잊어라. 그리고 앞으로 나아가라. 결별 후에 상대와 온라인에서 엮이지 마라. 최소한 당신이 정서적으로 안정되었다고 느끼기 전까지는 그래야 한다. 유독성 인간들은 자극적인 포스팅이나 사진을 올려서라도 당신에게서 반응을 끌어내려 할 것이다. 거기에 속아 넘어가지 마라. 만약 전 애인이 당신을 조금이라도 존중한다면, 당신에게 홀로 떨어져 있을 시간과 공간이 필요하다는 사실을 인정해줄 것이다.

현실에서는 이러한 고통스러운 상황을 피하기가 훨씬 더 쉽다. 예를 들면, 전 애인과 함께 자주 갔던 레스토랑이나 클럽을 가지 않으면 된다. 하지만 페이스북에서는 친구 끊기나 차단을 하지 않고서는 전 애인을 피하기가 거의 불가능하다. 당신의 전 애인이 무엇을 하고 있는 중인지(혹은 누구와 함께 그것을 하고 있는지) 계속 인지하게 되면 다시 상처를 입거나 적어도 쉽게 앞으로 나아가지 못할 것이다. 때때로 전 애인은 당신의 질투를 유발하기 위해 어떤 사진을 올리거나 새 애인과 찍은 사진에 당신을 태그할지도 모른다. 때로는 페이스북 때문에 질투가 당신을 불시에 덮칠 수도 있다. 〈허핑턴 포스트〉는 '이상한 뉴스' 섹션에 자신의 여자친구가 페이스북에서 다른 남자와 놀아나고 있다고 생각해서 폭행한 어떤 남자에 대한 기사를 올렸다.

테네시 주에 살고 있는 로웰 터핀이라는 남자는 자신과 5년 동안 동거 중인 여자친구 크리스털 그레이가 한 사진에서 그가 모르는 남자와 함께 있는 것을 보고 질투에 사로잡혔다. 여자친구는 페이스북에서 주기적으로 이 남자를 따라다니고 있는 것처럼 보였다. 터핀은 바람을 피우고 있다고 비난한 후 그레이의 노트북을 벽에 던져 박살내고 그녀를 폭행해 경찰에 체포되었다. 그는 그 남자가 미국 대선 공화당 후보인 밋 롬니라는 것을 알아보지 못했던 것이다.

이는 페이스북 때문에 생겨난 질투 중에서도 극단적이고 약간 히스테릭한 사례다. 하지만 데이터는 페이스북 이용자의 70퍼센트 이상이 전 애인의 활동을 주기적으로 추적하고 때때로 전 애인의 새로운 파트너와 '친구 맺기'까지 한다는 사실을 보여준다. 심지어 어떤 사람들은 전 애인에게 차단을 당한 후 가짜 프로필을 만들어 전 애인의 페이스북 세계에 복귀할 술책을 꾸미기도 한다. 만약 여전히 전 애인의 타임라인을 살펴보고 있다면, 당신은 그 사람이 없는 더 밝은 미래를 향해 나아가지 못하고 있는 것이다.
자신의 전 애인이 '더 나은 사람과' 데이트하는 장면을 떠올리고

**세르조, 28**
**로마, 이탈리아**

나는 우리 관계에 뭔가 문제가 있다는 사실을 깨닫고서 여자친구에게 만나서 대화를 하자고 말했다. 그녀는 1주일 내내 이런저런 핑계를 대며 대화를 피하더니 다른 남자와 찍은 사진들을 페이스북에 올리기 시작했다. 사진에는 이런 설명이 붙어 있었다. "정말 놀라운 이 남자를 사랑해요." 나는 엄청 상처받고 분노했지만, 그녀가 페이스북을 통해 우리의 관계를 끝내려 한다는 점을 눈치채고서 연락을 끊어버렸다. 얼마 후 그녀는 몇 번이나 연락하려 하면서 내가 "너무 편집증과 질투가 심하다고" 페이스북 쪽지를 보냈다. 나는 답하지 않았다. 나를 조금도 존중하지 않는 사람과 말도 섞기 싫어서였다. 나는 내 타임라인에서 그녀를 영구히 차단했다.

 좋아요　　 댓글 달기　　 공유하기

싶은 사람은 아무도 없다. 페이스북의 숨은 기능이 커다란 고통의 원천일 수도 있지만, 어떤 사람들은 단지 그만두려는 의지 자체가 없기도 하다. 우리는 다른 사람의 포스팅을 보면서 질투 이외에도 깊은 슬픔, 분노, 두려움, 분노 또한 느낄 수 있다.

　안타깝게도 페이스북은 사람들이 관계를 끝내는 다양한 방식들 중 하나로 추가되었다. 문자메시지로 이별을 통보하는 것도 충분히

**디애나, 35**
**라스베이거스, 네바다 주**

전 남편은 이혼 과정 내내 내 타임라인을 하루 종일 감시했다. 결국 나는 완전히 질린 나머지 페이스북 계정을 비활성화하는 수밖에 없다는 결론을 내렸다. 내가 어떤 조치를 취하든 그는 나에 대한 정보를 계속 수집했다. 누가 내 정보를 빼내 그에게 주는지 알 수가 없었다. 우리 둘을 모두 아는 친구들은 그가 페이스북에서 이상하게 행동하고 있다고 말해주었다. 행복했던 시절의 사진을 올리고, 가족 및 결혼/연애 상태를 '기혼'으로 바꾸고, 우리가 재결합했다고 페이스북에 공표했다는 것이었다. 그다음에는 로맨틱한 인용구들을 잇달아 올려댔다. 친구들로부터 축하한다고 하거나 무슨 일인지 묻는 전화와 문자가 쏟아지기 시작했다. 지금은 웃으면서 말할 수 있지만 그때는 정말 화가 머리끝까지 났었다.

 좋아요　　 댓글 달기　　 공유하기

나쁜데, 페이스북을 통한 이별은 공개적인 사건이라는 새로운 차원을 더한다. 이는 아는 사람들로 가득 찬 혼잡한 쇼핑몰 한복판에서 헤어지자는 통보를 받는 거나 마찬가지이다.

전 애인과 페이스북 친구로 남는 사람들은 그러지 않는 사람들에 비해 이별을 극복하고 앞으로 나아가는 능력이 감퇴될 수 있다. 전 애인의 페이스북 페이지 주변에 계속 숨어 있는 일은 이별에 대한 고통의 심화, 자존감 저하, 전 애인에 대한 지속적인 성적 갈망, 이별 극복의 어려움 등으로 이어질 수 있다. 페이스북이 이러한 문제들을 일으킨다는 얘기가 아니라는 점을 유의해주기 바란다. 이별을 극복하느라 힘든 시기를 겪고 있는 사람들은 페이스북을 이용해 전 애인을 향해 창구를 열어두고 이별의 슬픔에 계속 흠뻑 젖어 있으려 하기 쉽다. 이러한 사람들에게 이별에 대한 가장 좋은 처방은 페이스북과 오프라인 세계 모두에서 자신의 전 애인과 완전히 연결을 끊는 것일지도 모른다. 때로는, 잠시 페이스북과도 이별하는 것이 상실감을 극복하는 데 도움이 될 수도 있다.

## 우리가 가야 할 길

실제로 우리가 페이스북을 이용하면서 통제할 수 있는 것은 두 가지뿐이다. 무엇을 올릴지 그리고 다른 사람의 포스팅에 어떻게 반응할지. 자신의 연애에 대한 글을 올릴 때에는 판단을 잘 내리고, 연인과 의논하고, 적절한 것과 적절하지 않은 것을 명확히 이해해야 한다. 이러한 세 가지 요소를 모두 갖추고 있다면 불필요한 갈등과 추문을 최소화할 수 있을 것이다. 관심을 끌거나 자극하기 위해 포스팅하지 말고 진실한 모습을 보여라.

모든 관계는 각기 다르다. 다른 사람들의 눈과 입을 통제할 수 없으므로 그들의 댓글에 일일이 반응할 필요 없다. 인정하자. 페이스북

'친구'는 현실 친구와 매우 다르다. 여러 페친들은 당신의 애정 생활에 대해 댓글을 달 때 무엇이 당신에게 가장 이로운지 그다지 신경 쓰지 않을지도 모른다. 페이스북을 이용할 때 항상 이를 염두에 두라. 페친들의 포스팅을 읽을 때 그들의 의도를 생각해보라. 페이스북에서 누가 '당신의 뒤에서 지켜주는지' 그리고 누가 딴마음을 품고 있는지 파악하자.

페이스북은 사람들을 갈라놓기 위해서가 아니라 화합하도록 만들어진 소셜네트워크다. 인간관계는 신뢰의 뿌리를 심고 일구어야만 계속 이어질 수 있다. 만약 페이스북이 어떤 문제를 일으키고 있다면 그것에 대해 이야기를 나누라. 파트너와 함께 당신의 페친들에 대해 대화를 하라. 수백 명의 페친들 중 누가 중요하고 누가 중요하지 않은지 그리고 이유는 무엇인지 파트너에게 이야기하라. 질투 같은 감정이 싹튼다면 편하게 털어놓으라. 진솔하게 소통하면서 공개할 것과 공개하지 않을 것을 합의하라. 가족 및 결혼/연애 상태를 변경할 때나 새로운 사람들과 친구 맺기를 할 때도 마찬가지다. 오해를 피하기 위해서는 먼저 그것에 대해 이야기부터 나누라. 오해로 인해 두 사람의 세계가 산산조각 날 수도 있으니까.

**f**

# 6

# 십대의 패거리 문화와
# 클릭질

자녀가 계속 항의할지 모르지만 십대에게는 부모나 보호자만이 줄 수 있는 체계, 보호, 지지가 아직 필요하다. 당신이 십대 자녀를 이해하기 위해 관심을 보일수록 당신과 자녀의 관계는 더욱 끈끈해질 것이다.

## 십대들만이 가진 페이스북 문제들

어느 일요일 오후, 나는 내 친구의 십대 딸과 그 아이의 반 친구들과 함께 소셜미디어 사용에 대해 이야기를 나눴다. 아이들 대부분이 페이스북, 트위터, 인스타그램, 텀블러를 포함한 다양한 소셜미디어 사이트를 통해 서로 연결되어 있었다. 소셜미디어는 사실상 미국 사회의 전 연령대가 이용하고 있지만, 십대들은 온라인 소통을 완전히 새로운 수준으로 끌어올렸다. 어떤 페친 얘기를 하면, 아이들은 그 사람이 몇 시에, 어느 사이트에서, 누구와 이야기했는지 즉시 말해줄 수 있다. 매일 1,000명이 넘는 페친들, 300명의 트위터 팔로우어들, 70명의 텀블러 블로거들의 근황을 살피는 십대들도 있다. 이들에게 소셜미디어가 없는 삶이란 상상조차 할 수 없다.

나는 내 친구의 십대 자녀들, 십대 내담자들, 인터뷰에 응하겠다고 동의한 다른 십대 아이들과 6개월 동안 심도 깊은 대화를 나눴다. 그리고 소셜미디어가 요즘 십대들의 삶에 필수불가결한 요소라는 사실을 알게 되었다. 1980년대에 집 전화가 십대들에게 그랬듯이 말이다. 퓨 리서치센터가 2013년 5월에 발표한, 미국 십대들에 관한 보고서에 따르면 인터넷을 사용하는 십대들 중 81퍼센트가 자신이 소셜 네트워크 사이트를 적극적으로 이용하고 있다고 말했다고 한다. 페

이스북, 인스타그램, 트위터, 그리고 오케이큐피드OkCupid, 틴더Tin-
der, 블렌더Blendr, 그라인더Grindr와 같은 새로운 데이트용 앱들은 십
대들의 소셜미디어 시장에서 주전 선수가 되었다.

십대들은 소셜미디어에서 그들만의 특징적인 문제와 행동을 보인
다. 우리는 이 장에서 십대들이 소셜미디어를 통해 어떻게 서로 소
통하는지, 또 이것이 십대들의 정체성 발달, 사회적 소통 능력, 주의
력 지속 시간, 집적거리기, 사이버 폭력에 대처하는 능력에 어떠한
영향을 미치는지를 살펴볼 것이다.

## 디지털 네이티브

소셜미디어를 적극적으로 이용하는 십대들은 소셜미디어를 통해
서 사람들을 만나고, 데이트 사이트에서 이성에게 작업을 걸고, 방
대한 시간을 온라인에서 보낸다. 20년 전까지만 해도 이러한 세상은
상상도 할 수 없었다. ('디지털 네이티브Digital Natives'라고도 알려져 있
는) 새로운 십대 세대는 소셜미디어의 달인일 뿐만 아니라 많은 측
면에서 초첨단기술의 전문가다. 현재 첨단기술의 전문가인 십대들
은 몇 명이나 될까? 퓨 리서치센터 보고서에 따르면 12~17세의 미
국 십대들 중 37퍼센트가 스마트폰을 가지고 있고(2011년의 23퍼센
트에서 증가했다), 23퍼센트가 태블릿PC를 가지고 있다. 또한 전체
인구 집단 중 십대들은 인터넷과 연결되어 있는 가장 큰 집단이다.

요즘 십대들은 전화보다 문자를 더 선호한다. 이들은 책 대신 아

이패드와 함께 자란다. 스케이트보드를 타고 자동차 사이를 이리저리 빠져나가면서도 아주 쉽게 문자메시지를 보낸다. 이를 보는 부모들은 당혹스럽고 걱정이 앞선다. 이 모든 새로운 과학기술이 십대의 정상적인 발달에 해를 끼치고 있지는 않은 걸까?

십대들이 소셜미디어를 이용하는 양상은 어른들과 크게 다르지 않을지도 모른다. 하지만 둘 사이에는 한 가지 뚜렷한 차이가 있다. 요즘 십대들은 스마트폰과 소셜미디어와 함께 자라고 대다수는 이러한 기기들을 통해 자기 자신과 타인을 이해한다. 이러한 초연결성super-connectivity은 십대들의 심리 발달에 어떤 영향을 미칠까?

심리학자 에릭 에릭슨의 '심리사회적 발달 이론Theory of Psychosocial Development'은 성격 발달에 대해 잘 알려진 이론들 중 하나다. 에릭슨은 몇 가지 단계를 이루는 사회 경험이 성격을 형성한다고 믿었다. 에릭슨의 이론을 구성하는 주요 요소 중 하나는 '자아정체감ego identity', 즉 자기 자신에 대한 생각이 어떠한 방식으로 발달하느냐이다.

에릭슨의 이론에 따르면, 청소년기의 가장 큰 특징은 자아정체감과 역할 혼란 사이의 대립을 경험한다는 점이다. 십대 시절에 우리는 자아정체감을 형성하고 발달시킨다. 십대들은 독립적인 방식으로 세상을 탐색하라는 격려를 받을 때 자아정체감을 성공적으로 형성한다. 자아정체감을 제대로 형성하지 못한 십대들은 자신의 신념을 확신하지 못하고, 자기 자신과 미래에 대해 생각하면 불안과 혼란을 느낀다.

자아정체감은 우리가 매일 습득하는 새로운 경험과 정보에 따라 끊임없이 변화한다. 컴퓨터, 스마트폰, 소셜미디어는 오프라인에서의 교류와 마찬가지로 십대들이 자기 자신, 상대방, 세상을 바라보는 방식에 커다란 영향을 미친다.

스마트폰은 인터넷과 다른 사람들에게 바로 접근할 수 있게 해준다. 이십대나 삼십대, 사십대의 경우 과거에 없던 새로운 소통 수단을 소유한 셈이다. 물론 십대들도 똑같은 혜택을 누린다. 하지만 이러한 즉각 접근 가능성으로 인해 에릭슨의 성격 발달 이론에 근본적인 수정이 필요하게 되었는지도 모른다. 오늘날 과학기술을 이용하는 어른들은 이미 자신의 자아정체감을 발달시킨 상태다. 반면 십대들은 아직 자아정체감을 형성하는 중이다.

스마트폰은 십대들에게 정보를 쏟아붓는다. 이는 십대들의 감각을 과잉 자극할 뿐만 아니라 체계적으로 일하는 능력에 영향을 미친다. 십대들이 온라인에서 점점 더 많이 소통할수록, 정보를 흡수하고 처리하는 그들의 능력은 더 많은 영향을 받을 것이다. 이는 만족 지연에 대한 인내심 저하, 충동 성향 증가, 문제 대처 기술 부족, 심지어 주의력결핍과잉행동장애ADHD 증상으로 이어질 수 있다.

나와 인터뷰한 십대들 중 많은 아이들이 사회적 소통 능력이 빈약했다. 한 시간가량의 인터뷰 내내 아이들은 서로의 말을 끊고, 주제들 사이를 널뛰며 대화 안에서 길을 잃고, 집중력을 유지하는 데 어려움을 겪었다. 나나 다른 아이들과 계속 시선을 마주치는 것을 힘들어했고 스마트폰을 들여다보고 있기를 더 좋아했다.

어떤 십대들은 모바일 기기들을 자기 몸의 일부처럼 여긴다. 손이

닿는 곳에 항상 두고, 문자를 보내지 않을 때는 화면을 스크롤하며 페이스북, 트위터, 인스타그램, 텀블러, 디비언트아트deviantArt 같은 소셜미디어 사이트를 살펴본다.

## 페이스북만이 문제인 것은 아니다

〈허핑턴 포스트〉의 기술 섹션 에디터인 비앙카 보스커는 대부분의 십대들이 아직 페이스북을 이용하고 있기는 하지만 어른들의 이메일과 비슷하다고 말한다. 별로 좋아하지 않지만 다른 사람들과 의사소통을 하기 위해서 사용한다는 것이다. 〈허핑턴 포스트〉의 동영상 인터뷰에서 비앙카는 십대들의 페이스북 사용에 대해 다음과 같이 말한다.

페이스북은 인터넷에서 거실 같은 곳이 되었습니다. 부모님도 거기에 있고, 선생님도 거기에 있고, 학급 친구들, 캠프에서 만났을지도 모르는 수백 명의 사람들도 거기에 있지요. 반면 트위터와 텀블러는 지하 레크리에이션 룸 같은 곳이 되었고 아이들은 여기서 친구들과 하고 싶은 얘기를 나눕니다. 이곳에서 아이들은 서로 친밀감을 더 많이 느낍니다. 이는 매우 흥미로운 현상입니다. 트위터가 더 좁아서 그렇게 느끼는 게 아니기 때문입니다. 트위터에도 이용자들이 몇억 명이나 있지만 십대들은 이곳에서 사생활을 조금 더 확보할 수 있고 불필요한 소란을 피할 수 있다고 느낍니다.

요즘 십대들은 페이스북에만 틀어박히지 않고 다른 소셜미디어 사이트들 또한 애용한다. 이곳들에서 또 하나의 계정이나 얼굴을 공개하지 않은 계정을 이용해 더 큰 익명성 아래에서 자신의 생각과 느낌을 표현한다. 퓨 리서치센터 보고서는 소셜미디어를 사용하는 십대들 중 대부분(94퍼센트)이 페이스북 계정이 있는데도 트위터나 인스타그램 같은 다른 사이트들로 모여들고 있다고 말한다.

많은 십대들이 페이스북에서 손을 떼는 가장 큰 이유로 '불필요한 소란the drama'을 꼽았다. 이들은 페이스북만큼 소란이 자주 벌어지지 않으면서 부모에게서도 자유로운 다른 네트워크들을 선호한다.

불필요한 소란에 대해 불평하거나 페이스북에 흥미를 잃어버렸어도, 대부분의 십대들은 자신의 페이스북 계정을 비활성화하지 않고 있다. 이들이 페이스북을 계속 이용하는 이유는 중요한 정보, 사회 행사, 의사소통을 못하게 될까봐 두렵기(FOMO Fear of Missing Out 라고 알려져 있는 현상) 때문일 것이다. 많은 아이들은 친구들이 여전히 페이스북을 통해 소통하기 때문에 자신도 계속 페이스북을 이용해야 한다는 의무감을 느낀다. 하지만 다른 소셜미디어 사이트들은 메시지를 주고받는 독립 수단으로서 빠르게 십대들의 관심을 끌고 있다.

전자기기를 이용한 디지털 활동에 대해 조사한 2012년 맥피 연구 보고서에 따르면, 십대들 중 70퍼센트가 부모 모르게 온라인 활동을 하는 방법을 적극적으로 찾는다고 한다. 내가 인터뷰한 십대들 중 대부분은 자신이 페이스북을 이용하고 있지만 '진짜로' 이용하

**멀리사, 15**
시카고, 일리노이 주

난 페이스북에 완전 질렸다. 처음에는 괜찮았다. 나도 페이스북을 사랑했다. 하지만 사람들이 점점 미쳐갔다. 사람들은 사진을 올리고선 누가 더 예쁜지 아니면 누가 더 멋진 일을 하는지를 두고 경쟁했다. 친구들은 자신의 타임라인에서 서로에 대해 힘담을 했다. 최악은 우리 엄마가 이상하게 행동하기 시작했을 때였다. 엄마는 욕실에서 '돌발적인' 셀카를 수천 장 찍었다. 그런 다음 내 친구들이 자주 놀러다니는 아지트에 '체크인'을 했다. 엄마는 끊임없이 포스팅을 하면서 바보 같은 사진들에 나를 태그했다. 너무 창피했다. 아직 그걸(페이스북) 이용하긴 하지만 나는 트위터를 더 좋아한다. 트위터에서 친구들은 야단법석을 떨지 않고 정상적으로 행동한다.

 좋아요        댓글 달기        공유하기

고 있지는 않다고 말했다. 페이스북 계정이 있지만 실제로 사용하지는 않고 일종의 위장 공간으로서 가지고 있다는 뜻이다. 부모들이 십대 자녀의 페이스북 계정을 모니터하는 동안(그들 또한 페이스북을 이용하기 때문에) 십대들은 다른 소셜미디어 플랫폼들에서 자신을 더 자유로이 표현한다. 그래서 대부분의 십대들은 부모가 자신의 페이스북 계정에 접근하는 것을 막지 않는다. 1990년대에 레이브* 문화를 즐기는 이들이 레코드 가게 등을 이용했듯이, 요즘 십대들은 비밀리에 친구들과 만나고 자기 자신을 표현할 수 있는 곳을 귀신같이 찾아낸다.

현재 이러한 여러 사이트에서는 페이스북과 유사하게 난리법석 활극이 벌어지고 있다. 가령, 수천 명의 십대들이 '트위터 전쟁'을 쉽게 벌일 수 있다. 트위터 전쟁은 페이스북보다 훨씬 더 극적일 수 있는데, 해시태그를 이용하면 친구들뿐 아니라 학교 전체로 퍼지게 만들 수 있기 때문이다.

퓨 리서치센터 보고서에서 언급되지 않은 다른 소셜미디어 사이트들은 핀터레스트Pinterest, 바인Vine, 레딧Reddit, 스냅챗Snapchat, 킥Kik, 포챈4Chan 등이다. 거의 매일 새로운 사이트들이 만들어지고 십대들에게 공급된다(이것들을 모두 파악하기란 거의 불가능하다). 특징이야 각자 다르지만 이 사이트들은 자기표현 형식으로 사진, 동영상, 오디오를 더 강조하는 것 같다. 이러한 새로운 플랫폼들은 자기표현과 자아정체감의 측면에서 어떠한 기능을 하고 있을까?

## 새로운 자화상

마이스페이스는 '셀카'(일명 '욕실 사진') —— 다른 사람들이 보도록

---

★ 음악과 춤 등을 통해 환각적 경험을 하는 파티. 클럽이나 파티에서 밤새 춤을 추며 환각제를 복용하기도 한다.

# 👍
## 십대들이 가장 많이 이용하는
## 소셜미디어 사이트 TOP 5

**페이스북**  십대들은 얼마나 자주 이용하든 상관없이 페이스북 계정을 계속 유지해야 한다고 느낀다. 퓨 리서치센터에 따르면 페이스북은 가장 적극적인 십대 이용자들을 회원으로 두고 있다. 일반적인 십대 이용자에게는 300명 정도의 페친이 있다.

**트위터**  이 사이트는 유명 인사를 포함하여 전 세계의 누구와도 빨리 연결될 수 있게 해준다. 이용자들은 140자가 넘지 않게 글을 올려야 한다.

**인스타그램**  사진을 올리고 공유하기 위해 접속하는 이 소셜네트워크는 사진과 셀카를 올리기 좋아하는 십대들에게 폭발적인 인기를 끌고 있다.

**유튜브**  유튜브를 이용하는 십대들은 자기 계정에 자신과 친구들을 찍은 동영상을 올려 다른 사람들이 보게 할 수 있다.

**텀블러**  짧은 포스팅을 할 수 있는 이 소셜네트워크는 십대 블로거들이 사진, 동영상, 음성 파일을 올릴 수 있게 해준다. 이것들은 아주 짧은 글과 함께 다른 사이트에서 다시 공유될 때가 많다.

(출처: 퓨 리서치센터 보고서, 많은 이용자 순)

소셜미디어 사이트에 올리기 위해 자기 모습을 찍은 사진——라고 알려진 현상이 처음 나타난 곳이다. 이 현상은 페이스북이나 인스타그램 같은 다른 소셜미디어 사이트로 퍼져나갔다. 십대들은 자기표현을 하기 위해 혹은 친구들과 연결되어 있기 위해 소셜미디어 사이트에 셀카를 올린다. 셀카를 올리면서 십대들은 힘을 얻는다. 셀카는 그들이 씩씩하게 살아가고 있다는 사실을 보여주고 세상에 뛰어들라고 격려해준다. 한편 어떤 십대들은 불안감 때문에 셀카를 올리기도 한다. 이들은 친구들로부터 얼마나 많은 '좋아요'(혹은 지지)를 받

**샌드린, 15**
삼버그, 일리노이 주

애들은 술을 마시거나 마리화나를 피우는 셀카를 자주 올린다. 이런 셀카들은 페이스북에서 '좋아요'를 더 많이 받는다. 특히 여자아이들의 경우 더 그렇다.  여자아이들은 '좋아요'를 받기 위해 야한 셀카를 올린다. 내 사촌은 파티에서 자기 몸에 토하고 있는 사진을 올렸다. 의식을 잃은 것처럼 잔디밭에 널브러져 있었다. 지나가는 개가 오줌을 눌 수도 있는 꼴이었다. 그런데도 이 사진은 '좋아요'를 많이 받았다. 여자아이들은 옷을 벗고 남자아이들은 술이나 마약 따위에 취한다. 그런 식으로 관심을 끄는 것이다.

 좋아요      댓글 달기      공유하기

을 수 있는지 보기 위해 셀카를 올린다.

캘리포니아 주립대학 심리학과 교수인 래리 D. 로젠 박사의 연구에 따르면, 십대 페이스북 이용자들은 자아도취 성향을 보이기 쉽다고 한다. 이용자가 자신에게 온통 몰입하게 하는 방식으로 소셜미디어는 사람들이 이전에 없이 자기 이미지에 몰두하도록 유도한다. 소셜미디어의 주요 장점 중 하나는 십대들이 자기표현을 통해 자신을 발견하게 돕는다는 점이다. 하지만 지나치게 자신에게 집중하도록 소셜미디어가 부추기고 있다는 관점도 있다. 십대들은 매일같이 텀블러에 자기 생각을 올리고, 트위터에 가족 비밀을 털어놓고, 디비언트아트에서 성정체성 혼란에 대해 상담한다. 십대가 어떠한 형식으로 자기표현을 하든지 간에, 소셜미디어는 즉시 널리 공유되게 한다. 이러한 표현의 자유를 통해 십대들은 자신이 가치 있는 존재라는 느낌을 받을 수 있다. 그들은 자신이 내린 선택을 통해 독립적으로 행동할 권한을 부여받는 것이다. 다른 한편, 그들은 천하무적이 된 듯한 느낌을 받음으로써 잘못된 특권 의식을 가질 수도 있다.

퓨 리서치센터 보고서에 따르면 십대들은 출처에 상관없이 페이스북 '좋아요'를 갈망하고 트위터 팔로우어들을 찾는다고 한다. 트위터에서 사람들은 비슷한 관심사를 가진 이용자들을 팔로우하는 경향이 있기 때문에, 십대는 팔로우어들(혹은 '팬들')이 더 많아질수록 자신이 대단히 재미있는 사람이라고 믿는다. '좋아요'든 팔로우어든 이러한 온라인 지지를 통해 십대들은 자신의 가치가 높아졌다고 느낀다. 하지만 로그아웃을 하고서(아주 잠깐이라 하더라도) 자신의 오프라인 현실을 직면해야 하는 순간이 온다. 오프라인에서는 자신이 온라인에서만큼 재미있거나 중요하거나 영향력이 있는 게 아니라는 사실을 깨달을 때 그들이 알고 있는 세계는 무너져내릴 것이다. 오프라인 정체성을 감당하지 못하면 불안과 정체성 혼란이 이어질 수 있다.

십대들은 자기 방에서, 학교에서, 혹은 모바일 기기를 가지고 자신의 온라인 프로필을 편집하고 개선한다. 십대들은 자신의 온라인 페르소나를 이용하여 어떤 사람이 되고 싶은지, 또 어떻게 느끼고 싶은지를 표현한다. 어른들도 페이스북 친구들의 '이상적' 프로필과 자기 자신을 비교하면 자존감에 영향을 받는다. 하물며 십대들은 또래 친구들에게 어떻게 인식되느냐를 어른들보다 훨씬 더 중요하게 생각하는 경향이 있기 때문에, '좋아요'를 충분히 받지 못할 때——더 심각하게는 친구들이 자신의 포스팅에 부정적인 댓글을 올릴 때——의구심을 품고 우울증에 빠지기 쉽다. 십대들은 온라인 페르소나와 자신을 지나치게 동일시할 경우 자기 가치에 대한 느낌, 교우 관계와 연애 등에 영향을 받을 수 있다. 그 결과 연애 문제 해결에 대해 왜곡된 시각을 가지게 되고 갈등을 해결하는 능력이 떨어질 수 있다.


## 섹스, 거짓말, 그리고 뉴스피드

십대들은 거의 대부분의 시간을 온라인에서 보낸다. 이들은 온라인에서 새로운 흥밋거리, 새로운 친구, 데이트를 하고 섹스를 하는 새로운 방법들을 소개받는다. 소셜네트워크와 데이트 앱들은 어느 때보다 십대들이 쉽게 섹스를 할 수 있도록 만들고 있다.

내가 인터뷰한 십대들 중 일부는 그들의 "결합(성적 만남)"이 온라인에서 서로를 소개하면서 시작된다고 말했다. 물론 이전에도 많은 십대들이 섹스를 해왔다. 하지만 십대들의 섹스에 대한 욕구 표현이 이렇게 쉬웠던 때는 없었다. 때로는 연애나 친밀감을 전혀 기대하지 않고서 말이다. 심지어 어떤 십대들은 모바일 기기로 섹스와 관련된 문자를 보내거나, 페이스북에서 인스턴트 메시지를 보내거나, 대화창에 나체 사진을 올리거나, 블렌더에서 이성에게 집적거리거나, 틴더나 그라인더에서 섹스 상대를 구하는 일을 어른들보다 더 즐긴다.

어떤 여자아이들은 동영상 채팅을 통해 자신의 나체 사진을 보내거나 즉석에서 옷을 벗는다. 사진을 유포하지 않겠다고 "그가 약속했기" 때문이다. 또한 수많은 십대들이 섹스를 청하는 일에 더 과감해졌다. 여자아이 앞이 아닌 컴퓨터나 휴대폰 화면 뒤에 숨어서 섹스를 간청하기가 더 쉽기(그리고 더 안전하기) 때문이다. 십대들은 이 상황에 점점 익숙해지고 있다. 실제로, 많은 십대들이 성관계를 맺든 안 맺든, 문자메시지를 통해 연애를 시작한다. 이러한 방법은 위험할 수 있는데, 십대들은 스마트폰을 통해 더 많은 정보를 공유할수록 더 안전하다고 느끼는 경향이 있기 때문이다. 한편, 어떤 십대들에게는 문자메시지가 도움이 될 수도 있다. 상대를 직접 만나기로 결정하기 전에 서로를 알아가는 시간을 더 많이 가질 수 있기 때문이다.

**에마, 15**
시카고, 일리노이 주

내가 듣는 수업에 예전에 좋아했던 남자애가 있었다. 나는 그애가 나를 좋아하지 않는다고 생각했다. 계속 나를 무시하는 것 같았기 때문이다. 어느 날 그애한테서 문자가 왔고, 우리는 한동안 문자를 주고받았다. 그는 나를 지켜봐왔다고 나를 좋아한다고 말했다. 하지만 그 이상 진도를 나가지는 못했다. 너무 지루한 애였다. 날 웃게 만들지 못했다. 너무 강압적이고 자기 생각만 했다.

 좋아요　　　 댓글 달기　　　 공유하기

나는 에마에게 그 남자아이와 전화 통화를 한 적이 있느냐고 물었다. 에마는 어리둥절한 표정을 지어 보였다. 무슨 뜻이죠? 이성을 유혹하는 방식은 급격하게 변했고 빠른 속도로 계속 변하고 있다. 십대들은 서로의 온라인 프로필을 살펴보며 몇 시간씩 보낸다. 많은 십대들이 소셜미디어 프로필을 통해 또래 친구들에 대한 정보를 얻는다. 이 새로운 세대는 온라인에서 찾은 정보들에 근거하여 누군가와 시간을 보낼지 말지를 결정한다. 프로필만 대충 훑어봐도 굳이 물을 필요 없이 서로의 관심사를 쉽게 파악할 수 있다. 나와 인터뷰를 한 많은 십대들이 일단 귀엽게 생긴 남자아이의 프로필을 "스토킹"한 다음 그 남자아이가 관심을 보이는 여자아이들을 스토킹하는 방법을 쓰겠다고 말했다.

요즘 십대들에게는 소셜미디어와 데이트 문제에서 (온라인) 정보가 많으면 많을수록 더 좋은 것처럼 보인다. 우려되는 점은 많은 십대들이 다양한 온라인 네트워크들에서 얻는 정보에 기초하여 연애와 성에 관한 결정을 내리는 것 같다는 점이다. 십대들은 페이스북 '좋아요'를 통해 서로의 관심을 인식하고, 주의를 끌기 위해 서로 경

**톰, 17**
시카고, 일리노이

여자아이들을 꼬셔서 같이 자는 일은 너무 쉽다. 여자아이들은 섹시해 보이려고 안달이 나서 그런 사진들을 올린다. 페이스북에서 그애들의 사진에 '좋아요'만 누르면 된다. 여자아이들은 모두 관심받는 것을 좋아한다. 사진 몇 개에 '좋아요'를 누른 다음 며칠 동안 연락하지 않는다. 그런 다음 약간 관심을 더 보인다. 섹시해 보인다고, 계속 네 생각이 난다고 말하는 것이다. 그런 다음 한 발 물러나 그애의 친구들 사진에 '좋아요'를 누르기 시작하면 된다. 교란시켜라. 불안감을 느끼게 하라. 그애는 더 열심히 쫓아올 것이다. 그러면 게임 끝이다.

 좋아요　　　 댓글 달기　　　➡ 공유하기

쟁하고, 다른 아이들과 자신을 비교한다. 또한 헤어진 애인을 포기하는 일에 어려움을 겪는다. 어른들과 마찬가지로 십대들도 헤어진 후에도 전 애인의 생활을 계속 스토킹하고 싶은 유혹을 느낀다. 어떤 십대들은 몇 개의 소셜미디어 사이트에서 헤어진 애인을 따라다니고 그러다가 차단을 당하면 심지어 가짜 프로필을 만들어 스토킹하기까지 한다.

소셜미디어는 많은 십대들에게 불안을 야기하고 있다. 온라인 교류는 어른들 못지않게 십대들에게도 혼란스러울 수 있다. 수많은 십대들이 트위터에서 팔로우를 받지 못하거나 페이스북에서 '좋아요'를 받지 못하면 이것을 거부로 해석한다. 거부당하는 느낌은 고통스럽다. 충분한 시간을 가지고 상처를 치유한 다음 앞으로 나아가는 대신, 십대들은 진실하지 않은 방식으로 아픔을 극복한다. 온라인에서 찾은 다른 누군가에게 몰두하는 것이다.


## 밀레니얼 세대와 사생활의 종말

훨씬 작은 규모의 친구들과 어울리면서 자랐던(그리고 현실의 공간에서 사귄 사람을 친구로 정의했던) 지금의 어른들과 달리, 요즘 십대들은 인터넷과 소셜미디어를 통해 관계에 관한 한 거의 무한한 선택의 자유를 누린다. 네트워크가 더 넓어질수록 십대들은 더 폭넓고 다양한 친구들과 사귀고 개인정보를 공유하기가 더 쉬워진다. 십대들은 누구와 친구 맺기를 하고 무엇을 공유하고 있을까?

퓨 리서치센터 보고서에 따르면 페이스북을 이용하는 일반적인 십대들에게는 약 300명의 페친이 있다고 한다. 대부분의 십대는 다음과 같은 사람들과 페친을 맺는다.

- 👍 학교의 또래 친구들(98퍼센트)
- 👍 확대가족 구성원들(91퍼센트)
- 👍 다른 고등학교에 다니는 친구들(89퍼센트)
- 👍 형제자매(76퍼센트)
- 👍 부모(70퍼센트)
- 👍 한 번도 직접 만난 적이 없는 사람들(33퍼센트)

로젠 박사는 연구를 통해, 십대들의 우정과 관련하여 페이스북과 소셜미디어에 장점도 있다고 밝혔다. 소셜네트워킹은 내향적인 어른들과 마찬가지로 내향적인 십대들에게도 도움이 될 수 있다. 소셜네트워킹은 십대들이 컴퓨터 모니터 뒤에서 안전하게 사회화하는 법을 배울 수 있도록 도와준다. 이 연구는 십대들이 페이스북에서 더 많은 시간을 보낼수록 자신의 온라인 친구들에게 "진짜 공감"을 더 잘 보인다는 사실 또한 밝혀냈다. 요즘 십대들은 다른 사람의 포스팅에 '좋아요'를 누르는 것이 지지를 표현하는 방식이라고 여기며 자랐다. 게다가 뉴스피드를 통해 친구에게 요즘 무슨 일이 있는지, 요즘 어떤 기분인지 알 수 있는 기회가 늘어났다. 하지만 어떤 십대들은 온라인 교류 때문에 친구들과 문제가 생겼다고 말하기도 했다.

**앤서니, 16**
로스앤젤레스, 캘리포니아 주

나는 4년 전에 페이스북에 가입했다. 친구들이 모두 거기에 있었기 때문이다. 페이스북에서는 많은 말싸움이 벌어졌다. 나도 친구들과 말싸움을 시작했다. 그러다가 학교에서 두 여자애들 사이에 어떤 사건이 있었고 그 일이 교장선생님 귀에까지 들어갔다. 누군가 아이들을 흉볼 수 있는 페이스북 페이지를 만들었고 나는 그 페이지에 '좋아요'를 눌렀다가 방과 후 남아야 하는 처벌을 받았다. 나는 페이스북에서 많은 사람들을 차단해야 했다.

 좋아요         댓글 달기         공유하기

일반적으로 사람들은 보호자나 역할모델로부터 사회화 기술을 배운다. 또한 다른 사람과 교류하면서 시행착오를 겪고 이를 통해 배우기도 한다. 이상적으로는, 현실의 인간관계를 통해 그러한 기술을 배우는 것이 좋다. 하지만 많은 십대들이 온라인에서 거의 모든 것을──심지어 서로에 대한 부정적인 감정조차도──공유하고 이야기해도 괜찮다고 배우면서 자란다. 친구가 나에 대한 부정적인 감정을 표현하는 것을 듣기만 해도 충분히 괴롭다. 하물며 그러한 부정적인 감정을 '공개된' 온라인 공간에서 읽으면 더더욱 고통스럽고 굴욕적일 뿐만 아니라 오해까지 쌓인다.

**패트릭, 16**
시카고, 일리노이 주

겨울방학 동안에 어떤 자식이 내 여친의 페북 타임라인에 글을 썼다. 나는 그 자식이 한 말에 몹시 화가 났다. 그 자식은 내 여친 사진이 섹시하다고 썼고 내 친구들 중 한 명이 거기에 댓글을 달았다. 우리는 내 여친의 타임라인에서 싸움을 시작했다. 그러고 나서 그 자식은 내 여친이 자기를 좋아한다고 내 타임라인에다 지껄였다. 그런 다음 사람들을 끌어모았다. 모두들 내 타임라인에서 싸움을 벌이기 시작했다. 다시 그 자식은 트위터에서 내게 싸움을 걸었다. 여친이 그만두길 바랐기 때문에 나는 그 자식에게 인스턴트 메시지를 보내서 꺼지라고 말했다. 그 자식이 욕으로 도배한 답장을 보내서 그냥 차단해버렸다. 이제 그 자식은 인스타그램에서 나와 한판 붙으려 시비를 걸고 있다.

 좋아요     댓글 달기     공유하기

패트릭은 올해 초 여자친구가 다른 학교로 전학을 가자 얼마 후 여자친구와 헤어졌다. 이들은 친구로 남기로 했기 때문에 트위터에서 서로를 팔로우했고 가끔 페이스북에서 인스턴트 메시지를 주고받는다. 하지만 직접 만나서 대화를 나누거나 전화 통화를 하지는 않는다. 패트릭에게 왜 전화 통화보다 인스턴트 메시지가 좋은지를 물어보자 그는 빙그레 웃으며 이렇게 대답했다. "우리는 헤어졌어요.

그렇게 하면 이상할 거예요." 또 다른 십대 아이는 전화로 이야기할 때 대화 사이사이 생기는 잠깐의 침묵이 싫기 때문이라고 말했다.

십대들은 온라인에서 더 많이 소통할 뿐만 아니라 분쟁을 해결할 때 예전보다 오프라인에서 덜 소통하는 것처럼 보인다. 현실에서의 대화 또한 문자 주고받기에 자리를 내어주고 있다. 앞에서 말한 사례가 보여주듯이 문자 주고받기와 인스턴트 메시지를 통해 소통을 하면 서로에게 즉시 접근할 수 있다. 하지만 이는 대화의 분위기를 파악하는 능력에 영향을 미치기도 한다. 십대들의 의사소통 방식에서 나타나는 이러한 변화는 자기성찰 능력, 자기 인식 능력, 말해야 할 것과 말하지 말아야 할 것에 대한 이해 능력에 영향을 미칠 수밖에 없다.

X세대는 사생활을 지켜야 한다고 생각한 마지막 세대일지도 모른다. X세대 이후 세대는 공개 광장을 통한 자기표현을 사회적 표준으로 여기며 자랐다. 이는 정보를 공유하는 이유와 방식에 대한 생각을 완전히 바꿔버렸다. 안타깝게도 이들은 사생활 보호가 무엇인지를 매우 힘들게 배워야만 할 것이다. 아마 시행착오를 통해 소셜미디어에서의 사생활 부족이 자신들에게 어떠한 영향을 미치는지 직접 배워야 할 것이다.

한 십대 내담자는 페이스북 사생활 보호에 대해 이렇게 말했다. "한 번도 제 개인정보 설정을 확인한 적이 없어요……. 별생각 없어요. 사람들이 저에 대해 뭘 아는지 별로 상관 안 해요." 퓨 리서치센터 보고서에 따르면, 페이스북을 이용하는 십대들 중 60퍼센트가 지난달에 자신의 개인정보 설정을 확인하지 않았다고 말했고 이들 중 대부분은 자신이 개인정보 설정을 완벽히 통제하고 있다고 믿는다고 한다. 일부 십대들이 자신의 개인정보를 보호하기 위해 여러 시도를 하는 반면 페이스북을 이용하는 십대들 중 14퍼센트는 프로필을 전체 공개로 설정해놓았다. 한편, 트위터를 이용하는 십대들 중 64퍼센트는 프로필을 전체 공개로 설정해놓고 12퍼센트는 자신이 올린 트위터 글 중 무엇이 공개적인 글이고 무엇이 사적인 글인지 확신하지 못한다. 이러한 현상은 소셜네트워크들이 기본으로 지정해놓은 개인정보 초기 설정 때문이기도 하지만 십대들이 자신의 개인정보에 대해 그다지 고민하지 않기 때문이기도 한데 후자의 책임이 더 크다. 십대들은 무엇을, 어디에서, 왜 공유하는 걸까? 퓨 리서치센터 보고서는 2006년에 십대들이 공유한 것들과 2012년에 십대들이 공유한 것들을 비교해보았다. 전반적으로 십대들은 자기 사진, 다니는 학교 이름, 사는 도시, 이메일 주소와 휴대전화 번호 등 더 많은 정보를 공유하고 있었다. 그중 자신의 휴대전화 번호를 공개하는 아이들이 늘었는데 이는 가장 주목할 만한 변화다(18퍼센트 증가).

　이제 사생활은 완전히 새로운 의미를 띠고 있다. 자기 자신에 대한 정보를 공유할 뿐만 아니라, 소셜미디어를 통해 체크인 기능과 태그 기능과 같은 위치 기반 기능을 이용할 수 있다. 어떤 소셜네트워크들은 포스팅에 이용자의 위치가 자동으로 포함되게 설정되어 있다. 대부분의 십대들이 온라인에서 점점 더 많은 개인정보를 공유하고 있지만 일부는 자신의 개인정보 설정에 대해 걱정한다.

**린, 17**
오스틴, 텍사스 주

한 선생님이 내게 이 문제에 관해 말씀해주셨다. 선생님은 그들(대학들)이 우리의 페이스북 계정을 체크할 수 있다고 말했다. 심지어 아주 오래된 포스팅들까지도. 나는 질겁했다. 나는 파티에 가서 심하게 취한 적이 있었다. 수많은 사진에 잔뜩 취한 모습이 찍혔다. 나라면 절대 올리지 않았을 테지만 한 친구가 자기 타임라인에 그 사진들을 올렸다. 재미있다고 생각했기 때문이다. 그애는 그 사진들에 나를 태그했는데, 부모님도 그걸 보셨다. 짜증나 죽겠다.

 좋아요　　 댓글 달기　　 공유하기

일리노이 대학 연구팀은 대학 신입생들이 개인정보 문제에 결코 무관심하지 않고 "페이스북을 이용하는 젊은이들 중 다수가 적어도 어느 수준까지는 사이트에서 개인정보 설정을 관리하고 있다"고 밝혔다. 십대들은 나이를 먹어갈수록 자신의 온라인 사생활을 보호하는 일이 얼마나 중요한지를 더 잘 이해하는 것 같다.

### 사이버 폭력

매일 100만 명이 넘는 십대들이 페이스북에서 사이버 폭력의 대상이 되고 있다. 이러한 페이스북 사이버 폭력은 전체 사이버 폭력의 절반 이상을 차지한다. 오프라인에서의 괴롭힘과 사이버 폭력의 가장 큰 차이는, 십대들이 온라인에서 괴롭힘을 당할 때 수천까지는 아니어도 수백 명의 사람들이 그 괴롭힘을 목격하고 참여한다는 점이다. 이러한 이유로 사이버 폭력은 수개월 동안 이어질 수도 있다. 어떠한 소셜미디어 사이트이든 간에 단 하나의 포스팅 탓에 수많은 괴롭힘 포스팅들이 쏟아질 수 있다.

어떤 사람들은 소셜미디어 특유의 거리감 때문에 십대들이 서로 얼굴을 마주 보고 말할 때에 비해 더 뻔뻔하고 더 상처를 주는 댓글을 올리게 된다고 생각한다. 그렇기 때문에 잘 알지도 못하면서 거리낌 없이 끼어들거나 괴롭힘에 동참하는지도 모른다.

특히 한 이야기가 내 주의를 끌었고 사이버 폭력의 영향에 대한 생각을 영원히 바꾸어놓았다. 나는 고등학교와 대학에서 학생, 교사, 학부모를 대상으로 하는 워크숍을 할 때마다 자주 이 이야기를 인용한다. 어맨다 토드의 이야기이다.

2012년 9월 7일, 십대인 어맨다 토드는 유튜브에 〈나의 이야기: 몸부림, 괴롭힘, 자살, 그리고 자해My Story: Struggling, Bullying, Suicide, and Self-Harm〉라는 9분짜리 동영상을 올렸다. 이 동영상에서 그녀는 사이버 폭력을 당하고 있는 상황이 적힌 플래시 카드들을 계속 넘기며 보여준다. 위키피디아에 따르면 그녀의 동영상은 입소문이 나서 2012년 10월 13일까지 총 160만 명이 넘는 사람들이 시청했다.

동영상에서 어맨다는 중학교 1학년 때 낯선 남자와 화상 채팅을 했던 일에 대해 이야기한다. 그는 어맨다에게 가슴을 보여달라고 설득했다. 설득에 성공한 후에는 어맨다에게 몸을 더 보여주지 않으면 친구들에게 상반신을 노출한 사진을 뿌리겠다고 협박했다. 이 남자는 그후 2년 동안 페이스북에서 어맨다를 따라다녔다. 경찰은 어맨다의 가족에게 어맨다의 사진이 인터넷에 떠돌고 있다고 알렸다.

유튜브 동영상에 어맨다는 이 기간 동안 자신이 심각한 불안감, 우울증, 공황 발작을 겪기 시작했다고 플래시 카드로 말했다. 그녀는 술을 마시고 마약을 하기 시작했다. 이 남자는 계속 어맨다를 괴롭혔고 페이스북 계정을 만든 다음 어맨다가 상반신을 노출한 사진을 그의 프로필 사진으로 이용했다. 또한 어맨다가 전학을 가자 새로운 학교의 반 친구들과 접촉하여 어맨다가 또다시 놀림을 받고 괴롭힘을 당하게 만들었다. 어맨다는 다시 전학을 가야 했다. 새로운 학교에서 신체적 공격을 당한 후 어맨다는 표백제를 마시고 자살을 시도했지만 병원으로 긴급 후송되어 가까스로 목숨을 건졌다. 이 사건이 일어난 후 어맨다는 "제대로" 자살하지 못했다는 이유로 또다시 온라인에서 또래 친구들에게 놀림과 괴롭힘을 당했다.

어맨다는 자신의 과거에서 탈출할 수 없었다. 어맨다가 이사를 갈 때마다 그 남자는 페이스북에서 그녀를 찾아냈다. 그는 가명을 이용해 정체를 숨기고서 친구 맺기를 한 다음 다시 어맨다의 사진과 동영상을 어맨다의 새로운 학교, 친구들, 교사들, 학부모들에게 보냈다. 어맨다의 심리 상태는 점점 악화되었고 어맨다는 자신의 팔을

칼로 그어 자해하기 시작했다. 어맨다는 다시 자살을 시도했고 계속해서 또래 친구들에게 괴롭힘을 당했다. 2012년 10월 10일, 어맨다는 자신의 집에서 목을 매 숨진 채로 발견됐다.

너무 가슴 아픈 이야기다. 어맨다는 심지어 죽은 후에도 소셜미디어 사이트들에 있는 '괴롭히기burn' 페이지에서 계속 괴롭힘을 당하고 있다. 이 사례는 사이버 폭력의 심각함과 사이버 폭력이 십대에게 미칠 수 있는 극단적인 악영향을 여실히 보여준다.

일부 학부모들과 학교 관계자들은 사이버 폭력이 진정한 형태의 집단 괴롭힘이 아니라고 생각할지도 모른다. 쉽게 댓글을 삭제하거나 친구를 차단하거나 소셜미디어 계정을 비활성화할 수 있고 그러면 문제가 사라진다고 생각하기 때문이다. 하지만 절대 그렇지 않다. 일단 무언가 온라인에 올라가면 그것은 빠른 속도로 퍼져나간다. 매우 많은 사람들이 보고 있기 때문에 십대들은 혼란스러워하거나 불안해하거나, 미칠듯이 걱정하게 된다.


## 일단 괴롭힘이 시작되면

십대들은 누구에게 의지해야 할지 모를 수 있다. 일단 괴롭힘이 심각해지면 아이들은 학교 관계자나 경찰에 신고할 것이다. 하지만 안타깝게도 많은 학교 관계자들이 사이버 폭력에 대처하는 법을 잘 모른다.

**마를린, 16**

시카고, 일리노이 주

나는 왜 사람들이 계속 문제를 일으키는지 모르겠다. 그들은 온갖 노력을 다해 일부러 사람들에게 상처를 준다. 교장선생님에게 말했을 때 선생님은 이렇게 말했다. "그냥 페이스북을 탈퇴하렴. 전혀 문제 될 것 없어." 선생님은 제대로 이해하지 못하고 있었다. 우리는 그냥 페이스북을 탈퇴할 수가 없다. 친구들 모두가 거기에 있기 때문이다. 대수롭지 않은 일인 양 말하고 무슨 일이 벌어지고 있는지 알려고 하지도 않으면 어떻게 나를 보호해줄 수 있겠는가? 나는 교장선생님이 뭔가 조치를 취하기를 바랐지만 선생님은 그러지 않았다. 나는 페이스북과 트위터에 대해 공부하는 것은 교장선생님의 중요한 임무라고 생각한다. 그렇게 하지 않으면 교장선생님은 딴 세상에 살고 있는 셈이고 절대 나를 보호해줄 수 없을 것이다.

 좋아요           댓글 달기          ➔ 공유하기

마를린의 말이 맞다. 학교 관계자들은 학생들이 소통하는 세계를 이해하려 노력해야 한다. 사이버 폭력이 무엇이고 그것이 십대들의 정서에 어떤 영향을 미치는지 파악할 방법이 달리 무엇이 있겠는가?

영국 브라이턴의 학교폭력 방지 단체인 '디치 더 레이블Ditch the La- bel'의 창립자인 리암 해킷은 온라인 데이트 폭력에 대해 조사한 후,

많은 사람들이 사이버 폭력이 실제 폭력만큼 유해하지 않다고 생각한다고 말했다. 하지만 사이버 폭력은 공개된 공간에서 행해진다는 속성 때문에 훨씬 더 고통스러울 수 있다. 사이버 폭력은 십대의 자

**테사, 16**
시카고, 일리노이 주

나는 고등학교 2학년 때 치어리더였다. 우리들은 캠프에 갔고 나는 그 여자애와 한방을 쓰게 됐다. 나는 그애가 조금 무서웠는데 나의 약점을 이용해서 나를 휘두르려 할 듯한 느낌이 들어서였다. 그래서 그애와 같은 방을 사용하지 않게 해달라고 요청했다. 모든 일이 순조롭게 흘러갔는데 마지막 날 일이 터졌다. 우리 모두 홀에 앉아 있었는데 그애가 내 발에 걸려 넘어지면서 수건을 떨어뜨렸다. 그애는 나와 세 여자애들이 자신의 수건을 잡아당겼다고 생각했지만 맹세코 우리는 절대 그러지 않았다. 다음 날 엄마가 이 사건에 대해 학교와 협의하기 위해 오셨다. 분명 그애의 엄마가 경찰서에 가서 폭행죄로 신고하려 했지만 인정되지 않은 게 틀림없었다. 그러자 페이스북 메시지와 문자가 쏟아졌다. "네 엄마가 영원히 구해줄 순 없을걸." "비열한 년 손 좀 봐줘야겠네." "넌 병 같아. 초대하지 않아도 계속 찾아오거든." "테사는 나쁜 년이야." 나는 휴대전화 번호를 여섯 번 넘게 바꿔야 했다. 이런 일들이 지난 1년 반 동안 계속 이어졌다.

 좋아요           댓글 달기           공유하기

**조애나, 40**

**홀랜드, 미시간 주**

나는 부모들이 소셜미디어 계정을 가지고 있는 십대 자녀와 '친구 맺기'를 하지 않아서 걱정된다. 누가 아이를 살펴보겠는가? 소셜미디어에는 괴롭힘, 협박, 중상모략을 포함하여 엄청나게 많은 문제들이 있다. 많은 부모들이 자신의 아이들이 서로에게 무슨 말을 하는지 전혀 모른다. 일부 고등학교는 자교 학생들을 살피기 위해 페이스북 계정을 만들었지만 과연 그걸로 충분한가? 상황이 심각하다.

 좋아요　　 댓글 달기　　 공유하기

존감에 치명적인 손상을 입힐 수 있다.

　최근 사이버 폭력에 관해 조사한 바로는 100만 명이 넘는 십대들이 매일 "극단적인" 온라인 폭력에 시달리고 있고 폭력 수준도 보고된 것보다 훨씬 더 심각하다고 한다. 학부모들과 규제 기관이 문제의 심각성을 제대로 인식할 필요가 있다.


## 부모는 무엇을 할 수 있는가

　점점 더 많은 십대들이 계속해서 온라인 교류에 참여하고 있으므로 우리는 사이버 폭력의 위험성에 대해 십대, 부모, 학교 관계자 들에게 알리고 교육하는 일에 더 힘껏 노력을 기울여야 한다. 페이스북을 포함한 많은 소셜미디어 사이트들은 사이버 폭력에 대처하는 엄격한 정책들을 준비해놓고 있지만 그 정도로는 충분하지 않다. 나는 십대들을 보호하기 위해 정부 차원에서 더 엄격한 법률을 만들어야 한다고 생각한다. 현재로서는 다음의 몇 가지 방법들을 이용해 학부모들과 학교 관계자들이 십대들이 소셜미디어를 적절히 사용하고 있는지 확인할 수밖에 없다.

**1. 소셜미디어를 공부하라** 최대한 많은 소셜미디어 네트워크에 대해 공부하라. 다양한 네트워크를 조사하고 최신 경향을 공부하고 십대 자녀가 이런 네트워크를 어떻게 이용하고 있는지 물어보고 이해하려 노력하라. 이 첫 단계에는 다른 방도가 없다. 십대 자녀를 이해하고 싶다면 아이가 또래 친구들과 연결되고, 어울리고, 소통하는 방법을 살펴보는 일부터 시작해야 한다. 다양한 소셜미디어 사이트를 공부하자면 분명히 많은 시간이 걸리겠지만 아이를 돕기 위해서는 먼저 아이를 이해할 수 있어야 한다.

**2. 십대 자녀의 소셜미디어를 통제하려 들지 마라** 대신 소셜미디어를 적절하게 이용하는 법에 대해 아이와 이야기를 나누라. 당신이 소셜미디어들에서 본 글이나 영상을 두고 토론을 해보라. 아이에게 다양한 사이트에 대해 어떻게 생각하는지, 어떤 사이트를 선호하고 왜 그런지 물어보라. 아이가 온라인에서 맞닥뜨리는 문제들에 대

해 직접 이야기할 수 있도록 격려하라. 아이에게 사생활 보호가 중요한 이유와 소셜미디어에 공개해도 좋은 것을 결정하는 방법을 설명해주고, 자기만 알게 숨겨두어야 하는 것에 대해 고민해보는 시간을 갖게 하라. 소셜미디어는 현실의 삶을 보완하기 위해서 만들어졌고, 현실의 관계를 더 돈독하게 만들기 위한 수단이지 그것을 끊기 위한 수단이 아니라는 점을 상기시켜주라. 마지막으로 사이버 폭력에 대해 터놓고 대화를 나누라.

**3. 십대 자녀의 개인정보 설정에 관심을 기울이라** 아이의 소셜미디어 사이트에서 개인정보 설정을 바꾸는 방법을 잘 모르겠다면 다른 사람들에게 조언을 구하라. 우리가 아는 의미의 그 '사생활'은 더 이상 존재하지 않는다. 부모, 교사, 학교 관계자, 법률 집행기관은 이러한 현실을 받아들이고 이에 적응해야 한다. 십대들은 최신 기술에 능통하지만 사생활이 보호되지 않는 것이 자신들에게 미치는 영향에 대해 충분히 생각해보지 않고 있다. 아이와 함께 앉아 적극적이고 재미있고 건설적인 방식으로 문제들을 자세히 살펴보라. 소셜미디어 이용에 능숙한 자녀에게 이용 방법을 가르쳐달라고 부탁하라. 더 깊은 조언이 필요하다면, 정보기술 전문가나 소셜미디어 전문가와 상담하고 개인정보 설정을 더 엄격하게 강화하는 법에 대해 최신 교육을 받으라. 소셜미디어의 속성상 당신과 당신의 아이가 원하는 만큼의 개인정보 보호가 불가능할지도 모르지만 최선을 다해서 개인정보를 지켜라. 아이와 이 과정을 함께

하는 것은 아이가 어떻게 소셜미디어를 사용하는지 이해하고 아이를 보호하는 첫걸음이다.

**4. 온라인 문제에 대해 어떤 전략을 세워놓았는지 아이의 학교와 이야기하라**
정보통 부모가 되어 아이의 학교가 학생들을 보호하기 위해 무엇을 준비해놓았는지를 알아보라. 만약 아이의 학교가 어떠한 전략도 세워놓지 않았다면 그들에게 이유가 무엇인지, 언제 전략을 세울 계획인지를 물어라. 적극적으로 개입해 그러한 정책이 가능한 한 빨리 수립되도록 요구하라. 소셜미디어가 오늘날의 십대들에게 어떠한 영향을 미치고 있는지에 대하여 학부모, 교사, 학교 관계자 들이 참여하는 공개 토론의 장을 마련하고 어른들이 십대들을 보호할 수 있는 다양한 방법을 모색해보라.

**5. 사이버 폭력을 신고하라**  사이버 폭력이 발생했을 때 구체적으로 문서화하여 학교, 온라인 서비스 제공자, 법률 집행기관에 신고해야 한다. 협박 메시지나 모욕적 메시지에 응답하거나 이를 다른 사람에게 전송하지 마라. 대신 사이버 폭력이 발생한 날짜, 시간, 구체적 정황 등을 포함하여 증거를 빠짐없이 수집하라. 관련된 스크린 숏, 이메일, 문자메시지들을 저장하고 프린트하라.

사이버 폭력은 소셜미디어 사이트들과 인터넷 서비스 제공자들이 세워놓은 서비스 약관에 위배되는 경우가 많다. 그러므로 그들의 서비스 약관과 가입 조건 혹은 권리와 책임 관련 조항을 자세히 검토하는 것이 중요하다. 여기에는 어떤 콘텐츠가 적절하거나 적절하지 않은지 자세히 설명되어 있다. 사이버 폭력을 소셜미디어 사이트에 신고해서 그들이 서비스 약관을 어기는 이용자들에 대해 조치를 취하게 하라. 소셜미디어 안전센터를 방문해 다른 이용자를 차단하는 법과 자신에게 접촉할 수 있는 사람을 통제할 수 있게 설정을 바꾸는 법을 배우라.

미국의 많은 주에서는 사이버 폭력에 괴롭힘, 스토킹 행위, 증오 범죄, 협박성 발언, 아동 포르노, 노골적인 성적 메시지나 사진, 사적이라고 생각한 장소나 상황에서 찍힌 사진이나 동영상 등이 포함될 때 이를 범죄로 간주하고 있고 반드시 법률 집행기관에 신고해야 한다. 당신이 살고 있는 주의 법률을 공부하고 법률 집행기관을 찾아 안내를 받으라. 이러한 대처가 지나치게 느껴질지도 모르지만 강경한 태도를 취해야만 공동체 안팎의 수많은 아이들과 십대들이 다치는 것을 막을 수 있을 것이다.


## 우리가 가야 할 길

소셜미디어는 십대들이 정보를 처리하는 법, 자신과 타인을 인식하는 법, 갈등을 해결하는 법, 문제에 대처하는 법에 커다란 영향을 미치고 있다. 부모들은 소셜미디어를 어떻게 다루어야 할지 몰라 혼란스러울 때가 많다. 소셜미디어가 요즘 십대에게 필요불가결한 부분이라는 사실을 받아들이라. 그리고 이 새로운 세계와 더불어 그 안에서 아이가 자리하는 위치를 이해하도록 애쓰라. 그렇게 하면 당신의 십대 자녀가 소셜미디어와 관련된 활극을 피하는 데 도움이 될 것이다. 무엇보다 짬을 내어 십대 자녀와 소통하고 함께 시간을 보내도록 하라.

십대 자녀가 온라인에서 적절하게 자기 표현을 할 수 있도록 허용하고 격려하되, 아이가 인터넷에 접속한 채로 보내는 시간의 총량을 제한하라. 십대 자녀와 함께 할 수 있는 활동들에 대해 생각해보라. 자녀와 낚시, 캠핑, 장거리 자동차로 하는 가족 여행을 즐기라. 긴 산책이나 드라이빙만 해도 충분히 좋다. 전자기기의 방해 없이 대화를 나눌 수 있는 기회만 가질 수 있으면 된다. 아이의 친구들을 초대해 저녁식사를 같이 하거나 밤에 함께 영화를 보라. 필요하다면 몇 시간 동안 스마트폰은 잠시 빼앗아도 좋다. 해야만 하는 일들은 어쩔 수 없이 꼭 해야겠지만 십대 자녀와 어울리는 시간은 반드시 확보해놓길 바란다.

정신없이 돌아가는 요즘 세상에서 부모들은 수많은 의무에 압도되는 느낌을 받을 때가 많다. 나도 이해한다. 하지만 당신이 자녀와 소통하는 시간이 줄어들수록 자녀는 점점 더 다른 사람들에게 의지해 조언과 지지를 구할 것이다. 자녀가 계속 항의할지 모르지만 십대에게는 부모나 보호자만이 제공해줄 수 있는 체계, 보호, 지지가 아직 필요하다. 당신이 십대 자녀와 그들의 세계를 이해하기 위해 더 많은 관심을 보일수록 당신과 자녀의 관계는 더욱 끈끈해질 것이다.

**f**

# 7

# 적보다 못한
# 친구

부정적인 경험으로부터 벗어나는 일에 집중해야 한다. 감정 조종자가 당신의 삶을 뒤흔들었을 때 화가 나는 것은 당연하다. 하지만 치유를 위해서는 결국 당신의 분노를 놓아버려야 한다. 때로는 강력한 세 마디 말을 토해냄으로써 자유로워질 수 있다. "나는 당신을 용서한다."

## 페이스북의 어두운 단면: 감정 조종자들의 해악

페이스북 교류의 어두운 단면 중 하나는 감정을 조종하는 자들과 엮일 때 나타난다. 현실에서 사적으로 아는 사람들이든 온라인에서 처음 만난 사람들이든 간에, 이런 사람들은 언뜻 보기에는 친절하고 지적이고 재미있고 고상하고 매력적인 사람들이다. 이들은 창의적이고 정성스러운 포스팅을 통해 다른 사람들의 호기심을 자극한다. 이들과 직접 소통하면 매우 내밀한 방식으로 "연결된다".

이들은 우리와 개인적 목표와 꿈을 공유하면서 위안을 준다. 우리는 이들을 쉽게 신뢰하는 경향이 있다. 하지만 시간이 조금 흐르면 처음 느꼈던 위안은 점차 줄어들기 시작하고 혼란, 짜증, 불안, 심지어 공포가 찾아온다.

감정을 조종하는 자들은 다양하고 은밀한 전략이나 기만술을 이용하여 상대방의 호의를 산다. 처음에 이들은 당신을 우쭐하게 만든다. 당신을 칭찬하고 흠모하고 홀리고, 당신이 백마 탄 왕자님이나 그리스 여신을 발견했다고 믿게 만들 것이다. 이들은 당신을 그들 우주의 중심으로 만들고 열렬한 지지와 격려를 아끼지 않는다. 속셈은 단 한 가지다. 당신의 감정을 통제하는 것이다. 이들은 당신의 자존감에 영향을 미치거나 당신의 가치관이나 신념을 바꿀 수 있을 때

## 타니아, 41
### 샬럿, 노스캐롤라이나 주

브라이언은 우리 둘이 함께 아는 친구의 친구 목록에서 나를 발견한 후 친구 신청을 했다. 나는 나 자신이 매력적인 사람이라고 생각하고, 친구도 많다. 브라이언은 지적이고, 세상 경험이 많고, 교양 있고, 여행을 많이 하고, 자신의 친구들 모두에게 힘을 많이 주는 사람인 듯했다. 브라이언과 나는 1:1 채팅을 하기 시작했고 그는 최근에 약혼녀가 바람을 피워서 파혼했다고 말했다. 나는 그가 안쓰럽게 느껴졌고 그렇게 훌륭한 남자를 두고 왜 바람을 피우는지 이해가 안 갔다. 그는 모든 걸 가졌다. 뛰어난 외모, 매력, 관대함, 그리고 섬세함까지. 하지만 시간이 어느 정도 흐른 후에 그가 내 페이지에 남기는 댓글들이 서서히 변하기 시작했다. 그는 격려하는 댓글 끝에 미묘하게 비난이 섞인 문장을 덧붙였다. 게다가 이야기에 일관성이 없었다. 처음에는 자신이 제약 회사에서 일한다고 했다가 다음에는 학교에서 아이들을 가르친다고 말을 바꿨다. 또한 처음에는 한 번도 결혼한 적이 없다고 했다가 나중에는 자신의 전 부인 얘기를 했다. 내가 따져 묻자, 오히려 내가 헷갈린 것이고 "너무 예민한 것" 아니냐고 말했다. 거짓말을 하는 상황이 발각될 때마다 그는 좋은 뜻으로 한 얘기고 내가 우리의 관계를 망가뜨리고 있다고 억지를 부렸다. 브라이언이 어떤 짓을 하든 전부 내 책임인 것처럼 느껴졌다.

 좋아요　　　 댓글 달기　　　 공유하기

자신이 "이겼다고" 느낀다. 페이스북에서 만날 수 있는, 악마로 돌변하기 십상인 이러한 감정 조정자 유형에는 파괴자, 나르시시스트, 순교자, 유혹자, 스토커가 있다.

## 파괴자 the Saboteur

파괴자는 당신이 친구라고 믿는 사람이고 때로는 당신의 친구처럼 행동하지만 비밀리에 당신을 분개하게 만드는 사람이다. 파괴자는 어떤 사람의 약한 부분을 자신에게 유리하게 이용하는 일에 귀재다. 이들은 관계를 시작할 때 상대를 유인하기 위하여 칭찬과 아첨을 아낌없이 퍼붓는다. 하지만 일단 상대의 신뢰를 얻었다는 생각이 들면 교묘한 모욕과 비난을 통해 천천히, 체계적으로 상대방의 자존감을 떨어뜨리기 시작한다. 파괴자들은 이런 말이 상대의 '인간적 성장을 돕기 위한' 우호적 조언이라고 말한다. 비난을 받은 당신이 항의하면 이들은 당신이 너무 예민하다고 나무랄 것이다.

파괴자들은 자기중심적 성향이 강하고 건강한 우정을 오래 유지하지 못한다. 이들은 상대에게 감정적 반응을 유발하기 좋아한다. 다른 사람들이 누리는 성공과 행복을 시기하기 때문에 사람들이 서로 싸우게 만들고, 루머를 퍼뜨리고, 의심과 두려움의 씨앗을 뿌려서 대혼란을 일으키고 친구들을 파괴한다. 이들은 매우 싫어하는 사람의 페이스북 타임라인까지 끊임없이 확인한다. 이들은 계획에 차질이 생기면 복수를 해야 한다고 느낀다. 그렇게 해야 하는 정당한 이유가 없음에도 불구하고 말이다.

파괴자들은 다른 사람들의 평판에 흠집을 내고 싶어한다. 이들은 다른 사람들의 감정을 공격하지만 결코 자신이 '나쁜 사람'이 되고 싶어하지는 않는다. 또 자신의 행동에 대해 다른 사람들이나 주위

**린다, 30**
시애틀, 워싱턴 주

스티븐은 항상 내 옆에 있어주겠다고 말했다. 우리가 처음 만났을 때 나는 특히 약해져 있었다. 가족이 내 커리어 선택을 지지해주지 않았고 관계가 껄끄러워져 있었다. 스티븐은 늘 나를 지켜주면서 지지와 격려를 아끼지 않았다. 하지만 우리 가족에게 자기 얘기는 하지 않기를 바랐다. "그들은 이해하지 못할 거고 너와 나 사이를 갈라놓을 거야." 게다가 친구들을 믿지 말라고 부추겼다. 정말 이상했다. 어느 날, 내가 그 조언에 따르지 않자 스티븐은 화를 냈고 "멍청하고 제정신이 아니라고" 폭언을 하기 시작했다. 나는 그가 왜 그렇게 행동하는지 이해할 수 없었다. 지금 나한테 엄청난 상처를 주고 있다고 말하자 그는 이렇게 대답했다. "그래? 그럼 너의 미친 가족들한테 그냥 돌아가. 그들은 무엇이 네게 가장 좋은지 잘 알 테니까." 스티븐과의 우정은 둘 중 하나다. 그와 함께하거나 대립하거나. 중간은 없다.

 좋아요      댓글 달기      공유하기

상황을 탓하고 핑계를 댄다. 페이스북 친구들에게 잽을 넣는 포스팅을 올렸다가 재빨리 내리기도 한다. 누군가 화라도 내면 이런 식으로 대응한다. "봐. 네가 과잉 반응 하면서 네 이야기라고 생각할 줄 알았다니까!" 파괴자들은 상대에게 자신의 감정을 투사하는 일에 뛰어나다.

심리학자 멜러니 클라인은 '투사적 동일시Projective Identification'란 한 사람이 자기 성격의 일면들을 다른 사람에게 무의식적으로 투사하는 것이라고 설명한다. 투사를 받는 쪽은 투사를 하는 사람의 환상에 휘말리고 조종되기 때문에 통찰력이나 정체성을 잃어버리기 쉽다. 가령 어떤 사람이 당신에게 위협을 느끼고 있다고 해보자. 그 사람은 무의식적으로 당신이 약하거나 예민하고 자신이 보호해줄 필요가 있는 사람이라고 인식할지도 모른다. 그런 다음 차근차근 당신을 지배하려 들 것이다. 사실 이들은 자신이 감정적으로 약하다고 느끼고 있고 당신에게 감정적으로 지배당할까 두려워하는 것이다. 파괴자들은 다음과 같은 전략들을 이용하여 사람들을 조종한다.

- 신뢰할 수 있는 사람처럼 보인다. 물론 실제로는 그렇지 않다.
- 당신에게 상처를 입히기 위해 다른 사람들과 가짜 동맹을 맺는다.
- 자신의 행동에 대해 당신을 탓한다.
- 당신의 정신이나 다른 사람들의 정신에 부정적인 생각들을 심는다.

👎 자신의 타임라인에서 수많은 거짓말을 하고 현실을 과장한다.

처음에는 파괴자의 의도가 순수해 보이기 때문에 사람들은 그의 결정을 대단히 신뢰한다. 파괴자들은 당신이 잘되기만을 바란다며 사탕발림한다. 하지만 얼마 지나지 않아 당신은 파괴자들의 "선한 의도"가 사실은 자신의 목적을 달성하기 위한 위장에 불과하다는 사실을 깨닫게 된다. 당신이 되받아치기 시작하면 파괴자는 저항하고 더 많이 투사를 할 것이다. 그는 당신이 불안정하거나, 피해망상이 있거나, 비열하거나, 미쳤다고 할 것이고 파괴자와 맺은 관계는 결국 파탄이 날 것이다. 파괴자들은 자신의 그러한 행동에 대해 당신 탓을 할 것이다. 사람들이 자신을 비난할지 모른다는 생각조차 견디기 힘들어하기 때문이다.

일단 자신이 파괴자와 어울리고 있다는 사실을 알게 되면 가능한 한 그와 거리를 두거나 아예 친구 관계를 끊으라. 이들과 가능한 한 접촉하지 않는 것이 제일 좋다. 페친 목록에서 파괴자 유형인 직장 동료를 빼거나 공개 범위 설정을 바꿔서 그들이 당신의 새 포스팅을 볼 수 없게 하라. 또 다른 방법은 직장과 사생활을 분리하기로 했기 때문에 직장 동료들을 페친 목록에서 지우겠다고 발표하는 것이다.

## 나르시시스트the Narcissist

나르시시스트는 완전히 자신에게만 몰두해 있는 사람이다. 이들이 꼭 이기주의자인 건 아니다. 이들은 다른 사람들을 위해 친절하고 훌륭한 일을 할 때가 많다. 자신이 참석한 많은 자선 행사나 동료에게 베푼 호의에 대해 포스팅할 때도 많다. 이타적으로 다른 사람들을 돕는 사람과 나르시시스트 사이의 가장 큰 차이는 나르시시스트는 최대한 많은 사람들로부터 칭찬을 받기 위해 다른 사람들을 돕는다는 점이다. 이들에게는 칭찬이 없다면 의미도 없다. 나르시시스트들은 선행을 인정받고 칭찬받기 위해 자신의 봉사 활동에 대해 포스팅을 한다.

나르시시스트는 특히 비난에 약하다. 혼자서만 그렇게 느낀다 하더라도 말이다. 만약 어떤 사람의 포스팅에 위협감을 느끼면 이들은 재빨리 상대보다 한발 앞서려고 애쓸 것이다. 나르시시스트들은 페이스북 소통을 꼼꼼하게 분석해 자신이 다른 포스팅들에서 어떻게 다뤄지고 있는지 알아낸다. 나르시시스트들은 페이스북에서 소통을 하면서 스스로에게 두 가지 질문을 던진다. "나를 위해서 무엇을 할 수 있지?" "나는 어떻게 인식되고 있지?" 자기 자신에 관해서가 전부다. 만약 당신이 새로 산 물건에 대해 포스팅을 올리면 이들은 뒤질세라 자신은 "더 좋은" 물건을 샀다고 말할 것이다. 만약 당신이 아들애가 철자 맞추기 대회에서 상을 받았다고 말하면 이들은 당신의 아들을 칭찬하는 척하면서 자기 아들은 우등상을 받았다고 '슬쩍' 흘릴 것이다. 나르시시스트의 모든 포스팅, 모든 '좋아요', 모든 댓글은 더 많은 칭찬을 받기 위한 방편일 뿐이다.

나르시시스트들은 다른 사람에게 우월감을 느끼고 싶어하는 욕구

**제니퍼, 40**
워싱턴 D.C.

에밀리의 세 딸은 우리 집 세 아들과 우리 수영장에서 많이 놀았다. 우리 가족들은 서로 매우 가까워졌다. 나는 에밀리와 페이스북에서 친구 맺기를 했고 처음에는 모두 정상으로 보였다. 여느 엄마들처럼 에밀리는 자기 아이들과 가족 이벤트들에 대해 올렸다. 하지만 어느 날부턴가 다르게 행동하기 시작했다. 어떤 날은 다정했지만 어떤 날은 아는 척도 하지 않았다. 나는 일정한 패턴이 있다는 걸 알아차렸다. 내가 에밀리의 글이나 사진에 '좋아요'를 누르지 않으면 못되게 굴었다. 하지만 내가 '좋아요'를 누르면 괜찮았다. 에밀리는 묘하게 공격적인 포스팅을 올리기 시작했다. 나를 겨냥한 것 같았다. 어느 날, 에밀리는 자기 삶에서 '부정적 요소'를 제거하겠다는 글을 올린 다음 나와 내 남편을 차단했다. 그리고 자기 아이들에게는 우리 아이들을 무시하라고 말했다. 전화를 걸었더니 에밀리는 "당신은 내 포스팅에 절대 '좋아요'를 누르지 않잖아요! 항상 무시하고요"라고 말했다. 내가 아니라고 하자 그녀가 이렇게 대답했다. "당신은 내 사촌이 올린 내 딸애의 동영상에는 '좋아요'를 눌렀어요. 하지만 내 거엔 안 눌렀죠!" 나는 큰 충격을 받았고 관계를 끊는 게 좋겠다고 생각했다. 나중에야 에밀리가 우리가 함께 아는 친구의 타임라인을 통해 내 포스팅을 계속 스토킹했다는 사실을 알게 되었다.

 좋아요　　 댓글 달기　　 공유하기

가 강하다. 어떤 사람도 결코 이들보다 '더 나을' 수 없다. 이들은 자신이 옳기 위해 상대가 틀리다는 것을 증명해야 한다. 이들은 페이스북에 관심을 구하는 과장된 포스팅을 공들여 쓴다. 이들이 최고의 모습을 뽐내는(때로 50장이 넘는) 프로필 사진들도 수없이 볼 수 있다. 더 많은 인정과 '좋아요'를 받을수록, 더 좋은 것이다.

나르시시스트들은 최고 중의 최고가 되고 싶은 욕망이 강하다. 이들은 자신이 마땅히 받아야 한다고 생각하는 칭찬을 받기 위해 협박도 불사할지 모른다. 어떤 나르시시스트들은 오만함을 분명하게 내보이지만 대부분의 나르시시스트들은 자신의 대단함을 미묘하게 슬쩍슬쩍 내비친다. 이러한 교묘한 나르시시스트들이 감정 조종에 가장 능하다. 이들은 페이스북에서 당신에게 잽을 날린 후 "농담"이었다고 덧붙인다. 만약 당신이 잽을 되받아 날려주면 이들은 비난하고, 당신 때문에 그런 글을 올렸다고 하고, 농담을 받아줄 줄도 모르는 사람이라고 모욕할 것이다. 나르시시스트 성격의 핵심에는 매우 연약한 자아가 있고 수치심을 숨기고 싶어하는 욕망이 있다. 이들은 어떠한 수를 써서라도 다른 사람들에게 자신이 완벽하다는 점을 확신시키고자 한다.

나르시시스트가 말하거나 행하는 모든 것은 지위와 관련 있다. 이들은 매우 물질적이고 다른 사람들이 자기들의 가치관을 공유하지 않는 것을 이해하지 못한다. 남녀 관계에서 특히 상대에게 상처를 많이 준다. 이들은 파트너에게 지나치게 많은 것을 기대하고 만약 파트너가 자신을 거부하거나 비판하면 감정적으로 공격한다. 나르시시스트들은 페이스북을 자신의 파트너를 모욕하거나 공격할 플랫폼으로 이용한다. 이들은 다음과 같은 전략들을 이용하여 상대방의 감정을 조종한다.

- 처음에는 대단히 매력적이고 재미있다. 이들은 다른 사람들에게 칭찬을 퍼붓는다.
- 여럿이 같이 찍은 사진들을 올린다. 하지만 자신이 돋보이는 사진들만 올린다.
- 긍정적인 댓글을 받으려고 경험을 자세히 묘사한 정성스러운 포스팅을 올린다.
- 부정적인 댓글들을 삭제하는 방법으로 댓글을 관리한다.
- 자신에게 유리한 것들만 올린다.

대부분의 페이스북 나르시시스트들은 온라인 세계에서는 현실에서만큼 거슬리지 않을 수도 있지만 그럼에도 그들의 포스팅은 우리의 에너지를 소모시킬 수 있다. 당신의 뉴스피드에서 그들을 숨기는 것만으로도 효과가 있다. 만약 이들이 당신의 포스팅을 비난한다면 이들의 댓글에 대해 당신이 어떻게 느끼는지 솔직하게 말함으로써 확실히 선을 그어라. 만약 이런 문제가 계속된다면 망설이지 말고 페친 목록에서 이들을 지워버려라.

## 순교자 the Martyr

순교자들은 1년 365일 페이스북에 머무르는 경향이 있다. 이들의 포스팅은 자기 자신을 희생자로 묘사한다. 이들은 나는 사람들에게 너무 진저리가 나. 더 이상 아무도 나를 신경 쓰지 않아. 그냥 다 포기하고 사라져버릴래!라고 말하면서 친구들이 격려와 동정의 말들로 반응하도록 유발한다.

힘들 때 친구들과 사랑하는 사람들로부터 위로를 구하는 것은 아무 문제가 없다. 하지만 페이스북에서 순교자들은 친구 맺기를 한 바로 그 순간부터 약한 척을 한다. 예를 들어, 이들은 당신이 어떤 모임에 참석하는지 유심히 관찰한 다음 당신이 올린 사진에 다음과 같은 댓글을 달지 모른다. "나도 초대받았으면 좋았을 텐데." "나도 기꺼이 네가 잘되길 빌어줬을 텐데!" 죄책감은 순교자들이 애용하는 매우 강력한 무기다.

과거나 현재의 어려움을 극복하고자 분투하는 사람들과 달리, 순교자들은 희생자처럼 행동하고자 하는 욕구가 강하다. 이들은 자신에게 동정을 보이고 자신의 무력감에 관심을 보이는 사람들로 주위를 가득 채운다. 순교자들은 자신이 특별한 대우를 받아야 한다고 믿으면서 성장했고 성인이 되어서도 마찬가지다. 이들은 다른 사람들의 취약성을 간파하고 그것을 조종하여 지지를 얻는다. 순교자들은 삶을 꾸려나갈 능력이 없지만 스스로 자신의 환경을 개선하려 애쓰기보다는 다른 사람들이 자기네 삶을 대신 꾸려주기를 바란다.

순교자들은 다른 사람의 관점을 잘 알지 못하고 자기중심적이고

**니키, 34**
**밀워키, 위스콘신 주**

앤과 나는 고등학교 친구였다. 내가 그녀를 페이스북에서 발견했을
때 우리에게는 예전 동네에서 함께 살았던 친구가 많았다. 우리는 공
통점이 많았기 때문에 금세 친해졌다. 우리 둘 다 일 욕심이 많았고,
애완동물을 사랑했고, 달리기를 좋아했고, 독서 취향도 같았다. 하지
만 앤은 항상 힘든 시기를 겪는 것처럼 보였다. 돈 문제든 건강 문제
든 혹은 인간관계든 앤은 잘 해결하지 못하는 것처럼 보였다. 나는 그
녀에게 재정적으로 도움을 주고 마음을 다독거려주었지만 결코 충분
하지 않았다. 점점 그녀가 부담스럽게 느껴졌다. 내가 아무리 격려를
하고 조언을 해주어도 내 말을 무시했고 부정적인 면에만 온통 신경
을 쓰는 것 같았다. 나는 그녀에게 심리치료를 받아볼 것을 권했지만
그녀는 웃어넘겨버렸다. "누구도 날 도울 수 없어." 나는 그녀 옆에
있어주고 싶었지만 1년 동안 이렇게 하고 나니 할 만큼 했다는 생각
이 들었다. 앤은 내가 멀어지고 있음을 눈치채고는 내 페이스북 타임
라인에 한 문장을 남겼다. "너도 다른 사람들이랑 똑같아."

 좋아요      댓글 달기     ➜ 공유하기

요구 사항이 많다. 처음에는 아첨을 하고 고마움을 표하며 당신이
그들을 돕도록 동기를 부여한다. 하지만 만약 당신이 그들을 피하면

순식간에 돌변해 화를 내고 못되게 굴지 모른다. 이들은 지지와 관심에 대한 욕구가 강하다. 순교자들은 다음 전략들을 이용하여 상대의 감정을 조종한다.

- 죄의식에 사로잡힌 상태를 이용하여 목적을 달성한다.
- 무시당하거나 소외당했다고 느낄 때 자신의 실망감에 대해 포스팅을 한다.
- 친구들의 동정심을 이용한다.
- 타임라인에 자신이 겪는 어려움들을 올린다.
- 자신의 무력함과 절망을 암시하여 모두가 알게 한다.

페이스북에서 만나는 순교자들은 현실의 가족이거나 가까운 친구일 때가 많아서 쉽게 대처하기 어렵다. 하지만 이들과 친구 끊기를 하면 당신을 몰아세우고 결국 사회관계가 심각해질 수 있다. 뉴스피드에서 그들을 숨기는 것이 가장 좋은 해결책일지도 모른다. 그렇게 하면 가끔 동향을 확인하면서도 그들의 포스팅에 압박감을 덜 느낄 수 있을 것이다.

순교자들은 관심을 원하지만 한 사람에게서 얻는 관심으로는 부족하다. 순교자와는 경계를 설정하는 일이 필수적이다. 그들이 원하는 종류의 지지를 더 잘 제공할 수 있는 공동체나 지원 그룹에 참여하라고 격려하라. 당신도 그들을 돕고 싶은 마음이 굴뚝같지만 혼자서는 할 수 없다고 설명하라. 그들이 요구하는 것과 그들에게 실제로 필요한 것은 매우 다르다. 어떤 사람과 적절한 경계를 설정해야 그 사람이 스스로 상황에 대처할 수 있도록 힘을 북돋아줄 수 있다.

### 유혹자 the Seducer

페이스북에서 유혹자들은 다소 피상적인 경향이 있고 자신이 신체적으로 매력적이라고 믿는다. 이들은 자기 사진을 페이스북에 많이 올린다. 현실에서 이들 중 일부는 원하는 것을 얻기 위해 성적으로 매우 적극적이거나 지분거린다. 페이스북에서는 동시에 여러 사람들에게——심지어 결혼한 사람들까지도——집적거리면서 그들이 맞장구를 치는지 시험한다. 이들은 애정을 갈구하고 성적인 관심이 강한데, 자신이 관심 있는 사람들의 배우자들에게 강한 경쟁심을 느끼는 경향이 있다. 이들이 집적거리기와 성관계 제안을 하나의 게임으로 이용하는 데는 많은 이유가 있다. 내면에 자리 잡은 뿌리 깊은 불안감 때문이기도 하고 연애 관계에서 상처를 입은 경험이 있기 때문이기도 하다. 과거의 트라우마를 행동으로 표출하는 것일 때도 있다.

유혹자들은 페이스북의 '가족 및 결혼/연애 상태' 기능을 자신에게 유리하게 이용한다. '복잡한 연애'라고 표시하는 것이다. 정말로 그렇든 그렇지 않은 간에, 이 관계 상태 표시는 다른 사람을 조종하는 힘이 있다. 누가 더 자세히 캐물으면 이들은 "남자친구가 있지만 문제가 있어요. 그는 날 이해하지 못해요"와 같은 말을 이용한다. 그

**프랭크, 46**
포틀랜드, 메인 주

페이스북에서 데비를 만난 건 아버지가 돌아가신 직후였다. 데비 또한 얼마 전에 할아버지를 잃었다고 말했기에 왠지 동질감이 느껴졌던 듯하다. 당시 나는 아내와 문제가 있었고 많이 힘들었다. 나는 데비와 친구가 되었고 푹 빠졌다. 데비는 아내와 달리 내 모든 것을 이해해주었다. 게다가 매우 훌륭한 여성이었다. 그녀는 자선 행사에서 온갖 잡일을 도맡아 하는 사진들을 올렸다. 마침내 직접 만났는데 과연 그녀는 놀라운 사람이었고 섹스는 더욱 놀라웠다. 물론 섹스만이 전부는 아니었다. 나는 정말로 사랑에 빠졌고 그녀와 여생을 보내고 싶었다. 나는 아내에게 이혼을 요구했고 아이들을 잃었다. 나는 바보처럼 별생각 없이 양육권을 포기했고 아내는 아이들을 데리고 라스베이거스로 떠났다. 지금은 정말 후회되지만 그땐 데비 생각밖에 없었다. 마치 세뇌를 당한 것 같았다. 마침내 자유로이 함께 새 삶을 시작할 준비가 되자 데비는 자신이 무척 혼란스럽고 모든 일이 너무 빨리 진행되었기 때문에 잠시 숨 쉴 틈이 필요하다고 말했다. 무슨 말인지 알 수 없었다. 그러던 어느 날 갑자기 그녀가 사라졌고 연락도 끊겼다. 얼마 후 나는 페이스북에서 내 페친 중 한 명에게 작업을 걸고 있는 그녀를 발견했다. 맙소사. 난 이 나쁜 년 때문에 모든 걸 잃었다. 아내, 아이들, 직장(일에 집중할 수 없었기 때문이다). 그 페친에게 경고했지만 그는 데비가 이제껏 만난 누구와도 다르다는 말만 되풀이했다. 나는 그 페친도 끊어버렸다. 뭐 고생 끝에 알게 되겠지. 둘이 어떻게 되든 내 알 바 아니니까. 안 그런가? 그녀가 미워 죽겠다.

좋아요    댓글 달기    공유하기

러면 듣고 있던 사람들이 연민 어린 반응을 보여준다. 유혹자들은 자신이 파트너에게 오해받고 희생되고 있다고 주장할 때가 많다.

편애받고 자란 아이는 전형적으로 유혹자의 성격을 형성한다. 이들은 자라면서 받아온 관심이 성인기까지 죽 이어지기를 바란다. 일부 유혹자들은 성적 학대를 경험했을지도 모른다는 주장 또한 있다. 이들은 관심을 얻고 유지하기 위해서는 사람들의 마음을 가지고 놀아야 한다고 생각한다.

많은 사람들이 유혹자의 행동을 부적절하고 과장되어 있다고 여긴다. 최악의 경우, 유혹자들은 한 인간이나 가정을 파괴할 때 가장 큰 쾌감을 느낀다. 이들의 목표는 건강한 연애를 하는 게 아니라 유혹하는 것이다. 이들의 먹잇감들은 정서적으로 취약한 상태에 있는 경우가 많고 따라서 유혹자의 제안과 거짓 약속에 쉽게 흔들린다.

다른 사람을 유혹하는 것은 모든 사람의 내면에 있는 보편적 행동체계다. 사람들은 자신을 좋아하는 사람들을 좋아하지만, 또한 자신을 좋아하는지 확실히 알 수 없는 사람들을 좋아하기도 한다. 페이스북 유혹자들은 이러한 흥미진진함을 이용하여 먹잇감들을 유혹한다. 당신은 결코 그들의 감정을 이해하거나 알아챌 수 없다. 당신은 그들이 오직 당신만을 좋아해주기 바라지만 그들의 말과 실제 행동은 매우 다를 때가 허다하다. 불확실성은 유혹자의 가장 큰 무기다.

마흔일곱 명의 여성 대학원생들을 대상으로 시행한 최근의 한 연구에서는 우리가 불확실성에 얼마나 끌리는지를 시험했다. 각 여성에게 몇 명의 남학생들이 당신의 페이스북 프로필을 봤고 당신을 더 알고 싶은 마음이 어느 정도인지 등급을 매겼다고 말했다. 여성들은 남성들이 그녀에 대해 "잘 모르겠다"라고 답한 경우에 가장 마음이 끌리는 듯했다. 밝혀진 것처럼, 손에 넣을 수 없는 것은 매력적이지 않지만 미스터리한 것은 매력적이다. 남성들이 불확실성에 빠져 있기 때문에 이 남성들에 대한 생각이 바뀌게 된 것이다.

유혹자들의 관심이 불확실할 때 그리고 미스터리하거나 애매모호한 포스팅 때문에 혼란과 좌절이 커질 때, 유혹자에게 집착하게 되기 쉽다. 유혹자의 먹잇감은 자신이 사랑에 빠졌다고 생각하고 상대가 어떤 말을 하고 어떤 행동을 하든 허용하게 된다. 유혹자들은 다음의 전략들을 이용하여 상대의 감정을 조종한다.

- 👎 당신에게 접근해서 약한 척한다.
- 👎 당신이 그들 삶의 '특별한' 존재라고 말한다.
- 👎 상황에 적합하지 않은 도발적인 행동을 한다. 가령 유부녀에게 추파를 던진다.

👎 곤란한 상황이 생기면 당신에게 뭔가 문제가 있다고 주장한다.

👎 희생자를 '정복하고' 나면 황급히 관계를 끊는다.

유혹자들은 사랑에 빠지게 만들거나 거의 미치게 만들기 때문에 심각한 정신적 상처를 안기는 경향이 있다. 이들은 상대를 조종하거나 유혹함으로써 치명적인 영향을 미칠 수 있다. 또한 유혹자들은 일반적으로 대인 경계선을 존중하지 못한다. 이들의 온라인 관계와 오프라인 관계를 보면 법원은 이들에게 접근 금지명령을 내려야 할지 모른다. 그렇기 때문에 이들과는 분명하게 선을 긋고 친구를 끊고 계정에서 차단해야 한다. 만약 당신이 유혹자를 만났다면 관계를 더 명확하게 볼 수 있을 때까지 페이스북 이용을 잠시 쉬는 것도 좋은 방법이다.

## 스토커 the Stalker

스토커는 여기저기 염탐하여 당신과 당신이 맺은 이런저런 관계에 대해 최대한 많은 정보를 얻는다. 페이스북 스토커들은 둘 혹은 그 이상의 사람들이 형성하는 친밀한 사이에서 상황이 변해가는 것을 구경하며 아주 재미있어한다. 페이스북은 거의 스토킹을 권장하고 있다고 해도 과언이 아니다. 한 사람이 수많은 사람들의 삶을 동시에 염탐할 수 있기 때문이다. 하지만 페이스북 스토커는 자신이 염탐꾼이라고 절대 생각하지 않는다. 모든 사람이 볼 수 있도록 자

**리스, 19**
**헬레나, 몬태나 주**

내 남자친구는 나와 6년 동안 사귄 후 갑자기 아무런 예고도 없이 관계를 끝냈다. 계속 문자를 보냈지만 답이 없었다. 전화를 걸어도 받지 않았다. 심지어 나와 헤어진 이유조차 말해주지 않았다. 나는 납득할 만한 뭔가를 찾기 위해 그의 페이스북 페이지를 스토킹하기 시작했다. 남자친구가 새로운 여자와 친구 맺기를 하면 상대의 페이지를 확인하고 그가 그녀의 타임라인에 뭔가를 올렸는지 살폈다. 나는 남자친구가 누구와 데이트하고 있는지 알아내야 했다. 그녀에게 이야기해주고 싶었기 때문이다. 마침내 나는 상대가 누구인지 알아냈고 그녀에게 메시지를 보냈다. 나는 그녀에게 남자친구가 실제로 어떠한 사람인지 알리며 경고했고 당신도 똑같이 당할 거라고 말했다. 그녀를 스토킹한 것이 아니라 도우려고 애쓴 거다. 하지만 그녀는 들으려 하지 않았다. 자신의 부모에게 이런 사실을 알렸고 결국 그녀의 부모님은 나를 경찰에 신고했다. 경찰들은 우리 집에 와서 우리 부모님과 대화를 나눴다. 정말 끔찍했다. 나는 그들을 내버려두겠다고 약속했다. 나는 더 이상 그들에게 접촉하지 않지만 여전히 전 남자친구를 따라다니고 있다. 단 그가 나인지 알아내지 못하도록 가명을 쓰고 있다.

 좋아요           댓글 달기           공유하기

진해서 개인정보를 제공한 마당에 진짜 염탐이라고 볼 수는 없지 않은가.

페이스북 스토커는 다른 사람들이 특정한 상황에서 느끼는 사적

**루이즈, 26**
뉴올리언스, 루이지애나 주

내게는 페이스북 스토커가 있다. 몇 년 전에 잠깐 사귀었던 남자다. 그후로 나는 조와 사귀고 있고 페이스북 가족 및 결혼/연애 상태를 '약혼'으로 바꿨지만 그는 나를 내버려두지 않았다. 이 멍청이는 내가 조와 집에 있는 걸 알면 내게 전화를 걸었다. 의도적으로 내 연애 관계에 문제를 일으키려는 것 같았다. 나는 그때부터 그의 전화번호를 수신 금지했다. 이제 그는 전화를 거는 대신 페이스북에서 한없이 메시지를 보낸다. 내가 온라인에 접속해서 상태 업데이트를 하거나 다른 사람의 댓글이나 사진에 '좋아요'를 누를 때 유난히 그렇게 한다. 게다가 그는 내 타임라인에 자기가 그립지는 않은지, 언제 한번 데이트할 마음은 없는지 묻는 글을 끊임없이 남긴다. 나는 그의 터무니없는 글을 계속 지워야만 한다. 그가 내 뜻을 알아차리기를 바라지만 어림없는 것 같다. 남자들은 자신이 가질 수 없는 것을 원하는 듯하다. 상대를 정복할 수 없는 상황일수록 더 세게 밀어붙인다. 얼마나 지나야 그가 쪽지질을 그만둘지 모르겠다.

 좋아요      댓글 달기      공유하기

친밀감을 그들 몰래 즐긴다. '벽에 붙은 파리'가 되어 두 사람 사이의 매우 사적인 대화를 엿듣는 것과 비슷하다. 이러한 친밀감을 수동적으로 관찰하는 행위는 어떤 사람들에게 매우 흥분되는(성적이지 않은 의미로) 일일 수 있다. 이들은 자신이 습득한 정보를 한껏 즐긴다. 어떤 면에서, 이들은 자신이 그런 정보를 소유하고 있다고 주장한다. 이들은 당신의 사생활을 자신의 개인 자산으로 여긴다. 일단 어떤 정보를 확보하기만 하면 그걸로 무엇이든 할 수 있다.

미주리 대학교 연구팀의 케빈 와이즈 교수는 페이스북 사용자가 건강하게 타임라인 둘러보기를 하려면 이른바 '소셜 브라우징social browsing'을 해야 한다고 말한다. 이것은 한 사람의 타임라인을 본 다음에는 다른 사람들의 타임라인으로 넘어가는 것이다. 반면 '소셜 서칭social searching'의 경우 더 강한 동기가 개입돼 있다. 어떤 사람이 당신을 소셜 서칭 한다면 그는 오직 당신의 타임라인에만 집중하는 것이다.

페이스북 스토킹은 단순한 엿보기를 넘어설 수도 있다. 스토커들은 당신에 대해 알아야 한다. 당신에 대한 '모든 것'을. 이들은 사생활이나 대인 경계선을 존중하지 않는다. 처음에는 순수한 호기심으로 시작했던 행동이 이른바 '페이스북 리서치'로 이어지고 심지어 강박적 스토킹으로 나아갈 수도 있다.

대부분의 사람들은 관계의 초기 단계에서 상대의 페이스북을 적당하게 둘러보는 것은 이해한다. 만약 데이트 신청을 받았고 상대에게 관심이 있다면 '약간의 조사'쯤은 누구나 할 것이다. 만나고 있는 사람에 대해 더 많은 것을 알고 싶어하는 것은 지극히 정상이다. 이별한 후에 전 애인의 페이지를 반복적으로 확인하고 싶은 유혹이 들기도 한다. 소셜미디어 마케팅 사이트인 Socialpeel.com에서 밝힌

**재키, 29**
**샌프란시스코, 캘리포니아 주**

나는 시애틀에서 꿈에 그리던 남자를 드디어 찾았다고 생각했다. 프로필에 따르면, 저스틴은 직업적으로 성공했고, 장기적이고 헌신적인 관계를 선망하고, 언젠가는 아내와 아이들이 생기기를 원했다. 함께 아는 친구를 통해 그가 내게 친구 신청을 하고 난 후에 저스틴과 이야기를 나누기 시작했다. 나는 즉시 사랑에 빠졌고 타임라인에 현재 매우 행복하고 시애틀로 이사할까 고민하고 있다는 글도 올렸다. 나는 시애틀행 비행기 티켓을 끊었지만 시애틀로 떠나기 전에 함께 아는 친구들 몇몇에게 그에 대해 좀 더 물어보기로 했다. 알아낸 사실은 충격적이었다. 저스틴은 두 여자 사이에 각각 아이를 하나씩 두고 있고 둘 중 누구에게도 양육비를 주지 않고 있었으며 대학교를 졸업한 적도 없다고 했다. 나는 배신감에 휩싸였고 가슴이 무너졌다. 이일에 대해 생각하는 것만으로 공황 발작이 일어났다. 증세가 점점 심해져 결국 치료를 받아야만 했다. 내가 친구 끊기를 하자 그는 자신의 타임라인에서 대놓고 나를 중상모략했다.

 좋아요      댓글 달기      공유하기

통계에 따르면, 페이스북 이용자 중 60퍼센트 이상이 전 애인의 페이지를 확인한다고 한다. 어떤 사람과 페이스북 친구 사이라면 그의 포스팅에 접근해도 된다. 하지만 둘러보기가 도를 넘어선다면 어떻게 될까?

페이스북 스토커들은 당신을 내버려두지 않는다. 당신의 타임라인을 과도하게 탐색한다. 이들은 반복적으로 당신의 타임라인에 포스팅을 하거나 끊임없이 인스턴트 메시지를 보낼지도 모른다. 이들이 반드시 비열하거나 위협적이지는 않다고 하더라도, 이러한 행동은 점점 거슬리고 최악의 경우 무섭게 느껴진다. 스토커들은 다음 전략들을 이용하여 상대의 감정을 조종한다.

- 당신의 사진 앨범과 타임라인 포스팅 전부를 샅샅이 뒤져서 가능한 한 많은 정보를 수집한다.
- 당신과 연결을 유지하기 위해서 당신의 페친들과 친구 맺기를 한다.
- 당신의 계정에서 차단을 당하면 가짜 페이스북 계정을 만든다.
- 다른 사람들의 페이스북 타임라인에 당신에게 보내는 메시지를 남긴다.
- 제발 놓아달라는 완곡하거나 분명한 메시지를 반복해서 보내도 개의치 않고 당신에게 끊임없이 메시지를 보낸다.

유혹자들과 마찬가지로 스토커들 또한 대인 경계선을 존중하지 못한다. 페이스북 스토커에게 시달리고 있다면 더 엄격하게 제한할 필요가 있다. 스토커들은 어떤 사람의 계정에서 차단을 당하면 가짜 페이스북 계정을 만들어 스토킹을 계속한다. 이들은 도무지 사리를 분별하지 못하고 과도하게 집착한다.

아예 상대를 안 하고 선을 그어도 아랑곳하지 않기 때문에 극단적인 조치를 취해야 하는 경우도 있다. 누구도 당신에게 불안과 공포를 야기할 권리는 갖고 있지 않다. 만약 누군가 당신을 계속 쫓아다닐 경우, 페이스북에 직접 연락하거나 경찰서에 도움을 요청해야 할 수도 있다.

## 감정 조종자들이 미치는 심리적 영향

재미를 위해서든 이득을 위해서든, 페이스북에서의 허위 표현은 대부분 별다른 해를 끼치지 않는다. 하지만 단순한 재미가 악의적인 행동으로 변하면 사람들은 감정이 상하거나 정신적 외상을 입을 수 있다.

자신이 온라인에서 누군가에게 조종당하고 있다는 사실을 깨닫고 상대방의 정체를 알게 될 때, 피해자들을 앞 사례의 재키가 그랬던 것처럼 혼란과 분노에 휩싸인다. 혼란과 분노는 불안과 자책으로 이어질 수 있다. "도대체 왜 이러는 거지?" "나 때문인가?" "뭐 때문에 속아 넘어간 거지?" 이런 자책과 의심이 계속 커지다보면 심리적으로 황폐해지는 일이 생긴다. 그 일과 관련된 모든 댓글과 포스팅을 분석하고 해석하고 오해하면서 몇 날 며칠을 보내고, 결국 그것이, 즉 자기 자신을 지나치게 방어하고 보호하는 것이 삶의 방식이 되어버린다. 피해자들은 자신이 남긴 댓글들을 샅샅이 뒤지면서 어떻게 이런 일이 일어날 수 있는지 조금이라도 납득해보려 애쓴다. 감정 조종자의 행동에서 '진짜' 의미나 논리를 찾기란 불가능하다는 사실을 모르고서 말이다. 진짜로 의미나 논리 같은 것이 없기 때문이다. 사람들은 자신이 포스팅하고 싶은 것을 포스팅한다. 우리의 반응——어떠한 반응이든지 간에——은 감정 조종자들에게 궁극의 보상이다. 어떤 감정 조종자들은 부정적인 관심조차도 좋아한다. 그것도 관심이기 때문이다.

감정 조종자들과의 관계는 당신의 정서 건강에 심각한 영향을 미친다. 그들과 교류하면서 당신은 두려움을 느끼고 우울해하면서도 그들을 포기할 수 없을 듯한 느낌을 받을지도 모른다. 그들에게 늘 사과하거나 그들 옆에서는 평소 하지 않던 행동을 하게 될지도 모른다. 어쩌면 그들을 위해 변명하는 일에 익숙해지거나 그들을 도우려 애쓸 것이다. 왜냐하면 죄다 당신 잘못이라고 세뇌를 당했기 때문이다.


## 우리가 가야 할 길

이 경우 치유의 첫 단계는, 감정 조종자들은 자신들이 무슨 짓을 하고 있는지 정확히 안다는 사실을 당신이 깨닫는 것이다. 그들은 자신의 페이스북 포스팅이 당신의 삶에 미치는 영향을 완벽하게 알고 있다. 사실 그걸 기대하고 있다. 파괴자든, 나르시시스트든, 순교자든, 유혹자든, 스토커든, 페이스북 감정 조종자의 목표는 단 한 가지다. 다른 사람의 감정은 전혀 개의치 않은 채 자기 자신이 원하는 바를 얻는 것. 일단 당신이 감정 조종자와 관계를 맺고 있다는 사실을 깨닫기만 하면 차근차근 그를 당신의 삶에서 제거할 수 있다.

감정 조종자가 페이스북에 올리는 글과 실제 행동 사이의 차이를 알아차리는 일에서부터 시작해보자. 감정 조종자들은 매력적이고 마음을 사로잡는 사람으로 등장한다. 그들은 당신을 자기 세계의 중심으로 만든다. 당신은 자신이 이제껏 원했던 모든 것을 얻고 있다고 느낄지 모르지만 그들이 보여주는 애정은 적절하다기보다 관계상 약간 이른 감이 없지 않다. 그들은 페이스북 타임라인에서 수없는 약속을 하고 그럴 듯한 말을 하지만 조금만 조사해보면 일관성이 없다는 사실을 눈치챌 수 있다.

그들이 자신을 내보이는 방식과 실제로 당신을 대하는 방식을 비교하여 목록을 작성해보라. 감정 조종자들은 결코 실현될 수 없는 원대한 계획을 세우고 있을 때가 많다. 감정 조종자들은 환상에 의해 움직인다. 이들의 목표는 현실과 동떨어져 있다.

그들이 포스팅하거나 당신과 사적으로 공유한 것들 중 일관성이 없는 것들의 목록을 작성해보라. 그들이 여전히 거짓말을 하고 있는지 혹은 모순되는 이야기들을 공유했는지 당신 자신에게 물어보라. 그들이 당신에게 거짓 희망을 주었는지 아니면 조건을 달아 관심과 지지를 보내지는 않았는지 생각해보라. 일치하지 않는 점들을 적어보면 현재 일어나고 있는 일을 더 명확하게 이해할 수 있을 테고 감정 조종자로부터 거리를 두는 일이 더 쉬워질 것이다. 감정 조종자의 의도와 수단을 이해할 때에만 비로소 감정 조종에 저항할 수 있다.

스토킹 행동을 알아차리라. 당신이 댓글을 남기거나 메시지를 보내지 말아달라고 수없이 암시를 주고 직접 애기했음에도 그들이 당신을 내버려두지 않고 있는가? 함께 아는 친구들을 통해 당신에게 접촉하려 애쓰고 있는가? 당신의 파트너나 가족의 사진에 유난히 댓글이 많이 달리고 있는가? 그들이 성적으로 도발적인 혹은 부적절한 댓글을 남기고 있는가?

이 중 하나라도 확인된다면 단호하게 선을 긋고 그들을 당신의 계정에서 차단해야 한다. 그들이 가짜 계정을 만들었거나 함께 아는 친구들을 통해 당신에게 접촉하려 한다고 생각되면, 함께 아는 친구들에게 상황을 알린 다음 당신에 대한 어떠한 정보도 공유하지 말고 그들의 메시지도 일절 전달하지 말아달라고 부탁하라. 그럼에도 심각한 상황이 계속된다면 페이스북에 신고하거나 경찰서와 접촉하라. 페이스북 스토킹과 현실의 스토킹은 서로 다르지만 둘은 똑같은 정서적 영향을 미친다. 당신이 부적절하거나 모욕적인 행동을 참아야 할 이유가 없다.

감정 조종자는 당신이 신뢰하는 사람들로부터 당신을 고립시키려 애쓴다. 바로 이 점을 통해 그들을 식별할 수 있다. 이들은 다른 어떤 사람이 자신의 계획에 끼어드는 것을 원하지 않는다. 친구들에게 당신이 경험하고 있는 것을 알리라. 감정 조종자와 경계를 설정할 때는 지지를 많이 받을수록 좋다. 친구들과 소통을 늘리고 조종자에게는 침묵으로 대응하라.

만약 당신이 오랫동안 해로운 관계를 맺어왔다면 역기능 관계에 이미 적응해 있을지도 모른다. 관계를 끊어야만 자신이 얼마나 건강하지 못한 관계를 맺어왔는지 알 수 있을 것이다. 일단 감정 조종자를 끊고 더 건강한 친구들과 소통을 늘리면 감정 조종자가 사라졌다는 사실에 안도감을 느끼기 시작할 것이다.

감정 조종자들은 욕망, 욕구, 요구 사항이 많고 자신이 원하는 것을 주기 위해서 혹은 자기 행동을 눈감아주기 위해서 당신이 존재한다고 생각한다. 그들이 관심, 돈 혹은 칭찬 등 무엇을 요구하든 감정 조종자에게 그가 원하는 것을 주는 것이 능사가 아니다. 건강한 우정과 건강하지 않은 우정이 어떻게 다른지를 분별하고 이에 집중하라. 만약 당신이 압도감, 바보가 된 느낌, 모욕감, 혼란스러움, 혹은 감정 공격을 받은 것처럼 느껴진다면 당신은 매우 해로운 관계를 맺고 있을 가능성이 높다. 페이스북에서도 댓글들에는 펀치가 숨겨져 있고 아주 맷집이 좋은 사람들조차 가끔 펀치를 얻어맞는다. 감정 조종자는 온갖 수단을 동원해서 반응을 얻어내려 애쓰겠지만 그가 원하는 반응을 당신이 줄 필요는 없다.

무엇보다 감정 조종자들이 그런 짓을 하는 이유는 외롭고 불안하기 때문이다. 그들이 알기에 관심을 얻는 유일한 방법은 다른 사람들에게 반응을——특히 부정적인 반응을——불러일으키는 것이다. 이상하게 들릴지 모르지만, 때때로 온라인에서 상대를 조종하려는 행동, 폭력적인 행동을 저지하는 강력한 방법은 완전한 무대응이다. 침묵은 정말로 놀라운 의사소통 수단이고, 때로 가장 좋은 '복수'는 무엇에든 어떠한 반응도 보이지 않는 것이다.

만약 당신에게서 반응을 얻을 수 없다면 감정 조종자들은 지치고 혼란스러워져서 무력감을 느낄 것이다. 당신을 조종하려 했지만 오히려 역효과를 낳았다는 사실을 깨닫고 나면 이들은 불안감과 소외감을 느낄 것이다. 이는 형세를 역전시키고 당신의 힘을 되찾기 위한 첫걸음이다.

자신의 삶에서 부정적인 사람들을 제거하는 동안에는 오직 긍정적인 사람들만 주위에 두어야 한다. 페이스북의 '차단' 기능은 이러한 이유 때문에 특히 중요하다. 하지만 그들의 포스팅을 계속 읽고 싶다면 일종의 오락으로 즐기길 바란다. 팝콘을 앞에 두고서 당신의 관심을 끌려는 그들의 몸부림을 그냥 보고 즐기라. 포스팅에서 그들이 어떠한 사람인지를 읽어내라. 불안을 드러내고 있는 보잘것없는 사람일 뿐이다.

일단 감정 조종 행동이 중단됐다면 이제 부정적인 경험으로부터 벗어나는 일에 집중해야 한다. 감정 조종자가 당신의 삶을 뒤흔들었을 때 화가 나는 것은 당연하다. 하지만 치유를 위해서는 결국 당신의 분노를 놓아버려야 한다. 이런 말이 있다. "나를 통제하는 건 나를 화나게 하는 사람이다." 이는 감정 조종자들에게 딱 들어맞는 말이다. 당신이 그들에 대해 더 많이 생각할수록 그들은 당신을 더 많이 통제한다. 마음의 준비가 될 때마다 당신이 그들과 다시 대화를 하지 않고서도 그들을 용서하고 잊을 수 있다는 사실을 상기하길 바란다.

앞으로 나아가는 것은 나에게 상처를 준 누군가에게 복수하고 벌주고 싶은 욕망을 버리는 행위다. 해로운 행동을 무시하기로 했다고 해서 당신이 호락호락한 사람이라는 의미는 아니다. 당신이 상대와 똑같이 누군가를 파괴하는 방식으로 행동하는 것을 거부했다는 의미다.

자신의 과거를 바꿀 수 있는 사람은 아무도 없다. 분노나 억울함이나 후회를 품는 것은 '독약을 마시고서 다른 사람이 죽기를 기대하는 것'과 마찬가지다. 분노 대신 자유를 선택할 수 있는 단계에 도달할 때까지는 많은 시간이 걸린다. 때로는 강력한 세 마디 말을 토해냄으로써 자유로워질 수 있다. "나는 당신을 용서한다."

**f**

# 8

# 페이스북 처방전

여기 실린 사례들이 남 일 같지 않다면 당신의
삶에 진지한 변화를 일으켜야 할 때다. 당신은
페이스북을 당신 삶의 반창고로 사용하고 있지
는 않은가.

## 소셜미디어 시대의 중독

얼마 전 한 친구가 자신이 만날 스마트폰만 들여다보고 있어서 열한 살짜리 아들이 자기를 무시한다고 말했다. 그녀는 아이 앞에서 몇 시간이고 계속 뉴스피드를 스크롤하고, 아이가 포스팅을 방해라도 하면 버럭 짜증을 낸다. 그녀는 페이스북을 끼고 산다. "나도 문제라고 생각해." 친구가 말했다. "스마트폰 없이는 20분도 못 버텨. 계속 확인해야 마음이 놓여." 그녀는 근무 시간 절반을 페이스북에서 보내고, 몇 번 페이스북 계정을 비활성화도 해봤지만 일주일도 못 갔다. 그녀는 아침에 일어나자마자 페이스북부터 확인하고 잠들기 전에 마지막으로 친구들 소식을 둘러본다. 그녀는 농담 삼아 '익명의 페북 중독자들의 모임'*이 혹시 없느냐고 물었다.

아직까지는 페이스북 중독에 대한 정신장애 진단 기준이 없다. 하지만 곧 만들어야 한다고 생각한다. 내 친구처럼 아홉 가지 중독 증상(동시에 일어날 수도 별개로 일어날 수도 있다)을 보이는 사람들이 상담실을 찾아오는 경우가 늘고 있다.

---

★ Facebook Anonymous. '익명의 알코올 중독자들의 모임(Alcoholics Anonymous)'을 패러디한 것.

**강박** 이미 일어난 일이든 앞으로 일어날 일이든, 환상이든, 페이스북에서 겪은 일을 자주 생각한다.

**내성** 모든 중독의 내성이 그러하듯이, 같은 정도의 즐거움이나 '흥분'을 얻기 위해서 점점 더 많은 시간을 페이스북에 써야 한다고 느낀다.

**집착** 자신의 포스팅에 지나치게 집착하면서 페친들의 응답이나 반응을 원한다.

**연애 문제** 파트너가 반복적으로 문제를 제기하는데도 불구하고 페이스북이나 소셜미디어에서 너무 많은 시간을 보낸다. 혹은 연애 관계가 위험해지거나 깨질 수 있음에도 미심쩍은 페이스북 관계를 맺는다.

**기회 상실** 자신의 가정, 직장, 학교 일들에 충분히 집중할 수 없을 정도로 페이스북에 집착하며 시간을 보낸다. 심지어 이러한 것들을 잃을 위험에 처해도 말이다.

**거짓말** 실제로 페이스북을 하는 시간의 양에 대해 친구, 가족, 심리치료사, 동료에게 거짓말을 하거나 줄여서 말한다.

**통제력 상실** 페이스북에서 보내는 시간을 줄이려 해봤지만 실패했거나 계정을 비활성화할 수가 없다.

**도피** 기분 전환을 하려고, 혹은 문제를 회피하려고 페이스북과 다른 소셜미디어에서 시간을 보낸다. 이 도피 방법을 이전의 다른 방법보다 선호한다.

**금단 증세** 중독 정도가 심해져서 페이스북을 안 하거나 이용 시간을 줄이려 할 때 짜증이 나고 불안하다.

이러한 중독 증상은 가벼운 증상에서 극단적인 증상까지 다양한
범주로 나타난다. 개인적으로 나는 상담실에서 페이스북에 관련된
문제를 적어도 하루에 한 번은 듣는다. 어떤 사람은 다른 사람이 올
린 포스팅에 불쾌해하고, 또 어떤 사람은 여자친구가 페이스북에 너
무 많은 시간을 쏟는다고 화를 낸다. 페이스북에 너무 빠진 나머지
직장을 잃은 사람도 있다. 페이스북 문제를 겪고 있는 사람들에게
페이스북을 잠시 끊는 것이 어떻겠느냐고 제안하면 이들은 '미쳤어
요?'라는 표정으로 나를 쳐다본다. 1주일간 페이스북을 끊는다는 생
각만으로도 이들은 불안을 느낀다. 이것이 바로 페이스북의 중독성
이다. 자신의 삶에 부정적인 영향을 미치고 있다는 사실을 알면서도
그것을 그만두지 못한다.

페이스북을 즐기는 것이 항상 문제가 되진 않을뿐더러 오히려 강
점으로 작용할 수도 있다. 페이스은 우리를 다른 사람들과 연결해주
며 많은 정보를 제공한다. 자신의 목소리를 낼 수 있는 광장도 제공
해준다. 나는 지금 페이스북이나 다른 소셜미디어를 포기해야 한다
는 이야기를 하는 게 아니다. 당신이 페이스북을 지나치게 사랑하지
는 않는지, 삶의 다른 긍정적인 요소들보다 페이스북을 우선시하지
는 않는지 알아보자는 이야기다.

당신이 소셜미디어에 중독되어 있지 않다고 하더라도 진지한 개
입이 필요한 사람이 주위에 최소한 한 명은 있을 것이다. 이들은 모

든 포스팅에 댓글을 달고, 머리에 떠오르는 생각을 하나하나 다 올리고, 프로필 사진을 끊임없이 바꾸고, 하루에 서른 번 이상 페이스북을 확인한다. 이들이 페이스북을 통해 게임 아이템을 요청하든 최근 마트에서 겪었던 황당한 일을 올리든 간에, 페이스북이 제공하는 것들——자기표현 수단, 관객, 인정이나 관심을 받는 수단, 동시에 많은 사람들과 즉각 연결되는 경험——이 이들에게는 삶의 주된 낙이다. 그렇다면 무엇 때문에 페이스북에 중독되는 것일까?

## 슬롯머신 효과

페이스북의 뉴스피드는 라스베이거스의 슬롯머신과 같은 기능을 한다. 때로는 이기고 때로는 진다. 하지만 계속해서 게임을 하지 않는다면 당신이 슬롯머신 앞을 떠나는 순간 다음 사람이 당신의 공적을 앗아갈 수 있다. 이와 유사하게, 페이스북에서 재미있는 업데이트가 때로는 있지만 때로는 없다. 하지만 만약 계속 페이스북을 확인하지 않는다면 재미있는 업데이트를 놓칠지도 모른다. 빈번한 페이스북 방문은 심리학자들이 '간헐적 강화Intermittent Reinforcement'*라고 부르는 상태를 만든다. 이벤트 초대, 메시지, 알림은 무작위로 '고조된 기분'을 선사한다. 도박과 매우 유사하다. 페이스북 반응에 대한

---

★ 어떤 행위를 할 때마다 매번 보상이 주어지지 않고 오히려 간헐적으로 보상이 주어질 때 그 행위가 강화되는 것을 일컫는 심리학 용어.

기대만으로도 흥분에 휩싸일 수 있다.

게다가 우리는 특정 반응을 얻기 위해 포스팅을 하도록 훈련된다. 정서적인 면에서 볼 때, 자기 포스팅에 누군가 '좋아요'를 누르거나 댓글을 달 때마다 자신이 인정을 받는다고 느낀다. '좋아요'를 하나도 받지 못했다 하더라도 다음번에는 받을 것이라고 희망한다. 이는 현실에서 우리가 작업이나 패션에 대해 칭찬을 받았을 때와 실패에 대해 조롱이나 농담을 들을 때와 비슷하다. 모든 사람은 칭찬이나 긍정적인 호응을 받을 때 느껴지는 흥분감을 좋아한다. 칭찬받는 일은 더 많이 한다. 페이스북 상태 업데이트가 다른 사람들에게 인정을 받으면 성취감이 느껴진다. 그러므로 시간이 지날수록 더 자주 페이스북을 확인하도록 저절로 훈련이 된다. 이러한 훈련 때문에 주체적인 의사결정 능력과 행동 능력을 점점 잃게 된다.

세 가지 요소들——FOMO(Fear of Missing Out: 소외에 대한 두려움), 체크인 기능, 사진 올리기——때문에 우리는 페이스북에 중독되는 것 같다. 게다가 모바일 기기로 바로 접속해 확인할 수 있어 중독성이 심해진다. 우리는 손끝으로, 흐르는 시간 속의 한 순간을 멈추고, 공유하고, 몇 사람이 반응을 보이는지 확인할 수 있다. 모바일 기기를 통해 여러 감각 욕구들을 한꺼번에 충족할 수도 있다. 우리는 모바일 기기를 움켜잡고 페이스타임*으로 상대방의 얼굴 표정을 보고 목소리를 들을 수 있다. 누군가에게 문자를 보내면서 대화 내

---

★ 애플 사의 모바일 기기에서 사용 가능한 영상통화 애플리케이션.

**더글러스, 52**
제너시오, 일리노이 주

나는 페이스북에 휴가 사진이나 출장 사진을 올리기 좋아한다. 갔던 곳 사진에다 아름다운 풍경, 사람들, 음식에 대한 인상 평을 단다. 사진을 올리고 나면 사람들이 댓글을 달지 불안해진다. 만약 5분이 지나도록 아무도 반응을 보이지 않으면 이유가 궁금해진다. 그러고선 다른 사진을 올린다. 더 눈부시거나 더 행복해 보이는 사진으로. 누군가 댓글을 달았다고 알려주는 이메일 알림을 받으면 가슴이 뛴다. 회의를 하던 중이라도 상관없다. 곧장 확인한다. 사람들이 나에 대해 뭐라고 올렸는지 빨리 알아야 한다. 긍정적인지 확인하고 싶다. 알림을 받고도 페이스북 반응을 확인하지 않고 얼마나 버틸 수 있느냐고? 글쎄……. 한 몇 초쯤?

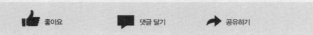
👍 좋아요          💬 댓글 달기          ➡ 공유하기

용을 사진으로 찍고, 그런 다음 온라인으로 점심 데이트를 계획하고 지도 검색으로 적당한 레스토랑을 찾을 수 있다. 일단 무엇을 할지 결정하고 나면 그것을 페이스북에 올린다.

## FOMO

FOMO, 즉 소외에 대한 두려움은 소셜미디어 문화에 널리 퍼져 있는 현상이다. 만약 최신 유행을 따라잡지 못하면 소외감이 느껴진다. FOMO가 새로운 개념은 아니지만 다른 모두가 무엇을 하고 있는지 바로 알 수 있는 시대라면 이야기가 달라진다. 페이스북, 트위터, 인스타그램은 다른 사람들의 멋진 삶을 즉시 들여다볼 수 있게 만들었다. 그들이 놀러가는 곳, 어울리는 사람, 먹는 것(인스타그램 이용자들은 확실히 먹는 걸 좋아한다). FOMO가 사람들에게 부정적인 영향을 미치고 있을까? 무언가에 대한 두려움은 누구에게도 건강할 리 없고 분명 FOMO는 페이스북 중독을 초래하는 요인들 중 하나다. 덫에 걸리거나 하고 싶은 일을 못하도록 차단당한 느낌을 받게 된다. 한 친구의 포스팅을 놓치면 어떤 정보를 놓치게 되고 그러면 후회가 밀려든다.


## 체크인 기능

누구나 스마트폰을 사용하게 된 이후 대부분의 페이스북 이용자들은 페이스북 모바일 앱에 의지하고 있다. 페이스북 모바일 앱의 최고 트레이드마크는 내장형 GPS에 기반한 '체크인' 기능이다.

이제 사람들은(많은 회사들 또한) 페이스북을 통해 어떤 사람의 움직임을 추적할 수 있다. 이는 위치 기반 서비스의 커다란 문제점이다. 다시 말해, 당신이 어떤 장소에 체크인을 하면 즉시 다른 사람들이 당신이나 가족이 있는 장소에 접근할 수 있게 되는 것이다. 안전 문제 이외에도, 우리는 제3의 집단, 제3의 인물들과 제3의 회사들이 우리에 대해 매우 많은 정보를 알게 해주고 있다. 다른 사람의 움직임을 관찰하고 싶은 욕구 이상으로 매혹적인 것이 관찰되고 추적되고 싶은 정서적 욕구다.

소셜미디어는 친구들이 우리가 어디에 있는지 알아야 한다고 생각하게 만들었다. 실제로 많은 친구들이 알고 싶어한다. 정확히 언제부터 친구의 뒤를 쫓는 일이 사회적 추세가 되었는가? 가민*이나 구글, GPS 기술과 지도 제작 기술을 개발한 사람들이 이러한 일을 예상했을까? 어쩌면 인간에게는 사람들이 어디에 있는지 알고 싶은 본능적 욕구가 있는 것이 아닐까.

사람들이 체크인 기능을 좋아하는 데에는 당연히 이유가 있다. 페이스북의 대부분의 포스팅이 그러하듯이, 당신이 체크인하는 곳은 다른 사람들에게 당신이 어떠한 유형의 사람인지 알게 해준다. 당신이 자주 노는 곳을 통해 당신의 성격뿐만 아니라 옷차림과 언행을 알 수 있다. 훌륭한 브런치를 선사하는 곳과 최고의 모히토 칵테일을 맛볼 수 있는 곳 가운데 어디에 더 체크인하고 싶은가? 당신은 친구들과 어울리기 좋아하는가 아니면 퇴근하자마자 집으로 곧장 달려가는가? 체크인 기능은 보통의 페이스북 상태 업데이트와 다르다. 체크인 기능에는 어느 정도 책임이 따르기 때문이다. 대부분의 경우

---

★ Garmin. GPS 전문 업체.

어떤 곳에 체크인하기 위해서는 실제로 해당 장소에 있어야 한다. 그렇기 때문에 보통의 상태 업데이트보다 더 정직할 수밖에 없다.

당신은 친구들의 위치를 알고 싶거나, 친구들이 당신의 위치를 알 았으면 하거나, 아니면 당신의 영역을 표시하고 싶은 것일지도 모른 다. 이유가 뭐든 간에, 체크인 기능은 매우 인기가 많고, 다른 사람들 에게 자신이 있는 곳을 자신 있게 공개할 수 있을 때 심리적 성취감 이 느껴진다. '좋아요'와 댓글들을 통해 체크인 기능에 더 즐거움을 느끼게 되면 이 기능을 더 많이 사용하게 될 것이다. 당신이 더 많은 장소에 체크인을 하면 더 많은 제3의 회사들이 당신을 좋아하게 될 것이다. 이 악순환을 어떻게 해야 할까?

## 모두가 사진가

페이스북에서는 당신이 프로필 사진과 커버 사진으로 선택한 사 진들이야말로 무엇보다 당신에 대해 잘 말해준다. 당신이 올리는 사 진들은 당신이 어떠한 사람인지 말해준다. 특정한 활동을 하고 있는 사진들은 특히 더 그렇다. 활동 중인 모습을 찍은 사진은 포즈를 취 하고 찍은 인물 사진보다 훨씬 더 흥미롭다. 당신의 삶이 펼쳐지고 있는 바로 그 순간을 보여주기 때문이다. 바에서 친구와 껴안고 있 거나, 십대 자녀와 함께 동네의 5킬로미터 트랙을 달리고 있거나, 상 을 받은 후 트로피를 치켜들고 있거나, 운전하고 있는 자신을 셀카 로 찍은 사진들. 이 사진들에서 당신은 움직이고 있다. 이 사진들은 당신이 현실에서 행동하는 방식 혹은 최소한 그렇게 보이고 싶은 방식을 보여준다. 우리는 사람들에게 우리가 무엇을 어떻게 하는지 보여주고 싶어한다. 상태 업데이트는 글자들일 뿐이지만 사진은 더 믿을 만하기 때문에 많은 사람들이 사진을 더 신뢰한다.

스마트폰이 없었다면 사진을 올리는 일이 페이스북에서 이토록 중독성 있는 활동이 되지 않았을 것이다. 지금은 너무나 쉽다. 우리는 손에 쥐고 쓰는 최고의 기기로 무장하고 있다. 전화, 녹음기, 손전등, GPS, 카메라 등 무엇이든 다 된다. 뉴스피드와 자신의 타임라인에 언제라도 즉시 접근할 수 있기 때문에 끊임없이 상태 업데이트를 하게 된다.

## 당신은 페이스북 중독입니다

중독의 뚜렷한 증상은 무언가를 지나치게 많이 원하고 이러한 상태를 스스로 알면서도 멈출 수 없는 것이다. 우리는 오늘날의 기술 문화에서 너무 많은 정보를 얻고 있는가, 아니면 거의 얻지 못하고 있는가? 정보의 속도와 우리가 정보를 처리하는 속도는 현재의 속도대로 지속될까? 어떻게 하더라도 결코 충분하지 않다면 어떨까? 우리의 오감은 얼마나 많은 정보를 받아들일 수 있을까? 우리는 점점 더 많은 온라인 정보를 얻을 수 있는지 없는지에 집중하느라 정신이 팔려서 우리가 꼭 그래야만 하는지를 묻지 않고 있다.

(거의) 무제한적인 아이폰 시스템과 애플리케이션 업그레이드 문

제를 해결하기 위해 해야 할 일이 계속 늘어나지만 사람들은 점점 더 많은 것을 욕망하고 있다. 선택권이 더 많아질수록 더 많은 것을 원하고, 더 많은 것을 원할수록 더 중독되게 된다. 페이스북은 매우 강력하고 유혹적인 조합을 이용한다. 바로 접근하기, 사진 올리기, 다른 사람들을 추적하기, 이 세 가지를. 이러한 것들을 놓칠지도 모른다는 두려움 때문에 우리는 페이스북에 중독된다. 만약 우리가 이 세 가지 것들을 분리해서 관리할 수 있다면 재미있고 건강하고 생산적인 방식으로 페이스북을 이용할 수 있을지도 모른다. 하지만 이 셋이 합쳐지면 감당하기 어려울 수도 있다.

기술 과잉 자극이라는 것이 있다. 어떤 사람들은 오늘날의 속도를 따라잡을 수가 없다. 기술이 계속 발전하면, 맞닥뜨리는 모든 것을 처리하는 우리의 능력도 영향을 받게 될 것이다. 우리 모두가 경험하는 소셜미디어에 대한 감각 과부하가 불안과 정신적 불안정을 높일 수 있다. 다른 사람과 연결되고 만지고 느끼고 눈앞에서 벌어지는 일을 처리하는 능력의 측면에서 문화의 속도가 삶의 속도에 커다란 영향을 미치고 있다. 대부분의 중독이 그러하듯이 통찰은 회복을 향한 첫걸음이다. 문제를 해결하려면 우선 자신에게 문제가 있다는 사실부터 깨달아야 한다. 당신은 사적 인간관계를 페이스북보다 뒷전에 두지 않았는가? 페이스북 이용 사실을 숨긴 적이 있는가? 의도한 시간보다 훨씬 오래 페이스북에 머무르는가? 실생활에서도 페이스북 생각을 하는가? 이 질문들 중 어느 하나에 그렇다고 대답했다면 당신은 페이스북에 중독되었을지도 모른다.

## 권리와 중독의 경계

나는 예술대학에서 상담 책임자로 일한 적이 있다. 학생들과 교수진과 만나면서 그들이 맞닥뜨리는 갈등들을 다루고 해결하는 것을 돕는 일을 했다. 어느 날 한 학생이 수업 시간에 페이스북을 중단하기를 거부했다는 이유로 상담실로 보내졌다. 교수는 학생들에게 강의실에서 나가 미술실로 가라고 지시했다. 교수가 거듭 요청했지만 그 학생은 자기 노트북에 시선을 고정한 채 키보드 타이핑을 멈추지 않았다. 내가 그 학생에게 왜 상담실로 보내졌다고 생각하는지 묻자 학생은 이렇게 대답했다.

제가 왜 여기 있는지 저도 잘 모르겠어요. 저는 페이스북에서 뭔가를 하던 중이었는데 교수님은 날 내버려두지 않았어요. 절 괴롭힌 교수님이 처벌을 받아야 한다고 생각해요. 뭐가 문젠지 모르겠어요. 교수님은 몇 분 더 기다려줄 수 있었어요. 우리가 출석하든 말든 돈을 받지 않나요? 그러니까 자기 임무에 집중하고 자기 일에나 신경 써야죠.

이 학생은 비슷한 행동으로 다른 교수들과도 충돌했고 결국 대학에서 쫓겨났다. 분명 이 학생은 페이스북 중독이라기보다는 행동장애에 가깝지만 나는 이 학생이 페이스북 포스팅을 학업만큼 중요하게 생각하는 것을 보고 충격을 받지 않을 수 없었다.

또한 나는 사립 심리학 대학원에서 박사과정 학생들을 가르친 적이 있다. 대학원 수준의 학생들은 노골적으로 특권 의식을 내세우거나 스마트폰이나 페이스북 중독 행동을 쉬이 보이지 않을 거라고들 생각할 것이다. 하지만 나는 스마트폰을 손에서 놓지 못하거나 강의 시간에 페이스북을 확인하는 학생들을 꾸짖어야 할 때가 많았다. 아마 페이스북에 나에 대한 험담을 올린 학생들도 있을 테지만 상관없다. 강의가 끝난 후에만 올렸다면 말이다.

강의실에서 페이스북 중독과 스마트폰 중독을 피하는 가장 좋은 방법은 수업을 시작할 때 학생들에게 스마트폰을 사용하다 걸릴 때마다 점수를 깎겠다고 알리는 것이다. 때때로 상담실에서도 내담자들에게 상담 시간 동안 스마트폰을 한쪽으로 치워달라고 부탁해야 할 때가 있다. 나는 이 문제에 대해 다른 심리치료사, 의사, 학부모와 상담 교사들과도 이야기해봤다. 이들은 스마트폰과 푸시 알림이 방해해서 상대방이 온전히 집중하지 않을 때가 꽤 있다고 말했다.

최근 기술 발달의 힘은 분명 경이롭지만 우리는 이러한 '초연결성'이 개인과 공동체에 어떤 영향을 미치는지 충분히 고민하지 않고 있다.


## 욕망을 부추기는 신기술들

소셜미디어는 잠시 기분 전환을 하기 위해 이용할 수 있는 수단이다. 비디오게임이든, 컴퓨터게임이든, 페이스북이든, 혹은 모바일게임이든 간에, 사람들은 이러한 오락에 참여하면서 많은 시간을 보낸다. 하지만 의도한 것보다 훨씬 많은 시간을 보낼 때가 많다. 엄청나게 푹 빠져서 업데이트, 메시지, 사진 태그를 알려주는 알림을 즉시 받도록 아이폰 설정을 변경한다. 아이폰의 푸시 알림 기능이 블랙베리 기기만큼 빠르지 않다고 불평한 사람들도 많았다. 애플 사는 고객을 잃지 않기 위해 즉시 방안을 찾아야 했다.

최신 기술이 우리에게 즉각 푸시 알림을 하지 않는다면 어떻게 될까? 그래도 우리는 지금처럼 페이스북, 인스턴트 메시지, 사진 태그를 확인하는 일에 중독될까? 실제로 중독을 촉발하는 것은 모바일 기기를 지원하는 과학기술일지도 모른다. 우리가 체크인 기능의 필요성을 느끼지 못한다 하더라도 모바일 기술과 페이스북이 우리를 중독으로 몰고 있다. 대부분의 앱들은 우리가 적극적으로 설정을 바꾸지 않는 이상, 자동으로 알림을 보낸다. 모바일 기기는 중독의 궁극적 조력자다. 스마트폰을 늘 의식하기 때문에 사람들은 페이스북 세계에 체크인하기 위해 현실 세계에서 체크아웃한다. 오락거리가 현실을 추월하고 있는 것이다. 그렇다면 가장 주목할 만한 질문은 이것이다. 왜 사람들은 현실에서 탈출하는 일에 이렇게 끌리는가.

우리는 우리 안의 뿌리 깊은 욕구 때문에 소셜미디어 자아를 만드는 것인가, 아니면 다른 페이스북 이용자들이 이러한 행동을 조장하는 것인가? 모든 페이스북 이용자들은 강박적 포스팅을 하고 싶은 욕망에 쉽게 이끌릴 수 있다. 우리는 자신의 삶을 공유하고 싶은 집단적 욕구를 경험하고 있고, 자신의 삶(혹은 다른 사람들의 삶)이 표출될 때 느껴지는 즉각적인 만족감은 중독성이 강하다.

**로베르토, 43**

시카고, 일리노이 주

나는 페이스북에서 많은 시간을 보낸다. 평균 15분마다 한 번씩 들여다본다. 나는 하루 종일 인터넷을 뒤지며 페친들과 공유할 재미난 사진들을 찾는다. 남들보다 앞서야 한다. 나는 정말로 재밌는 것들만 올린다. 항상 더 재밌는 무언가를 열심히 찾는다. 물론 난 현실에서도 재밌는 사람이지만 페이스북에서 얻는 반응이 현실에서 얻는 반응보다 더 중요하다. 나도 내가 재밌다는 걸 안다. 모든 사람들이 안다. 이젠 뭔가를 올리려면 이전 것보다 더 재밌어야 한다. 페이스북 명성을 신경 써야 하는 것이다. 하하. 나를 재밌다고 생각하는 온라인 사람들이 현실에서 알고 지내는 사람들보다 더 낫다. 서열 같은 거다. 페친들은 내가 뭘 올릴지 기대하고 난 그들의 기대를 충족해줘야 한다.

 좋아요           댓글 달기           공유하기

이제 페이스북 이용자들은 온라인에서 다른 사람들에게 어떻게 보일지에 근거하여 모든 결정——어디에 갈지, 누구와 어울릴지, 무슨 옷을 입을지——을 내린다. 우리는 연기를 해야 한다는 압박감을 점점 더 많이 느끼고 있고, 페이스북을 그러기 위한 수단으로 사용하고 있다. 우리는 모든 사람이 우리를 봐주기를 원한다. 이 욕구, 이 강한 욕망이 모든 포스팅 뒤의 숨은 동력이다.

## 두뇌와의 연관성

그렇다면 페이스북이 우리를 조종하고 있는 것인가? 이는 복잡한 문제다. 많은 연구가 페이스북에서 오랜 시간을 보내는 사람들일수록 더 많은 우울과 불안, 자존감 저하를 경험하는 경향이 있다고 보고한다. 그런데도 왜 우리는 페이스북을 조금 뒤로 밀쳐두려 노력하지 않는 것인가? 의심할 것도 없이, 페이스북에는 심각하게 중독적인 요소가 있기 때문이다. 소비자 가전 관련 사이트인 레트레보 Retrevo가 한 소셜미디어 이용자들에게 페이스북과 트위터 같은 사이트를 확인하는 횟수를 묻는 연구를 실시한 적이 있다. 이 연구는 어떤 포스팅이 우리를 사로잡을 때마다 우리의 뇌에서 도파민이 분비된다는 사실을 발견했다. 이는 희열감을 선사한다. 우리는 이러한 도파민 고조에 중독되고 이를 다시 맛보기 위해 페이스북을 계속 방문하는 것이다.

마약 중독자를 조종하는 마약이 그러하듯, 우리는 페이스북을 사랑하고 또 증오한다. 우리는 페이스북에서 시간을 더 적게 보내고 싶지만 그럴 수가 없다. 우리의 놀라운 경험 하나하나를 올리고 싶어 미칠 지경이기 때문이다. 우리는 페이스북 처방전이 필요하다. 우리가 정신을 쏟을 다른 방법을 찾을 수 있을 때까지 페이스북은 계속 우리가 선택하는 마약이 될 것이다. 페이스북은 우리의 선택만 바꾸고 있는 것이 아니라 우리의 두뇌 또한 바꾸고 있다.

Medscape.com은 미국정신의학협회의 2014년도 연례 회의에서 발표된 '인터넷 중독 장애Internet Addiction Disorder, IAD'에 관한 최근 문헌을 조사한 후 발견한 사실들을 공개했다. 이 조사에 따르면 인터넷 중독은 특정한 두뇌 이상과 혈류 변화와 연관되어 있다. IAD는 현재 정식 장애로 인정되고 있진 않지만 이 연구는 인터넷 중독이 심한 고통, 기분 변화, 내성, 금단 증세, 사회적·직업적·학업적 수행 능력의 손상 같은 증상들과 관련되어 있다고 밝혔다. 또한 IAD가 알코올 남용, 불법 마약 복용뿐만 아니라 우울증, 자살 시도, 강박충동 장애, 섭식 장애, 주의력결핍과잉행동장애와도 관련 있다고 밝혔다.

스리 자다팔 의학박사는 기자들에게 이렇게 말했다. "보상과 쾌감 중추가 포함된 두뇌 영역에서 혈류 증가가 관찰되고, 청각 처리와 시각 처리를 관장하는 영역에서 혈류 감소가 관찰됩니다." 이는 인터넷에 접속하여 더 많은 시간을 보낼수록 두뇌가 두뇌의 쾌감 영역에 더 집중하고, 청각과 시각처럼 우리를 안전하고 기민하게 유지하는 두뇌 영역에는 덜 집중한다는 의미다. 자다팔 박사는 미국 십대들 중 IAD 유병률은 약 26.3퍼센트이고 이는 알코올에 의존하거나 불법 마약 복용을 하는 비율보다 더 높다고 덧붙였다.

또한 이 연구는 인터넷 중독이 두뇌의 보상 영역의 민감성을 강화시키고 금전 손실에 대한 민감성을 약화시키고 있다고 밝혔다. 그러므로 만약 페이스북에서 많은 시간을 보내고 있다면 정서적 문제, 사회적 문제, 일 관련 문제를 포함하여 자신의 중독이 가져올 결과를 크게 신경 쓰지 않을 가능성이 높다.

## 중독의 심리학

거의 모든 중독 행동은 정서적으로 중요한 사건에 의해 촉발된다. 과거에 경험한 무언가가 특정한 상황에서 당신을 무력감에 빠뜨리고, 당신은 다른 오락 활동들에 기대어 위안을 찾게 되는 것이다. 많은 사람들이 무력한 현실에 둔감해지기 위해 무언가를 하려는 강한 욕구를 느끼는데, 페이스북 중독자들에게 이는 자신의 뉴스피드를 확인하고 또 확인하는 것이다. 만약 페이스북 중독자들이 돌연 페이스북을 확인하지 않게 된다면 이들은 다른 중독——도박, 비디오게임, 마약이나 술——으로 눈을 돌릴 가능성이 높다. 고통스러운 사건을 직시하지 않으려는 사람에게 중독적 행위에 몰두하는 것은 더 나은 해결책처럼 느껴진다.

불안감이나 무력감은 거의 모든 중독 행동에 앞서 나타난다. 이런 식이다. '불안하다. 불안을 잠재우기 위한 뭔가가 필요하다. 불안감을 줄여주는 조치를 취해야겠다.' 흡연자는 담배 한 개비가 감정의 혼란 상태에서 벗어나게 해준다고 느낄지도 모른다. 페이스북은 보통 지나친 흡연이나 지나친 음주만큼 건강에 해롭지는 않다. 하지만 최종 결과는 같을 수 있다.

심리학적으로, 중독은 우리가 무언가에 너무 몰두한 나머지 그것이 우리의 세계를 장악할 때 나타난다. 기분이 나아지고 싶은 욕구가 매우 강하기 때문에 우리는 자신이 약하다는 느낌이 줄어들기를 바라면서 중독 행동에 의지한다. 중독 행동을 하기 시작하면(심지어 그걸 생각만 해도) 부정적인 감정을 스스로 통제하고 있다는 거짓 감각이 든다. 간단히 말해서, 중독 행동은 그 순간에 우리를 괴롭히고 있는 문제를 개선하는 것처럼 보인다. 페이스북은 자신에 대한 느낌을 바꿀 수 있다. 자신의 삶이 문제투성이거나 스트레스로 가득 차 있다고 생각될 때 페이스북은 훌륭한 탈출구가 되어준다. 하지만 너무 오랫동안 페이스북 세계로 탈출하면 삶의 다른 중요한 측면들——가족, 인간관계, 현실 세계의 우정——을 잊어버릴 수 있다. 왜 우리는 우리에게 좋지 않은 어떤 일을 하는 것일까? 우리 내면의 무엇이 건강하지 않은 중독 행동을 계속 부추기는 것일까?

대부분의 중독자들이 간과하는 사실은 자신이 '도움'을 받기 위해 의존하는 바로 그것이 가장 큰 스트레스를 야기한다는 점이다. 흡연은 힘든 시기를 버티고 넘기는 데 도움이 될지도 모른다. 기분이 아무리 좋지 않아도 담배를 한 대 피우면 나아지는 것 같다. 하지만 그때뿐이다. 그런 다음에는 낯선 사람에게 필사적으로 담배를 구걸하거나 혹시 '깨끗한' 꽁초가 어디 없는지 찾아 헤맬지도 모른다.

중독 행동을 반복하면 그런 행동 속에서 길을 잃게 된다. 냉철한 판단력을 상실하고 극단적인 경우에는 파괴적 행동을 일삼게 되기도 한다. 사람들이 도박에 중독되는 이유는 처음에는 게임에서 이기는 기쁨을 맛보기 때문이다. 또한 삶에서 잠시 도피할 수도 있다. 하지만 도박을 스트레스에 대처하는 일상적 수단으로 삼으면, 강렬하고 비이성적인 욕구를 느끼며 반복해서 도박을 하게 된다. 강박으로 변하는 것이다.

강박은 자발적이지 않고 전혀 즐거움을 주지 않는다. 강박이 있는 사람은 불편함을 해소하기 위해 특정한 행동에 몰두한다. 그런 행동을 반복하지 않으면 불편해서 견딜 수가 없기 때문이다. 강박 행동은 불편함을 줄여주지만 잠시일 뿐이며 강박은 애초에 그것을 유발하는 두려움을 완화시키거나 없애주지 못한다. 가령, 당신이 몇 분마다 한 번씩 난로가 꺼져 있는지 확인하고 싶은 강박을 느낀다고 해보자. 분명 난로를 껐다 하더라도 당신은 계속 확인하도록 이미 훈련되어 있다.

## 스키너의 상자

행동주의 심리학자인 B. F. 스키너는 인간의 모든 행동은 기대하는 결과를 얻기 위해 행해진다고 믿었다. 예를 들어, 만약 어떤 행동을 했는데 부정적인 결과가 나온다면 그런 행동을 다시 하지 않을 가능성이 높다. 하지만 행동의 결과가 긍정적이라면 더욱더 거기에 매진할 것이다. 스키너 박사는 이를 '강화의 원리Principle of Reinforcement'라고 불렀다. 이 이론을 증명하기 위해 스키너 박사는 이른바 '스키너의 상자'를 만들었다. 스키너 박사는 이 상자 혹은 방에 빛을 비추었을 때 동물이 레버를 누르도록 훈련시켰다. 동물이 레버를 정확히 누르면 보상으로서 음식이 자동으로 주어졌다. 부정확한 반응을 하거나 반응을 하지 않으면 처벌(음식을 주지 않음)이 주어졌다. 마침내 동물은 빛으로 자극을 받을 때마다 반복해서 레버를 누르도록 훈련되었다.

인간 역시 훈련될 수 있다. 한때 나는 토끼를 길렀다. 매일 새벽 2시 경에 토끼는 우리 안에서 요동을 치며 나를 깨웠다. 나는 시끄러워서 녀석을 우리에서 꺼냈다. 자유를 얻자 녀석은 밤새 신나게 주방 구석구석을 돌아다녔다. 내가 몇 번 우리에서 꺼내줬기 때문에(보상) 녀석은 우리 안에서 요동을 치며 시끄럽게 굴면 보상이 반복될 것이라고 배웠다. 토끼가 나를 훈련시켜 자신을 우리에서 꺼내게 만든 것이다.

모든 사람은 보상을 얻기 위해 혹은 부정적 결과를 피하기 위해 특정한 행동들을 한다. 강박은 보상으로 작용할 수 있다. 강박은 부정적 감정에서 잠시 눈을 돌리게 만들어주고 우리는 감정에 직접 대처하는 대신 '회피'를 한다. 우리는 온갖 분노, 두려움, 불만을 회피하며 중독 행동에 빠져든다. 프로이드 심리학에 따르면, 회피는 우리의 마음이 불편하거나 위험하다고 인식하는 대상을 무의식적으로 새로운 대상이나 오락거리로 대체할 때 발생한다. 페이스북은 감정적 측면에서 강박과 회피의 공간이 되었다. 페이스북에 중독된 사람들은 주의를 돌리기 위해 강박적으로 사이트를 확인하고 그들의 감정은 있어야 할 곳에서 벗어나 페이스북 타임라인을 배회한다.

## 만약 당신이 페이스북에 중독되었다면

페이스북에 들어가서 항상 하던 대로 하는 대신, 페이스북에서 당신이 진정 무엇을 얻고 있는지 스스로에게 물어보라. 페이스북은 당신의 삶에서 얼마나 중요한가? 당신은 삶에서 무언가를 놓치고 있지는 않은가? 페이스북에서 그렇게 많은 시간을 보내는 동안 정작 진짜 삶에서는 떨어져 있게 만드는 것은 무엇인가? 자유 시간이 너무 많은가? 아는 사람이 없는 곳에 살고 있는가? 현실을 도피하고 있는가? 섭식 장애 증상은 음식과는 거의 무관하고 삶에 뭔가 문제가 있기 때문에 나타나는 경우가 많다. 마찬가지로 페이스북 중독은

**베스, 36**
**그랜드래피즈, 미시간 주**

나는 앉으나 서나 스마트폰만 들여다봐서 목에 이상이 생겼다. 고개를 들고 주위를 둘러보는 게 어떤 느낌인지 잊어버렸다. 사람들은 스마트폰 좀 치우라고 성화지만 그럴 때마다 화가 치민다. 난 내 스마트폰이 너무 좋고 뉴스피드를 훑어보고 있으면 정말 행복하다. 하지만 스마트폰을 손에서 놓지 않는다는 이유로 세 명의 남자에게 연이어 차이자 정신이 번쩍 들었다. 심리치료사는 내가 예전에 남자들에게 상처를 받았기 때문에 페이스북을 이용하여 일부러 관계를 망치고 있는 거라고 말했다. 어느 정도 맞는 말이다. 페친들은 남자들만큼 실망시키지 않으니까.

 좋아요           댓글 달기           공유하기

페이스북 자체와는 거의 관계가 없고 당신이 현실의 무언가를 회피하고 있다는 신호일지도 모른다.

남 일 같지 않다면 당신의 삶에 진지한 변화를 일으켜야 할 때인지도 모른다.

## 문제는 페이스북이 아니다: 무엇이 문제인지 알아내라

당신은 압도당하는 느낌 없이도 페이스북의 장점들을 즐길 수 있고 페이스북을 하며 자신의 삶을 문제없이 잘 꾸려나갈 수 있다. 하지만 선을 넘어서, 소셜네트워크를 일상적으로 이용하는 대신 역기능 행동을 할 때 문제가 생긴다. 만약 페이스북에 중독되었다면 당신은 페이스북에서 지나치게 많은 시간을 보내는 경향이 있을 것이다. 그러지 않으면 뭔가 놓칠지 모른다고 느끼기 때문이다. 평소에 어떤 기분인지 스스로에게 물어보라. 우울한가? 불안한가? 과거에 잃어버린 것 때문에 슬퍼하고 있는가? 본인의 삶이 만족스럽지 않은가? 만약 그렇다면 거기 당신의 감정 도화선이 있는 것이다. 관심을 끄는 분명한 대상(페이스북)을 탓하기는 쉽지만, 중독 행동은 기저에 숨어 있는 다른 문제들의 증상일 뿐이다. 충분한 시간을 두고서 당신이 페이스북을 당신 삶의 반창고로 사용하고 있지는 않은지 생각해보라. 인간관계나 일에서 맞닥뜨린 특정 문제를 회피하기 위해 페이스북을 사용하고 있지는 않은가? 당신의 삶에서 잘못된 것이나 놓치고 있는 무언가를 해결하는 일에 관심을 쏟아라. 일단 숨은 문제를 자각하고 나면 페이스북 이용을 조절하는 일에 더 자신감이 붙을 것이다.

사람들에게 페이스북 뉴스피드를 얼마나 자주 확인하느냐고 물으면 많은 사람들이 "아, 하루에 몇 번 정도요"라고 답한다. 하지만 이보다 훨씬 더 자주 확인하는 것으로 밝혀질 때가 많다. 행동 변화에 있어서 첫걸음은 통찰이다. 실제로 얼마나 자주 뉴스피드를 확인하는지 파악하는 것만으로도 자신의 행동 유형을 '아는' 데 도움이 된다. 당신은 아침에만 페이스북에 접속할지도 모른다. 아니면 폭식을 하듯, 하루에 한 번밖에 확인하지 않지만 몇 시간이고 계속 머무를지도 모른다. 혹은 하루에 수십 번씩 강박적으로 확인해야 하는지도 모른다. 페이스북에 접속해 있지 않을 때조차도 스마트폰이나 태블릿PC가 계속 업데이트를 알려줘서 접속을 부추길지도 모른다. 일단 자신의 행동 유형을 자각하고 나면 애초에 페이스북에 접속하게 만드는 계기가 무엇인지 알아낼 수 있을 것이다. 직장 생활의 따분함처럼 단순한 일이 계기일 수도 있지만 훨씬 더 심각한 일일 수도 있다. 자신이 하는 일과 그 일을 하는 데 드는 시간을 자각하면 페이스북을 좀 더 의식적으로 이용할 수 있을 것이다. 이런 유의 사항을 적어두면 이를 더 의식하게 되어 자동적으로 반응하지 않을 수 있을 것이다.

## 페이스북 휴식기 갖기

몇 년 전 나는 애리조나 주에서 열린 수련회에 참가했다. 그곳에 도착하자마자 휴대전화부터 넘겨주어야 했다. 이때 내가 얼마나 불안해했는지 아마 상상하기 힘들 것이다. 마지못해 따랐지만 시간이 조금 흐르고 나자 뭔가를 깨달았다. 열흘 동안 소셜미디어 없이 지내는 것은 매우 놀라운 경험이었다. 나는 옆에 앉은 사람과 더 오랫동안 대화를 나눴다. 상대의 말을 더 경청했으며 더 진심을 담아 이야기했다.

스마트폰을 한 시간 동안 가방에 넣어두거나 태블릿PC를 하루 동안 집에 두고 외출해보라. 최신 기술로부터 잠시 떨어져 이에 대한 보상으로 친구나 가족과 맛있는 음식을 요리하거나 재밌는 뭔가를 하면서 시간을 보내라. 며칠이든 몇 주든 시간을 따로 정해서 페이스북과 소셜미디어로부터 떨어져 있으라. 페친들에게 '프로젝트 마감'이라 잠시 못 볼 것 같다고 알린 다음 페이스북에서 로그아웃하라. 이렇게 잠시 휴식을 취하면 새로운 관점을 얻을 수 있다. 마지막으로, 아직 끊을 준비가 되지 않았다면 익명의 페북 중독자들의 모임에 언제라도 가입할 수 있다. 믿거나 말거나, 페이스북에는 200개가 넘는 익명의 페북 중독자들을 위한 모임이 있다. 물론 페이스북을 쉬는 것이 목표라면 그다지 도움이 안 되겠지만 말이다.

**f**

# 9

# 날 좋아하잖아?
# '좋아요' 좀 눌러

## 페이스북에서 긍정과 인정을 구하는 것

우리는 사람들이 우리를 좋아해주길 바란다. 하지만 다른 사람이 당신의 가치를 좌우하게 내버려두어서는 안 된다. "안녕하세요. 제가 얼마나 가치 있는 사람인지 제발 말씀 좀 해주시겠어요?"

다른 사람들의 조언을 듣는 것은 좋은 생각처럼 보인다. 자신을 객관적으로 보기 어려워 다른 사람을 통해 자기 가치를 가늠해보기도 한다. 문제는 어떤 의견이 객관적인지 구별하기가 쉽지 않다는 점이다. 다른 사람들의 의견에 너무 휘둘리다보면 중심을 잡기 어렵다. 외부의 인정을 구하고자 하는 욕구는 어디에서 나오는 것일까?

아기는 다른 사람들에게 의존하여 돌봄, 보호, 지지를 받는다. 어린아이는 부모나 후견인에게서 인정과 허락을 구하는 법을 배운다. 그들의 생각에 신경 쓰기 때문에 긍정적인 호응을 얻는 것이 중요해진다. 자신이 올바르게 행동하고 있다는 사실을 알면 안전하다는 느낌이 든다. 게다가 자신을 돌봐주는 사람들 말고 의견을 구하기에 적합한 사람이 또 누가 있겠는가? 시간이 지나면서 우리는 다른 사람들에게서도 인정을 구해야 한다는 사실을 알게 된다. 가령, 행동을 교정해줄 보호자가 주위에 없다면 교사나 지도 교수가 이 역할을 맡는다. 우리는 살아가는 내내 우리가 올바른 선택을 내렸는지 어떤지 다른 사람들에게 계속해서 묻는다. 우리에게는 다른 사람들이 우리의 선택을 인정해주길 바라는 강한 정서적 욕구가 있다. 우리는 다른 사람들이 자신에게 동의할 뿐만 아니라 자신을 이해해주길 바란다. 이 점이 페이스북이나 소셜미디어와 어떻게 연관될까? 바로 '좋아요' 기능과 관계가 있다.

다른 사람의 포스팅에 '좋아요'를 누르는 행위는 영향력이 매우 크다. 페이스북의 많은 이용자들이 무의식적으로 이에 의존하고 있기 때문이다. 사람들은 포스팅 자체만을 위해서 포스팅을 하지 않는다. 무엇이 핵심일까? '좋아요' 기능은 단순히 페친들이 내 포스팅을 읽거나 댓글을 다는 것보다 훨씬 더 큰 매력이 있다. 페이스북에서 '좋아요'를 받는 것은 더 깊은 의미를 담고 있다. 친구들이 우리를 지지하고 응원한다는 의미 말이다.

친한 사람들과 자신의 성취를 공유하는 것에는 아무 문제가 없다. 인간은 자신을 향상시키려고 분투해야 한다. 자신이 나아졌는지 알 수 있는 한 가지 방법은 반응을 관찰하는 것이다. 일견 타당하다. 호응을 구하는 일이 중요하다기보다는 자존감을 높이는 일이 중요하다. 정서적으로, 다른 사람들에게 인정받았다는 느낌을 받으면 자신감이 높아진다. 모든 사람은 어느 정도 인정을 추구한다.

어떤 요소보다, 다른 사람에게 인정을 받는 것은 자신의 가치를 매기는 방식에 직접 영향을 미친다. 그렇기 때문에 우리는 다른 사람들의 의견을 대단히 중요하게 생각한다. 아이러니는 이렇게 외부의 인정에 의존하면 자존감이 낮아질 수도 있다는 점이다. 외부의

**브렌다, 25**
**피닉스, 애리조나 주**

물론 나는 내 포스팅에 '좋아요'를 누른다! 그걸 올린 장본인이니까.
게다가 '좋아요'를 누르면 뉴스피드에서 더 위쪽으로 올라간다. 나는
주로 페친들이 '좋아할' 만한 것들을 올린다. 페친들이 '좋아요'를 눌
러주지 않으면 짜증이 치민다. 이건 페이스북에서 마땅히 해야 하는
일이다. 나도 없는 시간을 쪼개 '좋아요'를 눌러줬으면 갚는 게 기본
아닌가. 좋은 친구라면 그래야 한다. 어떨 땐 '좋아요'가 충분하지 않
으면 절친에게 '좋아요' 좀 눌러달라고 부탁하기도 한다.

 좋아요　　 댓글 달기　　 공유하기

인정에 지나치게 의존하면 자신의 힘을 다른 사람에게 넘겨주는 꼴
이 되고 결국 다른 사람들을 위해 자기 자신을 향상시키려 애쓰게
되고 만다. 그 결과 자아정체감을 몽땅 잃어버릴지도 모른다.


### 에고 부스트

페이스북에서 받는 인정은 중독성이 있다. 생각해보라. 타임라인
에 뭔가를 올린다면 쉽게 칭찬을 받는다. 원래는 우리가 풀이 죽어
있으면 친한 친구들과 가족들만이 가볍게 '응원'을 하면서 우리가

더 나은 사람이라고 느끼도록 도왔다. 하지만 이제는 새 프로필 사진을 올리기만 해도 거의 즉시 페친들이 '좋아요'를 누르거나 칭찬을 쏟아낸다. 페이스북에서의 인정은 아무런 해가 없어 보이고 충분히 이로울 수 있다. 특히 다른 곳에서 인정을 구할 수 없다면 더욱 그러할 것이다. 친절한 몇 마디 응원은 긍정적인 감정을 선사하고 자신의 새로운 가능성을 상상해볼 수 있게 해준다. 현재 상황을 개선해야겠다는 동기를 줄 수도 있다.

**롤라, 30**
**뉴헤이븐, 코네티컷 주**

결혼한 지 12년이 되었을 때 페이스북에 처음 가입했다. 나는 고등학교 시절엔 인기가 하늘을 찔렀지만 결혼하고 난 후 집순이가 돼버렸다. 아이를 낳은 후 몸이 불은 게 너무 신경 쓰여서 집 안에만 갇혀 있었던 것 같다. 2009년에 페이스북을 시작하면서 갑자기 친구가 많이 생겼다. 내게 아름답다고 말해주는 누군가가 항상 있었다. 어떤 남자들은 정말 섹시하다고 댓글을 달기도 했다. 결혼 생활은 점점 무너지고 있었지만 페이스북 덕분에 다시 깨어날 수 있었고 바깥세상엔 그동안 놓치고 살았던 온전한 삶이 있을지 모른다고 생각하게 되었다. 특히 많은 모임과 파티에 초대되면서 이런 생각이 더 강해졌다. 페이스북은 나 자신에 대해 더 만족할 수 있도록 도와주었다.

 좋아요     댓글 달기     공유하기

이상적으로는, 의지하여 지지와 인정을 구할 수 있는 사람들이 많으면 가장 좋다. 보호자 외에도 다른 가족들, 친인척들, 친구들이 있다. 이상적 시나리오에서는, 이들이 늘 곁에 있고 필요할 때마다 안심을 시켜준다. 우리는 유대감이 느껴지고 우리를 가장 염려하고 신경 쓰는 사람들의 의견을 존중하는 경향이 있다. 또한 이들이 건설적이고 유용한 반응을 보여주기를 바란다. 인정은 반드시 필요하고 많은 도움을 준다. 하지만 때로 자신을 지지해줄 사람들이 현실에 부족할 때가 있고 이럴 때 페이스북은 썩 괜찮은 대안이 될 수 있다.

## 페이스북에서의 건강한 인정

사람들은 힘든 시기를 겪을 때 주위 사람들과 경험을 공유하면서 대처하기도 한다. 삶이 유난히 힘들어지면 사랑하는 사람에게 기대어 자신의 이야기를 털어놓는다. 다른 사람에게 이해받는다고 느끼면 위안을 얻는다. 많은 사람들이 이 방법을 이용해 스트레스에 맞선다. 사실, 이는 심리치료에 포함된 치유 과정의 토대이기도 하다.

많은 심리치료 형식 중 변치 않는 요소는 누군가 옆에 있으면서 우리 세계에 관한 이야기를 들어주고 우리의 역할을 이해하려 애써준다는 점이다. 많은 내담자들이 치료 기법에 상관없이 심리치료사와 연결되어 있다는 느낌이 가장 큰 도움이 되었다고 말한다. 내담자는 심리치료사가 내담자의 말에 공감하고 눈높이에 맞춰 이해해준다고 느낄 때 이러한 유대감을 형성한다. 심리치료사가 자신을 '이해하고 있다'는 사실을 알게 된 후에야 비로소 진짜 치료 작업이 시작된다.

사람들은 힘든 시기를 홀로 겪고 싶지 않기 때문에 누군가와 자신의 문제를 공유하고 싶어한다. 문제는 자신의 욕구를 항상 다른 사람에게 완전히 이해시킬 수는 없다는 점이다. 다른 이들이 나와 같은 방식으로 상황을 바라봐주지 않으면 내 이야기를 들어준다고 느껴지지 않는다. 이러한 혼선이 불안을 낳을지도 모르고, 우리는 자신

**일레이나, 51**
**샬럿, 노스캐롤라이나 주**

여동생 로런의 병석을 지키느라 많이 힘들었다. 로런은 몇 달 전 유방암 진단을 받았고 도와줄 가족이 아무도 없었기 때문에 내가 간호를 도맡아야 했다. 얼마 지나지 않아 일상의 스트레스가 내 신체와 감정을 좀먹기 시작했고 나는 페이스북에 이렇게 적었다. "계속 이렇게 지낼 순 없다. 도움이 필요하다. 한 사람이 감당하기에는 짐이 너무 무겁다. 로런을 요양병원에 옮기기로 결정했다. 그곳에서 로런을 더 잘 간호해줄 것이다." 이 포스팅을 올리자마자 페친들은 격려하는 댓글을 달았고 친척들은 나무라는 듯한 댓글을 달았다. 친척들은 내가 이기적으로 굴고 있고 로런을 사랑하지 않는다고 비난했다. 페친들은 나를 이해해주었지만 정작 피를 나눈 사람들은 그렇지 않았다.

 좋아요　　 댓글 달기　　 공유하기

을 이해시키려 한층 더 애쓰게 될지도 모른다. 이 방법이 효과가 없으면 대중의 힘에 의지할지도 모른다. 다양한 사람들과 문제를 공유하여 인정받을 수 있는 가능성을 높이는 것이다.

일레이나는 마음속으로 자신이 옳은 일을 하고 있다고 생각했다. 일레이나는 로런을 버리지 않았다. 일레이나는 매일 로런을 방문하고, 필요한 모든 것을 제공하고, 모든 수단을 총동원하여 로런을 돌볼 계획이었다. 하지만 일레이나는 친척들이 단 댓글 때문에 자신의 동기를 의심하게 되었다. 지지가 부족하자 일레이나는 페이스북에 기댔다. 일레이나는 수많은 '좋아요'와 응원의 댓글들을 보고서 자신감을 얻었다. 특히 친척들의 비난 어린 말들로부터 자신을 방어해주는 포스팅들을 읽고서 마음이 한결 가벼워졌다. 이 사례는 때로 확인이 필요할 때 어떻게 페이스북에 안전하게 기댈 수 있는지를 잘 보여준다. 또한 페이스북은 자신의 이야기를 털어놓거나 다른 사람들을 도울 수 있는 마당이 되어주기도 한다.

## 페이스북에서 받는 인정은 진정한 인정인가

간단하게 답하자면 그렇다. 페이스북은 많은 사람들에게 유대감과 이해받고 있다는 느낌을 안겨준다. 페이스북을 통해 이해받거나 인정받는다고 느껴지지 않는다면 애초에 포스팅을 시작하지도 않았을 것이다. 페이스북은 우리의 존재감을 높여주고 자기표현 욕구를 충족시켜준다. 잠깐 둘러보고 몇 번 클릭하고 타임라인에 걱정거리를 슬쩍 내비치면 즉시 따뜻한 친구들로부터 지지를 받을 수 있다. 하지만 온라인 소통을 통해 얻을 수 있는 공감은 제한되어 있다. 다른 사람들에게 이해받는 부분은 우리가 타임라인에 올리기로 선택한 부분뿐이기 때문이다.

정확히 짚고 넘어가자. 문자메시지와 소셜미디어 댓글이 다른 사람들과 연결되어 있다는 느낌을 받도록 돕지 않는다는 얘기가 아니다. 분명히 도움이 된다. 다만 어느 정도까지만 그렇다는 얘기다. 점점 복잡해지는 세상에 살고 있는 인간은 복잡하고 예민한 생명체다. 우리는 매일 오감을 통해 주변 환경으로부터 정보를 흡수하고, 실제 사례를 경험하며 배우고, 지혜를 얻고 성장한다. 이해를 받고 있다는 느낌은 온라인 소통 하나를 통해서만 얻을 수는 없다. 컴퓨터 화면을 쳐다보는 것만으로 우리에게 필요한 정서적 지지를 온전히 받을 수는 없기 때문이다. 우리에게는 사랑하는 부모의 격려, 친구의 토닥임, 애인의 아련한 향기가 필요하다. 온라인 소통은 절대 이러한 경험들을 만들어낼 수 없다.

많은 사람들이 페이스북에서의 인정이 현실에서의 인정보다 더 중요하다고 주장한다. 친구에게 생일 축하한다고 전화를 걸었는데 친구가 그냥 자기 페이스북 타임라인에 축하 인사나 올리지 그랬냐고 타박을 한 적은 없는가? 이제 많은 사람들이 사적 소통보다 공개 지지를 선호한다. 전 사회적으로 이러한 현상이 급속히 자리 잡고 있고 사람들은 점점 더 이러한 공개 인정에 의존하고 있다. 우리는 인정을 갈망하는 이들로 이루어진 집단이 되어가고 있는 게 아닐까?

온라인 인정에 지나치게 의존하면 자립심을 잃게 된다. 페이스북에서 인정을 주고받는 일에 계속 심취하다보면 행동에 변화가 생길 것이다. 자신의 지식과 직관에 의존하여 올바른 길을 선택하는 대신 다른 사람들이 방향을 찾아주기를 기대할 것이다. 자신에게 얼마나 큰 힘이 있는지 깨닫는 대신 불안감을 이용해 힘을 키우려 할 것이다. 현실의 이 순간을 사는 대신 페이스북의 순간을 살게 될 것이다.


## 건강하지 않은 페이스북 인정

때로 사람들은 다른 사람들이 해주는 칭찬에 손사래를 치면서 자신이 '단지 운이 좋아서'(노력이나 지능 때문이 아니라) 목표를 달성한 것뿐이라고 말하고 자신의 힘을 낮추어 평가하는 경향이 있다. 이들은 자기 비난에 깊이 빠져 있다. 이들은 자기 삶의 긍정적인 측면들을 쉽게 받아들이지 못하고 자신을 객관적으로 바라보지 못한다. 또한 다른 사람들의 의견을 더 중시하는 경향이 있는데 자신이 내린 판단을 신뢰하지 못하기 때문이다. 이들은 행복하거나 자신이 자랑스러울 때조차 그러한 감정을 제대로 즐기지 못하다가 누군가 자신을 향해 긍정적인 감정을 표현하면 그제야 달라진다.

다음 페이지의 해나와 같은 경우, 인정 추구 행위는 다른 사람들의 반응과는 거의 관계가 없다. 불안감이나 낮은 자존감이 문제다. 외부에 초점을 맞추고 있지만 거기에 문제가 있는 것이 아니다. 페

**해나, 37**

**컬럼비아, 사우스캐롤라이나 주**

주디가 내 사진에 '좋아요'를 눌러주거나 긍정적인 댓글을 달아줄 때마다 불안감이 줄어든다. 나는 주디의 페북 타임라인을 꼼꼼히 둘러본다. 주디는 내 남자친구의 전 여친이다. 주디와 나는 죽이 잘 맞는다. 주디는 결혼해서 아이를 넷 낳았고 결혼 생활이 행복한 것 같다. 나는 나와 내 남자친구의 사진들을 계속 페북에 올리면서 주디가 '좋아요'를 누르거나 댓글을 달아주길 바란다. 말도 안 된다는 걸 잘 알지만, 우리가 행복하다는 사실을 주디가 알았으면 좋겠다. 사진에 댓글을 달아주길 바라는 또 다른 이유는 주디가 봤다는 것을 확인할 수 있어서다. 때로 미칠 것 같지만 나도 어쩔 수가 없다. 그녀가 우리 사진에 '좋아요'를 누르지 않으면 하루 종일 그 생각을 떨칠 수가 없다.

 좋아요           댓글 달기           공유하기

이스북에서 '좋아요'를 수백 번 누른다고 해서 자존감이 올라가지는 않으며 '좋아요'를 수백 개 받는다고 해서 유대감이 더 깊어지지는 않는다. 페이스북 인정이 반드시 필요하다고 생각한다면 그것에 의존하게 되었다는 의미다.

우리는 삶의 여정을 지나면서 많은 교훈을 배운다. 어떤 교훈은 다른 교훈보다 더 쉽게 받아들일 수 있다. 우리가 배울 수 있는 위대

한 교훈 중 하나는 우리가 다른 사람들의 생각과 행동을 통제할 수 없다는 사실이다. 우리는 오직 자신의 생각과 반응만을 통제할 수 있다. 사람들은 자신이 생각하고 싶은 대로 생각한다. 그러니 당신도 하고 싶은 대로 하라. 모든 사람을 기쁘게 할 수는 없다. 그럴 필요도 없다. 다른 사람들의 생각을 지나치게 중시하고, 다른 사람들의 인정을 갈구하고, 타인의 평가에 의존하여 자기 가치를 결정하면 에너지만 고갈될 뿐, 아무 의미도 없다.

우리는 모든 사람을 기쁘게 하려고 애쓰지 말아야 한다. 모든 사람의 비위를 다 맞추기란 불가능하기 때문이다. 이 비슷한 말을 들어본 적이 있을 것이다. 이 말은 페이스북 소통에서 어떤 의미가 있을까?

페이스북에 무엇을 올릴지를 다른 사람들의 인정에 근거하여 결정하면 그들에게 당신의 행복을 결정하는 힘을 넘겨주는 셈이다.

자신을 인정하지 못하는 사람은 끊임없이 다른 사람의 인정을 갈구한다. 이런 경우 만 명의 페친에게서 인정을 받는다고 해서 변할 것은 없다. 이마저도 결코 정서적으로 충분하지 않기 때문이다. 타인들을 이용해 욕구를 충족시키려 애쓰지 말고 자신부터 자신의 가치를 인정해야 한다.

아이러니하게도, 더 많은 관심과 인정을 갈구할수록 사람들은 점점 당신 곁을 떠난다. 사람들은 자신감을 보이는 사람들에게 끌리는 경향이 있다. 자신감이 있는 사람들은 인정을 요구하거나 구하지 않는다. 또한 자신에 대해 만족감을 느끼기 위해 으스대거나 다른 사람을 조롱하지 않는다. 정말로 스스로 미소 짓게 되는 포스팅을 올리라. 친구들의 포스팅에 진심을 담아 응답하라. 또 하나, 당신의 포스팅에 달린 댓글들을 너무 심각하게 받아들이지 마라.

다른 사람이 인정해야 나 자신에게 만족한다면 자신이 가치 없다는 느낌만 강해진다. 다른 사람들의 반응에 집착하는 일로 자신의 감정을 덮는 데만 연연하면 숨기고자 하는 그 감정을 극복할 수 없다. 절망감이나 자기 비하 같은 괴로운 감정을 느끼는 이유를 알아내야만 그 감정을 제거할 수 있다. 혼자 힘으로 찾을 수도 있고 심리치료사의 도움을 받을 수도 있을 것이다. 자꾸 자신을 의심하고 자존감이 낮은 이유를 알아내는 것은 이러한 부정적인 감정을 궁극적으로 정복하기 위한 첫걸음이다.

## 우리가 가야 할 길

힘든 시기를 지나고 있어 지지가 필요하다면 우선 당신에게 필요한 것이 무엇인지부터 정확히 알아내라. 필요할 때 지지와 격려를 구하는 것은 건강한 일이며 다른 사람들 또한 당신을 어떻게 도울 수 있는지 쉽게 알 수 있다. 자신이 찾는 것과 찾지 않는 것을 정확히 표현해도 좋다. 오늘 직장에서 어떤 일이 있었는지 당신이 들어주면 좋겠어. 아직 조언은 해주지 않아도 괜찮아. 그냥 들어주면 좋겠어.

당신의 삶에서 가장 중요한 사람들과 예전에 친절하고 객관적으로 반응했던 사람들을 파악하라. 당신에게 동기를 부여하는 사람들과 당신을 기진맥진하게 만드는 사람들에 대해 생각해보라. 자신을 응원해주는 사람들에게 조언과 건설적 비판을 구해야 한다. 낯선 사람이나 건강한 조언을 해준 적이 없는 사람에게 격려를 받으려 한다면 이치에 맞지 않는다.

마지막으로 반드시 기억해야 할 점이 있다. 페이스북에서 관심이나 칭찬을 받는 것은 개인의 가치와는 무관하다. '좋아요' 개수로 자신의 가치를 높이려 하지 마라. 긍정적인 말을 들으면 기분이야 좋아질 수 있지만 이러한 종류의 관심에 의존해서는 절대 정서적 욕구를 충족시킬 수 없다. 자신의 선택에 대해 인정을 받으려 아등바등하지 말고 자신을 있는 그대로 받아들이는 연습을 하라. 어떤 결정을 내릴 때면 자신에게 적합하다는 느낌이 드는지 확인하라. 그런 결정을 내리면 행복감을 느끼거나 현재를 즐긴다고 느끼게 되는가? 만약 그렇다면 올바른 길을 가고 있는 것이고 점점 자신감과 나답다는 느낌이 커질 것이다. 어떻게 해야 더 나다울 수 있을까?

인정 욕구를 내려놓으면 이미 인정받고 있는 자신을 발견할지도 모른다. 아무도 인정하지 않는다 해도 스스로 자신을 인정하라. 아무도 칭찬해주지 않는다 해도 스스로 자신을 칭찬하라.

격려와 동기는 자신의 내면에 있다. 자신을 격려하는 방식을 바꾸는 한 가지 방법은 자신이 사용하는 언어를 통해서다.

페이스북에서 스스로를 표현하는 방식을 눈여겨보라. 자신을 깎아내리고 있다면 그걸 분명하게 의식한 다음 더 이상 그렇게 하지 마라. 마찬가지로, 자신에 대해 자랑스럽고 만족감이 느껴지는 방식으로 포스팅을 하고 있다면 이를 알아채고 더 자주 그렇게 하도록 노력하라. 자신의 긍정적인 자질을 인정하는 것은 이기적인 행동이 아니다. 자랑스러운 성취에 대해 자신을 존중하고 인정해야 할 사람은 오로지 자기 자신이라는 사실을 마음에 새기라.

때로 신뢰하는 사람들이 보내는 인정과 지지는 우리가 자신의 참되고 진실한 자아를 찾을 수 있는 곳으로 데려다주는 한 가지 수단이 될 수도 있지만, 우리를 진심으로 염려하고 보살피는 사람들이 아닌 사람들의 인정은 별로 도움이 되지 않는다. 이 차이를 깨닫는다면 자신이 원하는 삶을 자유로이 살게 될 테고 '다른 사람들이 아닌' 자기 자신을 위해 그렇게 하게 될 것이다.

# 당신이 타인의 인정에
# 의존하게 되었을지 모른다는
# 다섯 가지 신호

1. 페이스북에 올릴 셀카를 오랜 시간을 들여 편집한다. 사진이 '좋아요'나 긍정적 댓글을 끌어낼 만큼 충분히 멋져 보이길 바란다.

2. 자신이 더 강하거나, 더 용감하거나, 더 예쁘거나, 더 날씬하거나, 더 똑똑해야 한다는 생각을 많이 하고 인생의 특정한 세부 사항들을 심혈을 기울여 꾸민 다음 페이스북 프로필에 올린다.

3. 페친이 늘수록 자신에 대한 만족감이 커진다.

4. 친구들과 페친들로부터 지지를 구한다. 지지를 구하면 구할수록 점점 지지를 덜 받는 것 같다.

5. 건설적인 비판을 듣기 싫어한다. 페이스북 포스팅에 부정적인 댓글이 달리면 순식간에 삭제한다.

**f**

# 10

# 이용당하지 말고
# 현명하게 이용하자

우리의 내면에는 새로운 기술 문명과 소셜미디어가 제공하는 기능들을 신중하게 즐기면서도 자신에게 솔직하고 다른 사람들과 긴밀히 관계 맺을 수 있는 힘이 존재한다.

## 페이스북에 이용당하지 말고 당신이 페이스북을 이용하라

이 책에서 우리는 지금까지 페이스북이 개인 차원에서 우리에게 영향을 미치는 방식에 초점을 맞췄다. 하지만 페이스북은 전 세계에서 이용되고 있고 많은 나라들이 자신만의 방식으로 페이스북을 이용하며 세계인들에게 영감을 주고 있다. 페이스북의 가장 좋은 점은 변화를 위한 강력한 도구라는 점이다. 다른 나라들이 페이스북을 이용하는 방식을 보면 잘 알 수 있다. 현재 전 세계에서 10억 명이 넘는 사람들이 페이스북을 이용하고 있다. 중국, 시리아, 파키스탄 같은 나라에서는 소셜미디어가 정치적 저항의 온상이라는 평판 때문에 페이스북을 자유롭게 이용할 수 없다. 이 나라들에서 페이스북을 이용하려면 창의력을 발휘해야 한다. 페이스북에 접근하거나 나라 안팎에서 일어나는 사건들에 대한 세계인들의 생각을 알기 위해서는 페이스북에 연결되는 프록시 서버를 이용해야 한다.

2010년 이집트 알렉산드리아에서 사업가 칼리드 사이드가 인터넷 카페에 있다가 경찰에게 끌려 나와 구타당해 죽었다. 활동가들은 사이드가 경찰의 부패상을 보여주는 동영상을 인터넷에 올렸기 때문에 살해당했다고 생각했다. 그가 죽은 후 며칠 만에 익명의 인권 활동가가 이집트 경찰을 규탄하는 '우리 모두가 칼리드 사이드다

We Are All Khaled Said'라는 페이스북 페이지를 만들어 사이드의 구타당한 얼굴이 담긴 사진과 유튜브 동영상을 올렸다. 유튜브 동영상에는 극명하게 대조되는, 한창 때 모습과 영안실에 누운 피투성이 모습을 보여주는 사진들이 차례로 나왔다. 올린 지 한 달도 안 되어 13만 명의 사람들이 이 페이지에 '좋아요'를 눌렀다. 이 페이지는 곧 이집트 혁명과 관련된 가장 유명한 페이스북 페이지가 되었고 이집트 혁명의 실상을 전 세계에 알렸고 결국 민중 봉기에 불을 붙였다. 소셜네트워크 서비스는 이집트인들에게 공개 광장을 제공했다. 여기서 이집트인들은 분노를 표출하며 서로 연대하고 정부의 폭거에 대항하여 조직을 만들고 집결했다.

페이스북은 대중을 통제하는 데 혈안인 정부들에게 손쉬운 표적이다. 그런 사건들은 우리가 예상할 만한 나라들에서만 일어나지는 않는다. 2009년, 실비오 베를루스코니 이탈리아 총리는 마시모 타르탈리아가 던진 밀라노 두오모 성당 모형 조각상에 얼굴을 맞았다. 하지만 베를루스코니는 그다지 동정을 받지 못했다. 페이스북 이용자들은 온라인에 모여 타르탈리아를 칭찬했고 어떤 그룹은 "우리는 어떤 형태의 폭력도 반대한다. 하지만 얻어터진 베를루스코니의 얼굴은 값을 매길 수 없는 볼거리였다"라고 말했다. 타르탈리아를 지지하는 온라인 청원과 그를 성인으로 추앙하자는 제안이 잇따랐다. 광분한 내각은 반反베를루스코니 페이스북 그룹들 계정을 폐쇄하겠다고 으름장을 놓았다. 그렇다고 저항을 포기할 이탈리아인들이 아니어서 이후 '베를루스코니를 죽이자'라는 이름의 페이스북 그룹이

# 페이스북 이용자가
# 가장 많은 국가 Top 10

1. <u>미국</u>  총 이용자 수는 약 1억 5,900만 명. 페이스북을 가장 많이 사용하는 이용자는 18~34세 연령대에 분포되어 있다.

2. <u>브라질</u>  총 이용자 수는 약 7,200만 명.

3. <u>인도</u>  총 이용자 수는 6,750만 명.

4. <u>인도네시아</u>  총 이용자 수는 4,880만 명.

5. <u>멕시코</u>  총 이용자 수는 약 4,250만 명. 이 나라에서 소셜미디어는 급속히 성장하고 있다.

6. <u>터키</u>  전체 인구의 약 44퍼센트(3,270만 명)가 페이스북을 이용.

7. <u>영국</u>  잉글랜드, 웨일스, 스코틀랜드, 북아일랜드로 이루어진 영국은 약 3,110만 명의 이용자를 자랑한다.

8. <u>필리핀</u>  총 이용자 수는 약 3,020만 명.

9. <u>프랑스</u>  2,530만 명의 적극적인 이용자들이 있다.

10. <u>독일</u>  세 명 중 한 명이 페이스북을 이용한다. 총 이용자 수는 약 2,490만 명.

(출처: TechElipse.com, 2014년 7월 기준)

출현했다.

이 사건들은 이탈리아 정부가 국민들이 소셜미디어를 얼마나 중시하는지 정확히 파악하지 못했음을 보여준다. 뿐만 아니라 이탈리아인들은 이 사건을 통해 총리에 대한 동료 시민들의 속마음을 알수 있게 되었다. 이러한 면에서 관련자들에게는 사적인 경험이지만또 한편으로는 국가적이고 세계적인 사건이다. 또한 페이스북 이용자들이 온라인에서 자신의 감정이나 생각을 여과하지 않고 표출할때도 많다는 사실을 적나라하게 보여주기도 한다.


## 페이스북을 통해 알려진 선행

페이스북 이용이 어느 정도 안정되어 있고 거의 규제가 없는 미국과 같은 나라에서 이용자들에게 공감을 얻고 입소문이 나는 이야기들의 유형은 매우 다양하다. 가령, 경찰의 과잉 진압 반대 시위, PETA*가 영향을 준 동물 복지 투쟁 승리, 배우 로빈 윌리엄스처럼 사랑하는 사람의 죽음에 대한 추도와 헌사 열기 등 매우 다양하다.

어느 토요일 아침, 좋아하는 카페에서 커피를 마시고 있는데 페이스북이 집단 수준으로 사람들에게 영향을 준 매우 바람직한 사례가 눈길을 끌었다. 평소처럼 라테를 즐기며 페이스북 뉴스피드를 훑어보다가 엘런 디제너러스가 올린 포스팅에 눈길이 갔다. 스물한 살

---

★ People for the Ethical Treatment of Animals. 세계적인 동물보호단체.

인 세라 호이달이 엘런의 텔레비전 쇼에 출연한 동영상이었다. 웨이
트리스인 세라는 레스토랑에서 테이블을 치우다가 주 방위군National
Guard 소속인 두 여군이 미국 연방정부 셧다운[*] 기간 동안 자기들이
겪고 있는 경제적 어려움에 대해 토로하는 것을 들었고 그들을 작게
나마 도와주기로 결심했다. 세라는 어머니 집에 얹혀사는 싱글맘이
었고 자신 또한 힘들게 겨우 먹고살고 있었다. 하지만 세라는 여군들
의 이야기에 마음이 움직였고 그녀들의 점심값을 대신 내주기로 결
심했다. 세라는 여군들에게 짧은 편지를 썼는데, 엘런이 스튜디오에
있는 관객들에게 그것을 읽어주었던 것이다.

> 정부 셧다운 때문에 우리나라를 보호하는 여러분 같은 사람들이
> 월급을 받지 못하고 있군요. 하지만 전 받고 있어요. 점심은 제가 낼
> 게요! 숙녀들을 보호해줘서 고마워요! 즐거운 하루 보내세요!
>
> ── 세라

세라의 이 편지를 여군들이 페이스북에 올렸고 입소문이 나서 엘
런의 귀에까지 들어갔다. 처음에 엘런은 세라에게 점심값인 27.75달
러를 돌려주겠다고 농담 삼아 말했지만 그후 50인치 텔레비전(세라
가 엘런의 쇼를 시청할 수 있도록)을 선물했고 이어서 1만 달러 수표를

---

★ 정당 간의 예산안 합의가 실패하여 새해 예산안 통과 시한을 넘기는 경우 예산이 배정되지 않
  아 정부기관이 일시 폐쇄되는 상태.

선행에 대한 포상금으로 주었다. 스튜디오에 있던 관객들은 박수를 치며 열렬히 환호했다.

나는 이 동영상을 본 후에 여기저기서 묵묵히 선행을 하는 착한 사람들에 대해 생각했고 나도 그날 나름의 선행을 해야겠다고 마음먹었다. 누군가의 점심값을 대신 내주거나 시카고 도시철도 탑승권을 무료로 제공할 수 있었다. 그 동영상은 인간에 대한 희망이라는 긍정적인 감정을 자극했고 나도 사소하게나마 세상을 더 나은 곳으로 만드는 데 한몫하고 싶어졌다.

그날 점심께 기회가 생겼다. 식료품점에서 앞에 서 있던 여성이 지갑을 잊어버리고 안 가져온 것이다. 내가 말했다. "점심은 제가 낼게요."

## 아는 것이 시작

페이스북이 긍정적인 영향을 미친다는 사실을 보여주는 사례들이 아무리 많다 해도 개인 차원에서 같은 매체(페이스북) 때문에 고통을 겪고 있다면 이러한 미담에 집중하기 어려울 것이다. 우리는 이 책에 나온 사례들을 통해 많은 사람들이 페이스북의 영향에 시달리고 있고 어떤 사람들은 극단적인 행동을 하는 성향이 강하다는 사실을 알게 됐다. 연구가 미진하기 때문에 페이스북이 우리의 감정, 인간관계, 삶에 미치는 진짜 영향을 아직 확실히 알 수는 없다. 하지만 일부 사실들을 알게 되었고 스스로 깨달을 경우 훨씬 유리한 입장에서 자기 행동을 단속하고 균형을 되찾을 수 있을 것이다.

## 페이스북이 인체에 미치는 영향

온라인에서 보내는 시간이 증가하고 소셜미디어가 출현하면서, 우리 뇌에서 일어나는 화학작용은 예기치 않은 방식으로 변하고 있다. 페이스북에 대한 일간지 기사들과, 소셜미디어와 온라인에서 보내는 시간이 인간의 생리에 미치는 영향에 관한 연구들은 이제 막 나오기 시작했다. 미미할지 모르지만 연구 결과들이 조금씩 나오고 있다. 페이스북을 비롯한 다양한 온라인 활동들은 우리의 신체에 커다란 영향을 미친다. 이 책의 앞부분에서도 페이스북이 호르몬 생성에 미칠 수 있는 영향을 언급했다. 이는 매우 중요한데 호르몬은 우리의 신체 기능을 지배하고 조절하기 때문이다. 예를 들어 우리가 자기 자신에 대해 이야기할 때는(페이스북을 통해 그 어느 때보다 많이 하고 있다) 옥시토신이 분비된다. 또한 자신의 포스팅에 '좋아요'가 달릴 때에도 옥시토신이 분비된다. 이는 지금까지 알게 된 몇 가지 영향에 불과하고 이러한 호르몬 변화와 새로이 발견될 호르몬 변화들이 우리의 삶에 미치는 영향에 대해서는 아직 완전히 알지 못하는 상태이다.

인간은 무수히 많은 이유로 생리적 변화가 일어날 수 있다. 하지만 과학기술이 우리의 생리와 심리에 미치는 영향을 절대 과소평가해서는 안 된다. 과학기술은 우리의 감정, 인간관계, 삶에 대한 통제력을 유지하는 또 다른 방법이기 때문이다. 오랫동안 컴퓨터 화면을 쳐다보면 신체의 생리 기능 주기가 바뀌고 수면 주기가 무너질 수 있다. 기술 발달이 주의력 지속 시간을 단축시키고 신경 회로를 바꾸고 있다는 견해도 있다. 어느 시대보다 사람들은 시력 문제, 두통, 피로, 목 통증과 허리 통증에 시달리고 있는데, 이 모두가 온라인 활동과 연관되어 있고 우리의 삶에 크게 영향을 미칠 수 있다.

소셜미디어와 기술 발달이 현재 우리에게 어떤 영향을 미치고 있는지 잠시 생각해보라. 신체에 어떠한 변화가 생겼는가? 앞에 있는 사람의 말에 집중하기가 어렵지는 않은가?


## 개인정보를 이용하는 기업들

우리는 기업의 영향에 대해서도 의식해야 한다. 페이스북은 주주와 직원들에게 돈을 벌어주기 위해 만들어진 하나의 기업이다. 페이스북은 아이비리그 대학생들이 서로 관계 맺기 위한 방편으로 시작되었다가 10억 달러짜리 기업으로 급속히 바뀌었다. 이 기업은 광고를 주된 재원으로 삼고 있고 이용자에게 개인정보는 어느 정도 포기하라고 요구한다. 일전에 만났던 한 정치학 교수는 광고의 영향권 밖에 있는 삶은 상상조차 할 수 없을 것이라고 말했다. 광고는 갓난아기 때부터 우리의 삶에 엄청난 영향을 미친다. '얼짱 뽑기' 페이지였던 초기 설계를 통해 페이스북 창립자들은 소셜미디어 네트워크에 대해 훨씬 더 단순하고 순수한 비전을 가졌을지 모르지만 그후로 모든 것이 변했다. 반드시 이용자에게 유리하게 변했다고는 할 수 없다. 페이스북을 이용하기 위해 개인정보를 일부 포기하게 되면서 우리의 감정, 인간관계, 삶이 실험 대상이 되었다.

미국국립과학원회보에 실린 한 논쟁적인 조사 연구는 2012년 1월에 페이스북이 코넬 대학교와 캘리포니아 대학교의 샌프란시스코 캠퍼스UCSF와 1주일 동안 약 70만 명의 이용자들을 대상으로 특정한 콘텐츠에 대한 감정 반응을 연구하는 사회적 실험을 실시했다고 폭로했다. 이용자들은 실험에 참여하고 있다는 사실을 전혀 통지받지 못했다. 긍정적인 글을 잘 읽지 않는 사람들이 더 쉽게 부정적인 포스팅을 올리는지와 부정적인 감정에 덜 노출되었을 때 반대의 일이 일어나는지를 알아내는 게 목표였다. 페이스북 이용자들은 처음 가입할 때 사생활 보호와 관련된 권리를 많이 포기하기 때문에 이러한 정보 수집이 불법은 아니지만, 페이스북 측의 이러한 교활한 움직임에 많은 이용자들이 분노했고 우리는 이를 통해 우리의 감정, 인간관계, 삶이 페이스북에 지나치게 영향을 받고 있다는 사실을 다시 한 번 분명히 확인할 수 있었다.

잠시 이에 대해 생각해보라. 당신의 감정을 가지고 실험하는 페이스북 때문에 우정을 잃거나, 배우자와 싸우거나, 일상생활에서 이런저런 어려움을 겪지 않았다고 장담할 수 있는가?

## 나는 나의 프로필 사진인가

페이스북이 우리의 감정, 인간관계, 삶에 미치는 많은 영향들 중에서 가장 염려스러운 부분은 페이스북이 우리의 자기표현과 자존감에 미치는 영향이다. 인간은 어릴 때부터 자신의 현실을 외부에 투사하면서 자아 개념을 형성한다. 즉 다른 사람들과의 상호작용을 통해 정체성과 신념을 형성한다. 우리는 세상에 대한 자신의 생각과 다른 사람들의 생각을 비교할 때가 많다. 그래서 십대 시절이 그토록 힘든 것이다. 독립성과 자아정체성을 확립해가면서도 또래 친구들의 인정에 매우 민감하기 때문이다. 페이스북을 통해 인정을 구하는 행위가 우리의 심리에 미치는 영향은 우리가 인정을 갈구하면서 자아 개념을 발달시킬 때 일어나는 일과 비슷하다.

자아정체성은 정적인 개념이 아니다. 사람들은 살아가는 내내 분투하면서 자아 개념이나 자아정체성을 조정한다. 부모로부터 독립하면서 독립성과 자아정체감을 확립하려 애쓰거나 인생 경험을 통해 자신이 인간으로서 변화하고 있다는 사실을 깨달아간다. 페이스북과 소셜미디어라는 새롭고 영속적인 지형 속에서 '디지털 네이티브'들은 자아정체성을 형성해가고 있고 X세대나 베이비붐 세대 같은 이전 세대들은 자신의 자아정체성을 이 지형에 투영하고 있다. 자기 편집, 인정 추구, 현실과 다른 누군가로 자신을 재창조하는 행위는 자아정체성을 왜곡할 수 있고, 두 가지 상충되는 방식으로 세상을 인식하면 불안해질 수 있다.

자기표현은 행복을 구성하는 중요한 일부분이고 이제 우리에게는 이전에 없던 방식으로 자신을 표현할 기회가 생겼다. 자기표현을 통해 바라는 바를 실현할 수 있고 이는 자아정체성을 강화하는 데 도움이 될 수 있다. 하지만 페이스북과 소셜미디어를 통해 우리는 더 커다란 공동체에 노출됐고 더 많은 비판에 직면하게 되었다. 페이스북의 기능들은 자기 정보를 편집하고 타인의 인정을 갈망하게 만들었고 이는 우리의 자아정체성을 약화시키고 자기 가치감과 관련된 문제들을 양산하고 있다. 극단적인 수준에서는, 셀카를 포함하여 자신이 올리는 포스팅에 어떤 반응이 나오는지에 따라 자기 가치를 규정한다. 자기 편집에 지나치게 몰두하면 점점 자신을 믿지 못하게 되고 순수한 자기표현 능력을 잃어버리게 된다. 다른 사람들에게 어떻게 보일까 두려워하기 때문에 진짜 자신을 쉽게 잃어버릴 수 있다. 이는 자존감 저하, 우울증, 다른 사람들의 의견에 대한 지나친 의존 등으로 이어질 수 있다.

다음 질문에 대해 잠시 생각해보라. 나의 프로필 사진은 참된 나를 보여주는가? 이 질문에 답할 수 있는 사람은 오직 당신뿐이다.


## 우리가 가야 할 길

인터넷과 소셜미디어는 많은 면에서 우리의 삶을 더 수월하고 더 즐겁게 만들었지만 이것들이 우리의 삶을 대체할 수는 없다. 균형을 잡기 위해서는 시간을 쓰는 방식을 재정립해야 한다. 사람들은 스마트폰에서 눈을 떼지 않으려 한다. 하루에 스마트폰을 사용하거나 만지는 횟수를 세어보길 바란다. 생각보다 훨씬 더 스마트폰에 의존하고 있다는 사실을 알게 될 것이다. 이 책에서 지금까지 살펴본 것처럼 소셜미디어와 기술 문명에 대한 과도한 몰두는 우리를 변화시키고 있다.

최신 기술, 소셜미디어, 혹은 페이스북을 어느 정도로 이용하고 있든지 간에, 가끔 온라인이나 가상 세계에서 빠져나와 균형을 잡아야 할 필요를 느끼는 사람들이 많을 것이다. 잠을 잘 자지 못하기 때문에, 혹은 자신이 중독되었다고 느끼기 때문에, 또는 인간관계나 일이 위기에 빠졌기 때문에 이러한 필요를 느낄지도 모른다. 또 어쩌면 자신이 알 수 없는 누군가로 변해가고 있기 때문일지도 모른다. 한 발짝 물러나서, 창의적인 방식을 활용하거나 소셜미디어와 최신 기술에 접근하는 나름의 규칙을 정하면 자연스럽게 삶의 균형을 되찾을 수 있다. 아무 일도 하지 않고 가만히 앉아 있는 것만으로도 건강을 유지하기 위해 필요한 신체 리듬을 회복할 수 있다.

다음의 목록은 소셜미디어와 최신 기술을 이용할 때 균형을 찾도록 도와주는 확실한 방법들이지만 다른 창의적인 접근법들도 있을 것이다. 가령, 요즘에는 아름다운 풍경을 보거나 재미있는 이야기를 듣거나 기가 막힌 생각이 번뜩이면, 페이스북에 '올리고' 싶은 충동이 가장 먼저 든다. 하지만 충동적으로 기록하기 전에 잠시 여유를 가지고 잠시 그 자체를 음미해보는 것은 어떤가?

만약 페이스북에서 한 친구를 칭찬했다면 현실에서도 반드시 누군가를 칭찬하라. 바로 그날 말이다. 만약 온라인에서 무언가를 보고

# 소셜미디어 중독에서 벗어나는
# 열 가지 방법

1. 포스팅을 하고 나면 페이스북에서 로그아웃하라.

2. 노트북이나 스마트폰의 모든 푸시 알람을 꺼라.

3. 잠자리에 들기 전 노트북을 끈 다음 스마트폰과 함께 다른 방에 두라.

4. 앞에 있는 사람에게 온전히 관심을 기울이고 그 사람에게도 그렇게 요구하라.

5. 목욕을 하라. 단 스마트폰은 밖에 두고!

6. 페이스북 확인을 하루에 세 번, 총 30분만 하라.

7. 휴대폰이 터지지 않는 곳으로 주말에 여행을 떠나라.

8. 식탁 위에 바구니를 두고 식사 시간에는 스마트폰을 넣어두라.

9. 밤 9시 이후에는 어떠한 전자기기도 사용하지 마라.

10. 오프라인 우정을 유지하는 데 똑같은 시간을 할애하라.

영감을 받는다면 단순히 '좋아요' 버튼이나 '공유하기' 버튼을 클릭하는 데 그치지 마라. 자신에게 몸소 실천할 힘이 있다는 사실을 잊지 말자. 우리는 소셜미디어에서 엄청난 정보와 깨달음을 얻는다. 그것을 일상생활에 적용해도 좋지 않을까? 불편한 일이 생긴다면 직접 행동하여 상황을 개선하거나 변화시키라.

주변에서 일어나고 있는 일을 여유 있게 음미하면 자신의 삶에 훨씬 더 만족하게 되고 끊임없이 자극을 갈망하는 성향이 줄어든다. 오감을 이용해 주변을 더 의식하라. 보고, 듣고, 만지고, 냄새 맡고, 맛보라. 아름다운 그림을 눈에 담으라. 친구들과 맛있는 저녁을 즐기며 농담을 주고받으라. 유럽산 초콜릿을 맛보고, 고급 포도주를 음미하고, 북적북적한 시장의 냄새와 소리를 느껴보고, 애인의 품 안에서 따뜻함을 조금 더 즐기라.

삶의 균형을 유지하는 것은 행복의 열쇠이고, 균형을 회복하는 한 가지 방법은 최신 기술을 잠시 멀리하는 것이다.


## 우리에게는 중독을 이겨낼 힘이 있다

페이스북은 이미 우리 삶의 중요한 일부이며 최고의 소셜미디어 웹사이트로서 현 세대뿐만 아니라 다음 세대의 삶에서도 오랫동안 주역으로 활동할 것이다. 일부 이용자들은 자기도취 성향과 중독 성향을 보이고 있고 이 책에서 언급한 '감정 조종자들' 중 하나에 포함될 수도 있지만 대다수의 사람들에게 페이스북 중독이란 없다. 정말 그렇다. 그 누구도 간단한 디지털 대화만을 통해 서로 관계를 맺으라고 우리에게 강요하지 않는다. 우리에게는 선택권이 있다. 하지만 우리가 어떤 상황에 직면해 있는지를 알아야 현명한 선택을 내릴 수 있다.

우리가 스스로 공부하고 (이 책을 읽음으로써) 페이스북과 소셜미디어가 미치는 영향의 깊은 의미를 이해한다고 해도, 우리는 여전히 불리한 입장에 서 있다. 다시 말해, 아는 것만으로는 온전한 승리를 거둘 수 없다. 하지만 기술의 발달과 기업이 우리의 감정, 인간관계, 삶에 미치는 영향을 진짜로 알고 이해하기란 불가능할지도 모른다.

페이스북과 소셜미디어는 개인과 사회가 긍정적으로 성장하도록 도와야 한다. 먼저 우리가 자기 자신과 다른 사람들을 바라보는 방식을 이해해야만 그러한 성장을 이룰 수 있다. 만약 우리가 모든 사람이 잘 살고자 하는 기본 욕구(자신을 행복하게 하는 요인들을 최대화하고 그렇지 않은 것들을 최소화하면서 살고자 하는)를 똑같이 가지고 있다는 사실을 이해하고 서로에게 접근한다면, 페이스북은 개인 성장과 사회 성장을 위한 강력한 도구가 될 것이다. 또한 우리가 목적의식을 가지고 자신뿐만 아니라 다른 사람들의 이익을 염두에 두고 책임 있게 행동한다면 주변 사람들뿐만 아니라 자신 또한 성장시킬 수 있을 것이다.

학습을 하고 자기를 올바로 인식해야 비로소 자신의 행동을 스스로 규율하고 도움을 구할 수 있다. 우리의 내면에는 새로운 기술 문명과 소셜미디어가 제공하는 기능들을 신중하게 즐기면서도 자신에게 솔직하고 다른 사람들과 긴밀히 관계 맺을 수 있는 힘이 존재한다.

이 책을 통해 사람들과 좋은 관계를 맺고 유지하는 데 시간과 공을 들이되 페이스북 교류의 영향을 현명하게 제어할 수 있게 되기를 바란다. 그리고 현실에서 하는 더 의미 있는 경험에 앞자리를 내어주길 바란다.

'좋아요' 개수로 자신의 가치를 높이려 하지 마라. 타인의 인정을 받으려 아등바등하지 말고 자신을 있는 그대로 받아들이는 연습을 하라. 인정 욕구를 내려놓으면 이미 인정받고 있는 자신을 발견할지도 모른다.

**f**

# 사례 연구

"나는 저녁식사 때 모든 사람이 자신의 휴대전화를 바구니 안에 넣어야 한다는 규칙을 세웠다. 처음에는 다들 식사 시간 내내 바구니만 쳐다봤다. 문제가 있다는 신호였다. 얼마 후 조금 더 나아졌고, 이제는 신경조차 쓰지 않는다."

### 벳시, 33
### 시카고, 일리노이 주

–

나는 페이스북 때문에 해고를 당했다. 나는 우울증과 심한 요통을 이유로 병가를 냈었는데, 그만 멕시코 칸쿤에서 선탠과 파티를 즐기는 사진을 페이스북에 올리는 실수를 저지르고 말았다. 사장님과 페친 사이라는 걸 깜박했던 거다. 사장님은 내가 선탠하는 사진에 "많이 나온 것 같아 다행이군요. '퇴원하면' 얘기 좀 합시다"라고 댓글을 남겼다. 다시 출근했을 때 사장님은 날 해고했다. 내가 잘못하고 있는 건 알았지만, 정말로 사람들에게 내가 선탠하는 모습을 보여주고 싶었을 뿐이었다.

### 애너벨라, 24
### 인디애나폴리스, 인디애나 주

–

페이스북에서 가장 불쾌했던 것은 뉴스피드를 확인하다가 아기가 관에 들어 있는 사진을 본 일이다. 내 친구는 생후 3개월 된 딸아이가 죽었을 때 관에 담긴 모습을 진지하게 찍어서 올렸다. 페이스북에 말이다. 도대체 누가 그런 짓을 한단 말인가? 나는 심한 굴욕감을 느꼈다. 끔찍하고 잘못된 일이다. 다른 사람들에게 보게 해서도 안 된다고 생각한다. 나는 그 사진에 댓글을 달지 않았지만 많은 사람들이 댓글을 달았다. 미쳤다는 생각밖에 안 든다.

**압델, 35**

**뉴어크, 뉴저지 주**

–

나는 페이스북에서 누구도 나를 모르길 바란다. 아내에게도 우리가 결혼했다는 사실을 페이스북에서 말하지 말라고 시켰다. 사람들은 그런 이야깃거리에 환장한다. 휘말리지 않는 게 좋다. 아내도 페이스북을 하고 있는데 뭐, 그건 괜찮다. 하지만 모든 사람이 내 사생활에 상관하는 것은 옳지 않다고 생각한다. 사람들은 다른 사람의 사생활을 캐고 다니는 것보다 더 나은 일들을 하고 살아야 한다. 왜들 그러는지 전혀 이해가 안 간다.

**미겔, 35**

**산타페, 뉴멕시코 주**

–

아내는 결혼식 도중에 단상 앞에서 키스하면서 셀카를 찍고 싶어했다. 나는 미쳤다고 말했다. 아내는 아무 문제도 없다고 생각했다. 미친 짓처럼 보이지 않는가? 페이스북 업데이트를 하지 않고선 결혼식도 즐길 수 없단 얘기다. 그렇게 하도록 내버려둘 순 없었다. 아내는 결혼식 키스 장면 셀카를 못 찍었다고 지금도 투덜댄다.

**캐롤리나, 28**

**올버니, 뉴욕 주**

–

고등학교 때 겪었던 창피한 일에 대해 친구에게 말한 적이 있다. 하지만 그게 실수였다. 친구는 내가 해준 이야기를 페이스북에 올리고서 "캐롤리나에게 무슨 일이 있었게?"라고 적었다. 그건 사생활이었다. 나는 화가 났고 상처를 입었다. 사람들은 농담을 해댔고 나는 상관없는 척하려 애썼지만 실은 그렇지 않았다. 그애는 날 비웃으려고 타임라인에 그걸 올린 듯하다. 그때 이후론 연락을 끊었다.

**조세핀, 37**
**매디슨, 위스콘신 주**
–

나는 페이스북에 아이들 사진을 하나도 올리지 않는다. 이 문제에 대해선 매우 강경하다. 나는 범죄 역사를 전공했고 세상에 아픈 사람들이 많다는 사실을 잘 안다. 어떻게 엄마들이 자기 아이들 사진을 그렇게 맘 놓고 올리는지 모르겠다. 아이들이 더 크면 자기들이 원해서 올릴 수는 있겠지만 현재로선 사진을 올리는 일이 위험천만하다고 생각한다.

**크리스, 23**
**워싱턴 D.C.**
–

제일 말도 안 되는 경우는 페이스북에서 누군가의 이별을 목격할 때다. 스포츠 실황 중계를 보는 것 같다. 나는 친구들에게 문자를 보낸다. "이것 좀 봐!" 사람들은 서로 모욕하고, 성질을 부리고, 전 애인이 질투할 만한 포스팅을 올린다. 그러고선 후회하면서 사랑 노래나 인용구를 올려서 헤어진 사람의 마음을 돌리려 애쓴다. 이런 게 얼마나 바보 같은지 다들 알아야 한다.

## 나이마, 28
### 뉴욕시티, 뉴욕 주
–

웨딩드레스를 입어보는 동안 절친이 내 사진을 찍어주었다. 그런데 웨딩숍
에서 나온 후 친구가 그 사진들을 페이스북에 올렸다는 사실을 알게 됐다.
나는 몹시 화가 났다. 약혼자가 사진 몇 장에 '좋아요'를 눌렀다. 나는 그에
게 웨딩드레스 입은 모습을 미리 보여주고 싶지 않았다. 같은 여자면서 그
걸 모르다니. 친구는 별다른 생각 없이 올렸다고 말했다. 나는 너무 화가
나서 1주일 동안 아무 말도 하지 않았다. 친구는 멍청한 애가 아니다. 걔가
왜 그랬는지 모르겠다. 그앨 용서하려면 시간이 좀 걸릴 것 같다.

## 중독

## 앤트워네트, 32
### 크리스털레이크, 일리노이 주
–

나는 페이스북을 사랑한다. 페이스북 중독이 심각하지만 적어도 내가 중
독인 걸 인정하긴 한다. 하하하! 나는 항상 페이스북에 붙어 있다. 새벽 3
시에도 페이스북을 하느라 잠을 잘 수가 없다. 때로는 뉴스피드를 확인하
느라 한숨도 못 잘 때도 있다. 내가 하루 종일 페이스북에만 붙어 있다고

친구들은 야단을 하지만, 그게 사실인걸 뭐. 페이스북이 없었다면 많은 일을 해치웠을 것이다. 왜 페이스북을 확인해야만 하는지 잘 모르겠지만, 그냥 해야 한다. 단 하나 확실한 것은, 페이스북이 없다면 어떻게 하루를 보낼지 모르겠다는 거다. 아마 말라죽을 것이다.

**스티븐, 41**
**찰스턴, 웨스트버지니아 주**
–

난 지금 이 여자한테 푹 빠져 있다. 우린 오랫동안 만나지 않다가 최근 다시 만났다. 그녀 때문에 난 페이스북에 중독되었다. 망할 놈의 페이스북이 문제다. 농담이다. 하지만 난 그녀가 새로운 사진이나 글을 올렸나 보려고 1시간에 두 번씩 빌어먹을 페이스북을 확인한다. 내가 자기 타임라인을 너무 자주 확인하는 걸 그녀가 알까봐 걱정된다. 그걸 알 수 있나? 그녀는 새로운 녀석과 함께 찍은 사진을 올리기 시작했다. 도대체 왜 그러는 걸까? 녀석과 데이트를 하는 걸까 아니면 내가 질투하게 만들려는 걸까? 내가 그 사진에 '좋아요'를 누르면 내가 자신감 넘치고 녀석에 대해서 별 신경 안 쓴다고 생각하겠지? 뭐가 더 나을까? 사진에 '좋아요'를 누를까, 아님 그냥 무시할까?

**앤지, 27**
**디트로이트, 미시간 주**
–

나는 섹스보다 페이스북이 더 좋다. 섹스 없이 1주일을 보낼 순 있지만 페이스북 없이는 못 보낸다. 나는 페이스북이 필요하다. 페이스북이 없다면 내 삶이 어떨지 상상조차 할 수 없다.

## 브라이언, 19
### 시카고, 일리노이 주
–

스마트폰으로 페이스북을 너무 많이 해서 양쪽 엄지손가락에 건초염이 생겼다. 짜증난다. 스마트폰을 쓸 때마다 아파 죽겠다. 곧 깁스를 할 거다. 그러면 음성 명령 기능을 이용해야 하나? 잠시 끊는 게 어떠냐고? 어쩌면. 아님 다른 녀석한테 나 대신 페이스북 화면 좀 내려달라고 하지 뭐. ㅋㅋㅋ

## 디, 35
### 솔트레이크시티, 유타 주
–

나는 잠시 페이스북을 멀리해야 했다. 그저 잠시 동안 끊을 필요가 있었다. 때때로 너무 심하다는 생각이 들었다. 어떨 땐 아무것도 찾지도 보지도 않았다. 그냥 로봇처럼 스크롤바를 내릴 뿐이었다. 페이스북은 하루 종일 그걸 확인하게 만든다. 내가 왜 거기에 있는지 더 이상 알 수도 없었다. 날 행복하게 해주지도 않았다. 똑같은 이야기가 나오고 또 나왔다. 더 이상 내게 아무 도움도 되지 않았다.

**바브, 24**

**오거스타, 메인 주**

-

남자친구가 망할 놈의 스마트폰을 손에서 놓지 않아서 결국 헤어졌다. 데이트를 할 때건 이동할 때건, 남자친구는 운전을 하면서도 문자를 보내거나 페이스북을 했다. 미칠 지경이었다. 난 그에게 그만하라고 했고 그의 엄마를 포함한 주위의 모든 이들이 그만하라고 했다. 그는 항상 스마트폰만 쳐다봤다. 날 보지 않았다. 외식을 할 때도 계속 스마트폰을 확인했다. 가끔 안 그러려고 해봤지만 대화를 하면서도 불안해 보였다. 자기 스마트폰만 빤히 쳐다봤다. 그런 사람과는 만날 수 없다. 아무도 그런 사람과는 데이트할 수 없다.


인정


**놀런, 29**

**애틀랜타, 조지아 주**

-

나는 페이스북에다 자신이 저지른 범죄에 대해 올렸다가 체포되는 멍청한 범죄자들 이야기를 읽는 걸 좋아한다. 너무 웃기다. 그들은 너무 흥분한 나머지 방금 훔친 돈 앞에서 셀카를 찍은 다음 페이스북에 올린다. 누군가 그걸 경찰에 신고할지도 모른다는 생각조차 못 한다. 멍청이들.

**마거릿, 40**

**말리부, 캘리포니아 주**

–

남편은 내게 몹시 화가 났다. 수백 명의 친구들이 자신의 포스팅에 '좋아요'를 눌러주는데 왜 나만 누르지 않느냐는 거였다. 남편은 누구보다 내가 먼저 '좋아요'를 눌러야 하지 않느냐고 말했다. 나는 남편에게 그의 포스팅에 정말로 신경 쓰는 사람은 아무도 없다고 말해주었다. 우정의 의무감에서 '좋아요'를 누르는 것이지 정말로 신경 쓰는 것은 아니다. 남편이 사람들에게 깊은 인상을 주려 애쓴다는 사실을 누구나 알 수 있다. 내가 남편의 포스팅에 '좋아요'를 누르지 않은 이유는 안쓰럽게 느껴졌기 때문이다. 우리는 매일 저녁 페이스북 때문에 싸웠다. 결국 세 달 전에 그의 곁을 떠났다. 더 이상 견딜 수가 없었다.

**앤드리, 26**

**몬터레이, 캘리포니아 주**

–

내 친구들은 내가 헬스클럽에서 올리는 포스팅을 가지고 놀린다. 난 헬스클럽에 갈 때마다 타임라인에 포스팅을 한다. 사람들이 내가 거기에 있고 열성적이라는 사실을 알아줬으면 해서다. 내가 운동을 열심히 한다는 걸 사람들이 알아주면 기분이 좋다. 헬스클럽에 갔을 때 몇 번 페이스북 체크인을 깜박한 적이 있다. 너무 화가 났다. 페친들이 보고 있지 않으면 아무 의미도 없다. 단순한 문제다. 사람들이 내 말이나 행동에 '좋아요'를 눌러주면 기분이 좋다. '좋아요'를 못 받으면 불안해진다. 사람들이 내가 헬스클럽에 있는 걸 좋아해줬으면 좋겠다. 내 일부분이기 때문이다.

## 앨릭스, 43
### 그랜드래피즈, 미시간 주
–

어떤 영화에서 엑스트라를 하게 돼서 계속 페이스북에 올렸다. 멋지다고 생각돼서 사람들에게 내가 어디에 있는지 알려주고 싶었다. 한 페친이 내게 애정결핍증처럼 보인다고 했다. 3일 연속으로 같은 주제로 올리니까 관심을 받으려 발버둥치는 것 같단다. 하지만 관심 끌려던 게 아니었다. 멋진 경험을 공유했을 뿐이다. 다른 사람들은 아무도 그렇게 말하지 않았다. 그러니까 그가 틀렸다.

## 애나, 30
### 털리도, 오하이오 주
–

임신한 후 살이 쪄서 페이스북 포스팅을 그만뒀다. 나도 안다. 임신하면 누구나 살이 찐다는 사실을. 하지만 모든 사람이 이런 내 모습을 보도록 사진을 올리고 싶진 않다. 친구들이 집에 놀러 오는 건 괜찮다. 개의치 않는다. 하지만 페이스북에서는 멀쩡하거나 괜찮은 사진을 고르는 일만으로도 엄청 우울해진다. 이 사진들을 예전 모습과 비교한다. 날씬한 배, 탄탄한 복근. 그러곤 슬퍼진다. 지금 내 모습이 맘에 안 들고 사람들에게 이런 날 보여주고 싶지 않다. 살을 빼면 다시 사진을 올릴 거다. 그때까진 아기 얘기만 해야지. 그러면 잠시 나한테서 관심이 없어질 테니까.

## 연애 관계

**모건, 41**

**워싱턴, 일리노이 주**

–

나는 전 애인의 페이스북을 꼼꼼히 확인한다. 어제는 376명의 페친이 있었는데 오늘은 378명이 됐다. 그녀가 다음엔 어떤 녀석이랑 이야기를 나눌지 궁금해 미칠 지경이다. 나도 이러고 싶진 않지만 어쩔 수가 없다. 지금은 누구랑 이야기하고 있을까? 바로 면전에서 그러니 안 볼 도리가 없다. 나도 이렇게 집착하지 않으려고 애써봤다. 멍청한 짓인 줄 잘 알지만 멈추기가 힘들다. 혼란스럽다. 점점 망가지고 있다. 뭘 신경 쓰고 뭘 잊어야 할까? 뭐가 현실이고 뭐가 가상일까?

**테드, 35**

**브리지포트, 코네티컷 주**

–

그녀는 페이스북에 미주알고주알 온갖 이야기를 올린다. 우리가 싸움이라도 하면 친구들 모두가 알게 된다. 그러고선 이런 재수 없는 댓글들을 단다. "어쨌든 네가 너무 잘해주고 있어." 페이스북에선 여자들이 서로의 에고에 바람을 넣는다. "너무 섹시해 보여." 그러곤 남자들을 맹렬히 비난한다. 우리가 화해를 하면 그들은 언제 그랬느냐는 듯이 나한테 친절하게 군다. 그렇게 씹어댄 주제에 말이다. 여자친구에게 말다툼한 이야기를 올리지 말라고 했지만 그녀는 페이스북이 심리치료를 해주는 것 같다고 우겼다. 계속 이런다면 끝낼 수밖에.

## 에밀리, 27
### 오스틴, 텍사스 주
-

그를 정말로 좋아한다고 생각했지만, 그가 페이스북에서 다른 사람들을 어떻게 대하는지 눈에 들어오기 시작했다. 그는 자기 친구들에게 비난을 퍼붓고 내 친구들의 타임라인에 못된 댓글들을 달았다. 내가 따지자 장난이었다고 말했다. 하지만 그는 확실히 여자들을 존중하지 않는다. 게다가 봉사 활동을 하는 사진을 올리고서 자신이 얼마나 선한 사람인지 보여주려 애썼다. 하지만 이런 포스팅은 그 사람의 본색을 보여준다. 자신이 얼마나 선한지 내보이면서 '좋아요'와 칭찬을 받고 싶은 거다. 페이스북은 위선을 전시하는 최고의 방식이다.

## 레슬리, 40
### 덴버, 콜로라도 주
-

남편이 페이스북에서 바람을 피우고 있다는 사실을 알아냈다. 남편은 '가족 및 결혼/연애 상태'를 '기혼'에서 '싱글'로 바꾸고서 다른 여자와 찍은 사진을 올리기 시작했다. 친구들이 페이스북 타임라인을 확인해보라고 말해줘서 알게 됐다. 살면서 그렇게 잔인하고 끔찍한 일은 처음이었다. 덜미가 잡히자 남편은 미안하다고 했다. 페이스북에다 그렇게 지껄였다.

## 조지, 28
### 올랜도, 플로리다 주

–

어떤 사람과 헤어지면 그 사람과 더 이상 페이스북 친구 상태를 유지해서는 안 된다. 그냥 안 된다. 그를 스토킹하기 십상이다. 상대를 그리워하고 그가 여전히 자기 삶의 일부이기를 원하기 때문이다. 그 사람이 어떻게 지내는지 그냥 한번 보려고 해서도 안 된다. 그러면 자신의 타임라인에 뭔가를 올릴 때마다 생각할 것이다. "그녀가 이걸 볼까? 이걸 올리면 날 그리워할까?" 상대의 생각에 노예가 되어버리고 만다. 혼자선 감당하기 힘든 짐이다. 만약 누군가와 끝냈다면 완전히 끝내라. 모든 면에서.

## 제이니, 34
### 런던, 영국

–

전 남자친구 때문에 접근 금지명령을 신청했다. 점점 폭력적으로 변했기 때문이다. 내가 페친들 사진에 '좋아요'를 누를 때마다 우린 말다툼을 벌였다. 그는 내가 친구 맺기를 한 남자들 한 명 한 명에 대해 캐물었다. 남자 페친들과 친구 끊기를 하라고 종용했다. 게다가 내 페이스북 비밀번호를 알려달라고 했다. 난 단칼에 거절했다. 그러자 그는 우리 사이에는 아무런 비밀도 없어야 하니까 비밀번호를 알려줘야 한다고 말했다. 내가 싫다고 하자 내 자동차 유리창을 박살냈다. 3주 전에 그와 헤어졌다. 그가 자기 타임라인에 날 얼마나 사랑하는지 고백하는 글을 계속 올리고 있다고 사람들이 말해줬다. 금지명령을 한 번 더 받아내서 그러지 못하게 해야겠다.

## 린다, 46
### 보이시, 아이다호 주
–

바람을 피운 남편에게 복수했다. 남편은 고등학교 동창회에서 그 여자와 사진을 찍었다. 나는 페이스북에서 이 사진을 봤다. 너무 다정했다. 감이 오지 않는가? 그런 다음 남편의 스마트폰에서 그 여자와 주고받은 문자를 발견했다. 당시엔 남편과 페이스북 계정을 공유하고 있었기 때문에 그의 계정에 접속해서 이렇게 썼다. "이 여자는 매춘부이고 난 12년 같이 산 아내를 두고 매춘부와 바람을 피우고 있다." 그런 다음 그녀를 태그해 가족들이 그걸 볼 수 있게 했다. 아이들도 자기 엄마가 어떤 여자인지 알 수 있게 말이다. 남편이 그 여자와 다시 바람을 피운다면 또 이렇게 똑같이 갚아줄 것이다. 반드시 페이스북에 올려야만 했다. 온 세상이 그들이 벌이고 있는 짓을 보도록. 남편은 불같이 화를 내면서 절대 바람을 피우지 않았다고 했다. 그냥 친구 사이일 뿐이며 아무 증거도 없이 둘을 망신 줬다고 했다. 오, 그래? 그럼 왜 그 여자와 찍은 사진을 타임라인에 올렸는데?

## 로빈, 32
### 코크, 아일랜드
–

페이스북은 날 미치게 만들었다. 늪에 빠진 사람처럼 헤어나올 수가 없었다. 나는 전 남자친구의 행동 하나하나에 집착했다. 그는 질투심을 유발하거나 약을 올리는 포스팅들을 올렸다. 사람들은 그냥 무시하거나 그를 차단하라고 했다. 내가 관심이라는 먹이를 주고 있었기 때문이다. 하지만 페이스북에는 쉽게 떠나지 못하게 만드는 무언가가 있다. 자신의 정체성을 잃어버리고 상대가 올리는 모든 것을 속수무책으로 받아들이게 된다. 필사적으로 노력해봤지만 그만둘 수 없었다. 그의 포스팅은 나를 집착에 빠진 미친 여자로 만들었다. 페이스북이 있기 전에는 절대 이런 사람이 아니었다. 누구도 뒤쫓거나 따라다니지 않았다. 끝나면 끝난 거였다. 하지만 페이스북은 미련을 버리지 못하게 만든다. 마약 같다. 정상적인 삶에 대한 갈망은 페이스북 앞에선 무용지물이다. 상대가 인생 최악의 사람이라고 해도 그 사람을 끊지 못하게 만든다.

## 자아정체성

**앤디, 47**
**루이빌, 켄터키 주**

–

사람들이 페이스북에서 자꾸 본모습을 숨기고 허상을 보이는 게 짜증난다. 그들은 자신이 사람들을 속여 넘기고 있다고 생각한다. 모두들 좋은 것들만 보여준다. 왜 평범한 일들을 올리지 않는 걸까? 나는 그러는데. 나는 누구에게도 좋은 인상을 주려 안간힘을 쓰지 않는다. 나는 나니까. 다른 누군가가 되려고 애쓰지 않는다. 페이스북에서는 많은 사람들이 자신의 성취, 운동하는 모습, 훌륭한 엄마나 아빠 행세를 하는 모습만 올린다.

아무도 자기 자신 그대로 존재하지 않는다. 더 이상 사람들의 진짜 모습을 잘 모르겠다.

## 낸시, 38
## 신시내티, 오하이오 주

–

페이스북이 등장하기 전에는 외모에 크게 신경 쓰지 않았다. 다른 사람들처럼 그냥 적당히 신경 쓰는 정도였다. 하지만 이젠 잘 안 나온 사진에 태그당하는 게 정말 싫다. 벗을 수 없는 가면 같다. 친구에게 전화해 태그를 풀어달라고 할 때까지 타임라인에 꼼짝 없이 사진이 걸려 있어야 한다. 나만 이렇게 느끼는 게 아닐 터다. 모두들 페이스북에서 멋있어 보이고 싶어 한다. 그래서 셀카를 찍는 거다. 자신의 외모를 통제할 수 있기 때문에.

## 베벌리, 19
## 포트워스, 텍사스 주

–

난 대부분의 사람들과 다르게 행동한다. 바보 같은 사진이나 글을 올리고서 나 자신을 웃음거리로 만든다. 뭐 어떤가? 인생은 완벽하지 않고 나 또한 완벽하지 않다. 다른 사람들도 그렇게 하길 바란다. 엄마는 자신을 비웃을 수 없으면 삶이 힘들어지는 법이라고 말씀하신다. 난 항상 바보 같은 짓을 하고 완전 멍청이다. 내 친구들도 아는 사실이고, 이게 내가 나 자신을 표현하는 방식이다.

**커샌드라, 36**

**브리지포트, 코네티컷 주**

－

대학에 같이 다닌 사람들과 친구를 맺고 싶지 않다. 나는 살이 많이 쪘는데 그들은 그대로다. 친구 맺기를 하게 되면 내가 얼마나 살이 붙었는지 알게 될 것이다. 그들의 프로필을 보면 모두들 완벽한 삶을 살고 있다. 완벽한 결혼, 완벽한 아이들. 난 그저 그렇다. 그들은 항상 매우 행복해 보인다. 그들은 내게 어떻게 지내느냐고 묻지만 정말은 무슨 생각인지 잘 안다. 내 사진을 보곤 어쩌다가 그렇게 뚱뚱해졌는지 궁금해하는 것이다. 페이스북이 정말 싫다.

**루벤, 20**

**산호세, 코스타리카**

－

친구들은 내가 페이스북에 논문 수준의 포스팅을 한다고 놀린다. 난 책과 영화 리뷰를 올리는 걸 좋아하지만 제일 좋아하는 것은 인생에 대한 실존주의적 단상을 올리는 일이다. 사실 너무 자주 올리긴 한다. 나는 철학을 전공하고 있다. 심오한 주제를 잘 다룬다. 마주 보고 이야기하는 사람들 중엔 내 생각을 이해하는 사람이 거의 없었다. 그래서 내 생각을 이해해줄 사람을 찾아 페이스북으로 눈을 돌렸다. 내겐 1,200명이 넘는 페친이 있다. 많은 사람들이 내 생각을 인정해준다. 사람들은 인생의 의미에 대한 글을 읽는 걸 좋아하고 나는 그들에게 그런 이야기를 들려준다. 삶에 대한 통찰과 모든 일의 숨은 의미 말이다. 포스팅에 잔뜩 달린 '좋아요'를 볼 때 진짜 나 자신으로 사는 느낌이 든다. 나에 대해 만족감이 느껴지고 전공을 잘 골랐다는 생각이 든다.

## 우정

### 에밀리, 27
### 오스틴, 텍사스 주

–

내 친구 제시카는 페이스북에서 날 조롱하는 걸 좋아한다. 모두 눈치채고 있다. 내가 뭔가 영감을 주는 것을 올릴 때마다 그녀는 농담을 던진다. 뭔가 우스운 것을 올리면 하나도 안 우습다고 댓글을 단다. 정말 짜증이 났다. 그녀에게 그만두라고 했지만 오히려 사람들에게 내가 농담을 받아들일 줄 모른다고 말했다. 언제부터 모욕과 공격이 농담으로 여겨졌나? 나는 완전히 질려서 친구 끊기를 해버렸다. 그러자 그녀는 친구들에게 내가 미성숙하다고 말했다. 아니야, 친구야. 막돼먹은 친구와 거리를 두는 것은 미성숙한 게 아니란다. 뜻대로 되지 않는다고 망나니 같이 구는 게 미성숙한 거지.

### 마이클, 32
### 앵커리지, 알래스카 주

–

나는 이탈리아인이다. 등에 털이 많다는 뜻이다. 그래서 나는 제모 크림을 사용한다. 어느 날 욕실에서 수건을 사용한 다음 깜박하고 욕실 바닥에 두고 나왔다. 그런데 내 룸메이트가 그 수건을 찍어 페이스북에 올리고는 이렇게 썼다. "더 이상 역겨울 수 없다고 느껴지는 순간." 인정한다. 실수로 수건을 거기에 두고 나왔다. 그러지 말아야 했다. 하지만 그녀는 왜 내가 화를 내는지 이해하지 못한다. 그녀는 사진을 올리고 나를 태그하지 않았기 때문에 별문제 없다고 말했지만 우리는 함께 아는 친구들이 꽤 되고 다들 우리가 룸메이트라는 사실을 알고 있다. 나는 그녀가 한 짓에 대해 화가 난다고 말했지만 그녀는 여전히 이해 못 하고 있다.

**줄리엣, 45**
**매디슨, 위스콘신 주**
–

내 여동생은 나와 말을 하지 않는다. 자기 페북 타임라인에 올린 조카 사진들에 '좋아요'를 충분히 누르지 않았다는 이유다. 내가 항상 옆에 있어주고, 지지해주고, 방어해주고, 보호해주고, 필요할 때마다 달려갔다는 것은 다 잊은 건가? 죄다 잊어버린 거지, 맞지? 동생에게 유일하게 중요한 사실은 내가 자기 마음에 들지 않는 포스팅을 올렸다는 것이나 조카 사진에 '좋아요'를 많이 안 눌렀다는 것뿐이다. 말도 안 된다. 1주일간 페이스북을 잠시 쉬었을 뿐인데 갑자기 형편없는 언니로 전락해버렸다. 이런 취급을 받아야 할 이유가 없다. 우리 관계는 절대 예전으로 돌아갈 수 없을 것이다.

**맥스, 40**
**시카고, 일리노이 주**

–

한 친구놈이 모델과 데이트를 하기 시작했다. 녀석은 그녀가 아름답다고 생각하지만, 내가 데이트하고 있는 모델에 비하면 새 발의 피였다. 녀석은 자기 타임라인을 그녀 사진으로 도배하기 시작했다. 너무 심했다. 솔직히 그녀는 친구 녀석의 생각만큼 섹시하지 않다. 그래서 나는 녀석의 타임라인에 농담을 적었다. "평범한 여친의 다른 사진도 올려줘!" 녀석이 사람들 앞에서 여자친구를 너무 과시하니까 그냥 한 방 먹인 것이다. 친구는 단단히 화가 났다. 자기 확신이 없으니까 그러는 거야, 인마.

## 십대들

**로리, 16**
**몽고메리, 앨라배마 주**

–

우리 반의 어떤 남자애가 페이스북과 트위터에서 내게 집적거리기 시작했다. 그 아이는 다른 무리와 어울려 다녔기 때문에 나를 좋아할 줄은 생각도 못 했다. 내가 걔 스타일이라고 생각하지도 않았다. 하지만 그 아이는 계속해서 연애 시 같은 걸로 내 타임라인을 도배했고 우린 문자를 주고받기 시작했다. 몇 번인가 만났다. 난 걔가 맘에 들었다. 우리는 섹스를 했는데 모두가 그 사실을 알게 됐다. 남자애가 그 일을 페이스북에 올린 거다.

시간이 지나서도 사람들은 내 타임라인에 계속 이런 글들을 올렸다. "그는 너같이 뚱뚱한 여자랑 섹스하는 거 싫어해. 이 바보야." "그가 진지하게 널 좋아할 거라고 생각하다니 멍청한 암캐 같으니라고." 나는 몇 주일 동안 울었고 학교에 가고 싶지 않았다. 음식을 입에 대지 않자 부모님은 나를 심리치료사에게 보냈다. 나도 내가 뚱뚱하다는 걸 안다. 모두가 안다.

**앨리시아, 16**
**보스턴, 매사추세츠 주**
_

엄마는 성적이 오를 때까지 6개월 동안 페이스북을 끊으면 500달러를 주겠다고 제안했다. 500달러가 걸렸으니 당연히 페북 계정을 비활성화시켰다! 누가 안 그러겠는가? 하지만 1주일도 지나지 않아 금단 증세가 나타났다. 나는 계정을 다시 활성화시키고서 옷을 사느라 이미 써버린 돈을 제외하고 나머지를 엄마에게 돌려줬다. 나머지는 알바를 해서 조금씩 갚기로 했다. 엄마는 이 난리법석이 엄청 우습다고 페이스북에다 올렸다. 공평하지 않았다. 안 그런가? 그래서 이젠 트위터를 이용한다.

**학교 교장**
**시카고, 일리노이 주**
_

학생들은 트위터나 페이스북, 스냅챗에 올리는 글이나 사진이 거기서 영원히 사라지지 않는다는 사실을 잘 모른다. 날마다 학부모들이 찾아와서는 자녀가 페이스북에서 충격적인 일을 당했으니 학교에서 가해 학생을 처벌해달라고 항의한다. 하지만 그렇게 간단하지가 않다. 학교 당국에서 개입할 수 있는 수준에는 한계가 있다. 때로 우리는 학부모에게 경찰에 신고하라고 권한다. 학생들이 온라인에서 서로 괴롭히는 걸 학교가 항상 저지할 수는 없다. 통제할 방법이 없다. 우리가 할 수 있는 일은 하겠지만 학부모들도 아이의 온라인 활동을 주의 깊게 살펴보는 것이 자기들의 의무이기도 하다는 점을 알아야 한다. 계속 우리만 비난해서는 안 된다.

## 브렌다, 15
## 랠리, 노스캐롤라이나 주
–

어떤 여자아이가 칼로 자해를 하고서 그 사진을 자기 타임라인에 올렸다. 처음엔 장난이라고 생각했는데 사람들이 사진에 댓글을 달기 시작했다. 진짜였다. 내 친구가 그 여자애의 엄마한테 전화를 걸어 무슨 일이 벌어지고 있는지 알려주었다. 그 아이는 병원에 한 달 동안 입원했고, 이제 아무도 그 얘기를 하지 않는다. 하지만 그애를 복도에서 마주치기라도 하면 모두들 이상한 눈으로 쳐다본다.

## 헤이즐, 40
## 벤드, 오리건 주
–

페이스북 때문에 아들 녀석 성적이 엉망진창이다. 할 수 있는 일은 다해봤다. 녀석 방에서 컴퓨터를 꺼내 거실에 놓기도 했다. 녀석과 어울리려 애써봤지만 우리하곤 말도 섞지 않았다. 우리는 가족으로서 더 많은 시간을 함께 보내려고 애쓰고 있다. 가정교사를 고용했고 도움이 조금 됐다. 하지만 여유가 생길 때마다 녀석은 종일 페이스북을 붙잡고 있다. 거기에 녀석의 친구들 모두가 있다. 게다가 아이들은 예전만큼 자주 밖에 놀러 나가지 않는 것 같다. 문자를 보내고 컴퓨터 화면만 뚫어져라 쳐다본다. 학부모 회의에서 다른 부모들과 이 문제에 대해 이야기했다. 정말 심각한 문제다.

### 벤, 16
### 코퍼스크리스티, 텍사스 주
–

같은 학교에 다니는 어떤 여자애가 페이스북에 자신이 레즈비언이라고 알리는 글과 동성애 관련 사진을 줄창 올리기 시작했다. 이젠 어떤 여자애와 사귀고 있고 학교 복도에서 손을 잡고 다닌다. 페이스북에는 이 애들이 서로 애무하는 사진이 엄청나게 많이 올라와 있다. 그걸 보고 정말 깜짝 놀랐다. 다른 사람들도 자기 타임라인에 그 사진들을 공유하기 시작했다. 그 애가 레즈비언이건 아니건 상관없다. 내 엄마에겐 게이 친구들이 여럿 있다. 괜찮다. 하지만 그런 사진은 제발 혼자서만 간직하라고.

### 실리아, 15
### 시카고, 일리노이 주
–

같은 학교에 다니는 여자애한테 거식증이 있다. 그애는 그걸 페이스북에 올린다. 여자애의 엄마도 페이스북을 하기 때문에 이 사실을 알고 있다. 그 여자애는 의사의 말, 병원의 말, 심리치료사의 말을 죄다 올린다. 상상이 가는가? 자신이 얼마나 말랐는지 과시하는 사진을 찍는다. 너무 흉측하다. 사람들은 그애에 대해 얼마나 염려하고 있는지 알리고 날마다 기도하고 있다는 글을 올린다. 아빠는 친절하게 대하되 관여하지는 말라고 했다. 이미 너무 많은 사람들이 관여하고 있다.

## 감정 조종자들

### 사립 탐정
### 시카고, 일리노이 주

–

나는 사립 탐정이다. 우리가 페이스북 외도나 페이스북 스토킹에 관련된 사건을 얼마나 자주 의뢰 받는지 상상도 못 할 것이다. 요즘은 모든 사람이 탐정 행세를 한다. 사람들은 배우자가 바람피우는 현장을 덮치려고 페이스북에서 며칠이나 몇 주 동안 잠복했다고 자랑스럽게 말한다. 바람을 피우는 사람들은 대부분 직접 우리 일을 거들어준다. 우리는 그들의 페이스북만 확인하면 된다. 사람들은 스스로 증거를 올리곤 한다. 그들은 그러한 포스팅이 사적이라고 생각하지만 어림없다. 어떤 사람에 대해 알고 싶은가? 사실 맘만 먹으면 식은 죽 먹기다. 모든 사람이 자기 이야기를 들려주고 싶어 안달하고 있으니까.

## 샌디, 34
### 빌럭시, 미시시피 주

―

순교자: 한 친구는 우울하다는 말을 입에 달고 산다. 왜 그럴까? 난 계속 권유했다. "심리치료사를 만나봐. 정신과에 가봐. 무당을 만나보든지. 퍼코셋*을 처방 받아서 먹어. 어디에서든 도움을 받아봐." 하지만 소용없다. 그녀는 자신의 우울증에 대해 페이스북에 올리고 싶을 따름이다. 모든 사람이 응원해주고 무슨 일인지 계속해서 묻게 말이다. 무슨 일인지 내가 말해주겠다. 이 여성 동지에겐 프로작**이 조금 필요할 뿐이다. 그게 다다.

## 마르틴, 25
### 상파울루, 브라질

―

유혹자: 여자들은 정말 멍청하다. 아무거에나 속아 넘어간다. 여자들을 상대로 장난치면 재밌다. 온라인에서 조금 집적대기만 해도 전부 말해준다. 때때로 내가 어디까지 갈 수 있는지, 얼마나 심하게 대해도 그냥 참는지를 보고 있으면 재밌다. 여자들은 답 문자를 안 보내도 개의치 않다가 사진에 '좋아요'를 안 눌러주거나 페이스북에서 무시하면 엄청 화를 낸다. 모두 제정신이 아니다. 그러고선 곧 이렇게 쪽지를 보낸다. "날 사랑하지 않는 거예요?" 이런 맙소사.

―――――――

★ 진통제 약명.
★★ 우울증 치료제 약명.

**랜디, 44**
**시카고, 일리노이 주**

–

유혹자: 그녀의 타임라인을 확인하는 일에 너무 집착하다보니 완전히 기진맥진해졌다. 어느 날 고속열차 플랫폼에 서 있는데 선로에 뛰어들고 싶다는 생각이 들었다. 정말 심각했다. 하지만 뭔가 날 멈췄다. 이 정도면 할 만큼 했다는 생각이 들었다. 페이스북을 끊어야 했다. 영원히. 그때까지 몇 번 시도해봤지만 도저히 끊을 수가 없었다. 왜 그랬을까? 나도 잘 모르겠다. 페이스북은 인생의 일부 같다. 하지만 내가 원했던 인생은 아니다. 그녀의 댓글을 볼 때마다 끔찍한 고통을 느꼈다. 마침내 나는 인생을 되찾아야겠다고 결심하고 해독 과정을 거쳐 페이스북에서 탈출했다. 일단 거길 떠나고 친구들과 더 자주 놀러 다니자 예전의 나로 돌아갈 수 있었다. 서서히 다시 행복해졌다.

**리앤, 29**
**올랜도, 플로리다 주**

–

스토커: 나는 그를 내 삶에서 쫓아내야 했다. 그가 계속해서 페이스북에 부적절한 내용을 올렸기 때문이다. 우리에겐 함께 아는 친구들이 많았기 때문에 정말 창피했다. 그는 페이스북에다 나를 미치도록 사랑하고 나 없이는 살 수 없다는 글을 끊임없이 올렸다. 나는 그만두라고 거듭 말했지만 그는 내 말을 듣지 않았다. 어쩔 수 없이 친구 끊기를 할 수밖에 없었다. 그랬더니 이 망할 자식이 내가 보도록 다른 사람들의 타임라인에 포

스팅을 하는 게 아닌가! 그런 다음 트위터, 핀터레스트, 인스타그램 등 모든 곳에서 내 뒤를 따라다니기 시작했다. 그러고선 문자로 괴롭히기 시작했다. 나는 내 스마트폰, 회사 전화, 개인 이메일, 회사 이메일로부터 그를 차단해야 했다. 완전히 미친 사람처럼 굴고 있었다. 점점 무서워졌다. 사람들이 그가 아직도 페이스북에서 나에 대해 이야기한다고 말해주었다. 믿기 힘들겠지만 직접 만나보면 엄청 멀쩡한 사람이다. 하지만 페이스북에선? 하느님 맙소사. 이런 미친놈이 따로 없다. 누가 정신병원에 좀 보내야 한다.

**빈센트, 39**
**잭슨, 미시시피 주**
_

스토커: 그녀와 헤어진 후에 나는 어디든 그녀를 따라다녔다. 그녀는 내게 뭔가 말하려 한다. 하지만 실제로 말로 하진 않는다. 가령 그녀가 나와 함께 자주 가던 바에 체크인한 것도 그렇다. 질투하게 만들려는 거다. 다른 사람과 갔지만 사실은 얼마나 나와 가고 싶은지 말하는 거다. 나는 몇 시간 동안 그녀의 타임라인을 훑어본 다음 그녀가 친구들의 타임라인에 단 댓글들을 읽는다. 매 순간 그녀의 생각과 감정을 알아야만 한다. 페이스북에선 그럴 수 있다. 어떤 동영상이나 사진에 '좋아요'를 누르는지를 보면 그 사람이 옆에 없다 하더라도 현재 어떤 생각을 하고 있는지 알 수 있다. 그 사람에게 접근할 수 있는 것이다.

## 킴, 46
### 프랭크퍼트, 켄터키 주
-

나르시시스트: 한 친구가, 아, 이젠 친구가 아니다, 어쨌든 그녀가 페이스북에서 날 완전히 무시했다. 내가 악담을 너무 많이 퍼붓는다며 내 포스팅에 '좋아요'를 누르고 싶지 않다고 했다. 그렇게 하면 자기 뉴스피드에 자꾸 나타나기 때문이란다. 그녀는 자신이 내 악담을 좋아한다고 사람들이 오해하지 않기를 바랐다. 그래서 나는 그녀를 친구 끊기 하고 차단시켜버렸다. 다른 사람들 포스팅엔 '좋아요'를 누르면서 내 건 안 좋아한다고? 말도 안 돼.

## 신시아, 31
### 덴버, 콜로라도 주
-

나르시시스트: 나는 헬스클럽에 가기, 새로 산 예쁜 옷, 새 신발, 멋진 레스토랑, 최고의 패션쇼, 멋있는 남자들에 대해 포스팅을 한다. 내게는 2,000명 이상의 페친이 있다. 그들은 내가 올리는 모든 걸 좋아한다. 지루해빠진 사람들에게 쓸 시간은 없기 때문에 상당히 많은 사람들을 친구 끊기 했다. 그런 사람들은 너무 짜증난다. 아무도 댁들 같은 사람한텐 신경 안 쓴다고, 응? 당신의 못생긴 남편한텐 아무도 관심 없어. 댁들은 너무 지루해. 거지 같은 직장이나 가족이나 인생에 대해서 그만 올리라고. 아무도 신경 안 써. 정말이야.

## 달린, 53
### 시애틀, 워싱턴 주

–

파괴자: 한 동료가 페이스북에서 내게 친구 신청을 했다. 별생각 없이 받아들인 게 실수였다. 우선 그녀는 내가 타임라인에 올린 포스팅이나 댓글 하나하나에 '좋아요'를 누르기 시작했다. 날 따라다니고 있는 느낌이었다. 그런 다음 이런 미친 댓글들을 달기 시작했다. "그렇게 하지 말았어야 해요." "기독교를 믿는 여성은 그렇게 행동해서는 안 되지요." 뭐라고? 그녀는 앞에 있을 때는 친절하게 굴다가 페이스북에만 들어가면 내 모든 말과 행동을 평가했다. 그래서 그녀가 내 포스팅을 볼 수 없도록 숨겼다. 출근하자 그녀가 따졌고 나는 이유를 설명했다. 시간이 조금 흐른 후 그녀가 다시 정상으로 돌아온 것처럼 보여서 나는 회사 공동 작업 사진을 올린 다음 그녀를 태그했다. 그녀는 허락도 없이 자신을 태그했다고 불같이 화를 냈다. 아주 야단법석을 피우면서 모든 회사 동료들에게 하소연 했다. 더 버틸 재간이 없어 그녀를 차단했다. 그러자 그녀는 완전히 정신줄을 놓아버렸다. 나에 대해 험담을 하고, 상사에게 나에 관련해 거짓말을 하고, 이런저런 일들을 벌였다. 그러고선 사무실 반대편에서 내게 소리를 질렀다. "당신이 그렇게 미성숙한 인간인지 몰랐어요, 달린! 페이스북에서 날 끊다니!" 모두들 쳐다보는 앞에서 그랬다. 누가 보면 내가 그녀 집에 불이라도 질렀나 생각했을 것이다.

## 샘, 44

### 랜싱, 미시간 주

–

파괴자: 나는 통증과 싸운 지 꽤 됐다. 대부분 편두통과 목 통증이었다. 아내가 이에 대해 페이스북에 글을 올렸고 처형이 댓글을 달았다. "나도 아플 시간 좀 있었으면 좋겠네. 해야 할 일이 너무 많아." 생각하면 생각할수록 화가 났다. 내가 꾀병을 부리고 있다고 생각하는 건가? 얼마나 아픈지 쥐뿔도 모르면서. 다음 날 저녁 바비큐 파티를 위해 온 가족이 모였고 나는 처형한테 가서 그녀의 말 때문에 화가 났다고 말했다. 처형은 곧바로 사과하며 그런 뜻이 아니었다고 말했다. 괜찮았다. 그걸로 됐다. 하지만 처형은 집에 돌아가서 이런 글을 올렸다. "너무 예민하고 마음이 약한 사람들은 정말 상대하기 어렵다." 내 이야기였다. 나쁜 년처럼 굴고 싶다면 얼마든지 환영이다. 하지만 최소한 내 얼굴에 대고 말할 정도의 배짱은 있어야지.

옮긴이 안진희

중앙대학교 영어영문학과를 졸업하고 영화 홍보마케팅 분야에서 일하며 다양한 영화를 홍보했다. 현재는 프리랜서로 일하며 책을 기획하고 번역한다. 사람들의 마음을 움직이는 책에 관심이 많다. 《넘어져도 다시 일어서는 아이》, 《소년의 심리학》, 《부모의 자존감》, 《아이와의 기싸움》, 《내 어깨 위 고양이, Bob》, 《마흔 이후, 누구와 살 것인가》, 《오늘 만드는 내일의 학교》 등을 옮겼다. 현재 마포번역집단 '뉘앙스'에서 동료 번역가들과 새로운 삶을 실험하고 있다.

# 페이스북 심리학

초판 1쇄 발행 2015년 9월 30일
초판 8쇄 발행 2020년 10월 16일

지은이 수재나 E. 플로레스
옮긴이 안진희

펴낸이 김현태
펴낸곳 책세상
등록 1975년 5월 21일 제1-517호
주소 서울시 마포구 잔다리로 62-1, 3층(04031)
전화 02-704-1250(영업), 02-3273-1334(편집)
팩스 02-719-1258
이메일 editor@chaeksesang.com
광고·제휴 문의 creator@chaeksesang.com
홈페이지 chaeksesang.com
페이스북 /chaeksesang   트위터 @chaeksesang
인스타그램 @chaeksesang   네이버포스트 bkworldpub

ISBN 978-89-7013-942-5 03180

이 도서의 국립중앙도서관 출판예정도서목록(CIP)은 서지정보유통지원시스템 홈페이지 (http://seoji.nl.go.kr)와 국가자료종합목록 구축시스템(http://kolis-net.nl.go.kr)에서 이용하실 수 있습니다.(CIP제어번호: CIP2015025442)